[明] 程敏政 著　阮東升 校點

程敏政文集

第六册

華東師範大學出版社

篁墩程先生文集卷七十六

詩

與李世賢學士邵文敬太守同飲復春楊氏玉河寓館聯句

盆池香散一株紅程，盃酒臨軒醉晚風李。病起故人剛下馬邵，别来豪論欲吞虹程。夜深明月當窗白李，天闊流雲墮地空邵。擬剪碧筩尋後約程，吟壇高起玉河東李。醉來高卧碧紗幮李，何似臨池靜看魚程。晒藥有香隨屐齒程，落花無意點衣裾邵。十年故舊憐青眼李，千里江湖託素書邵。無限交情重對酒程，夜闌張燭夢何如李。

送吴學士汝賢蒞事南京

吴兢良史最知聞，南去詞林職蹔分。白下山川堪寄傲，青坊冠冕惜離群。才高未許終淹驥，官冷何妨且售文。曾向玉亭看舊刻，恨無清福可陪君。

送曾士美侍讀蒞任南京

春風吹水一帆輕，喜拜新恩向舊京。對策本無阿世語，上書終有愛君情。北辰繞夢瞻天闕，東壁流光動石城。分署近来人物盛，閑居贏得頌時平。

送楊維立侍讀蒞任南京

特奉新恩舊所無，奎星光采映南圖。暫分曉日鵷行侶，未覺春風雁影孤。江左詩盟添社友，關西經學盛門徒。不須對酒增離思，天遣才名重兩都。

送庶吉士吴儼養疾南還

一舟遥出潞河潯，賜告南還喜不禁。吟望銅官秋屐遠，夢回天禄夜燈深。青年蹔賦思歸引，白日長縈戀闕心。屈指重来身更健，春風雙佩入詞林。

蟠桃圖壽星者王璧母句容陳孺人八十

海上仙桃熟幾番？寫生光映北堂萱。九重好見旌孀節，八袠今看啓壽元。慶衍太丘知閥閲，秀鍾勾曲是鄉園。賢郎最解君平術，甲子無煩絳老言。

送姑蘇仰彦政同知濱州

離歌一曲帝城南，喜佐名州促去驂。禾黍送香秋正熟，衣冠爲别酒初酣。人材久説虞庠盛，德化寧當漢史慚。闕下有期重到日，閭閻甘苦聽君談。

壽亞參吴文盛母夫人許氏七十

七十精神不用扶，慶辰須見雪盈顱。壽萱吐秀侵香鴨，慈竹連陰護酒凫。恩湛北堂重賜誥，瑞徵南極更張圖。分藩有客歸寧便，無限情申反哺烏。

贈別徐廷盛親契南行

殘暑西風促去裝，潞河南下聽鳴榔。小槽酒罄鄉情在，半榻塵生別意長。脈理近誰諳太素？名途還子逐飛黃。題詩爲訂重来約，多病相煩寫異方。

輓工部顔員外涇父母

綸書初贈水曹郎，旌典仍題貞節坊。家聲何止萬金直，吉壤俄看雙玉藏。遥望吴山爲誰好，忽聞楚些令人傷。史臣有刻詔千載，壽筭寧須論短長？

尚書謝大韶先生哀輓

文章座主大司空，曉夢驚隨逝水東。汗竹香生良史墨，宫花塵拂狀元紅。英魂彷彿陪仙馭，卹典分明感聖衷。丹旐素翬攀送地〔一〕，不勝清淚落西風。

送侍御朱朝用副憲山東

聖主龍飛景運開，豸冠人數出群才。方期抗疏當前席，忽報承恩佐外臺。曉路星辰瞻北拱，春城車馬候東来。洗冤澤物君能事，聽取歡聲遍草萊。

飲會昌侯公子錦衣池亭

白苧風生暑未收，夕陽容我復遲留。危亭翠匝諸峰晚，小洞陰涵六月秋。醉裏尚能窺畫品，興来何必置詩郵？摩挲欲剖琅玕節，留取題名續勝遊。

雨中飲孫雪亭家看竹留題與雪亭子頤

紫翠中盤一逕苔，竹庭深處絶纖埃。穿林贕見新篁出，破暑俄驚舊雨来。秋露不辭分甕吸，春風何必選花栽。主人愛客能傳子，白社還應幾度開？

送徐用和御史調平涼鎮原縣令

東風作輕陰，寒雨半成雪。端居耿不怡，況子有遠别。子本江漢英，所學重名節。平生愛君心，詎忍結吾舌？一疏天九重，冗食愧饕餮。皇恩真浩蕩，暫遣謝朝列。迢迢西入關，山水幾盤折？從来行路難，士豈動憂悦。相送城東門，車聲曉幽咽。勸子酒一巵，世故若騷屑。勖哉夷險地，仗此一寸鐵。不久應賜環，離歌勿終闋。

憶家山有作寄逸民用光道新

古城岩下半莊山，恰對澄江水一灣。列岫拖嵐圍竹塢，小塘分緑浸柴關。醉招猿鶴鷺相下，清愛漁樵去復還。此景近来頻入夢，病身何日可投閑？

隔林沙逕到岩扃，繞舍奇峰疊翠屏。野話有時逢衲子，溪行隨處課租丁。看雲淨掃松間石，避暑閑登竹下亭。一自别来空悵望，移文真愧北山靈。

分題履壽周原已院判乃尊

老人不踏紅塵路，踪跡常便水竹居。躡履登山如壯日，杖藜隨步勝安車。庭中任解王生襪，橋下誰傳孺子書。但祝仙喬同壽考，雙鳧他日得凌虚。

送侶都憲大器巡撫畿北

憲節煌煌出帝州，一時風采屬君侯。姓名已副蒼生望，籌策應分聖主憂。六郡鋤犁思樂歲，三關兵甲待防秋。行臺咫尺紅雲近，先聽封章達冕旒。

送翰林檢討方昌言考績還南京

風流文采舊詞臣，闕下重逢喜暫親。别意兩分鰲禁月，官情三及鳳臺春。山行水宿仍歸路，飲社詩壇足慰人。何日南中容半席，玉亭深處看霜筠。

丁祭日簡費司業廷言

陪祀年年候孔庭，每從司業借莎廳。衣冠假寐環東壁，鐘漏傳籤報上丁。禮罷珮聲風隱約，歸時燈火夜晶熒。病軀無分隨班列，展轉齋居寢未寧。

陳通政夫人哀輓郎中絢之母。

曉日高堂罷起居，鬓絲蕭索晚霜餘。迴鸞色慘皇封誥，辟蠹香銷女戒書。潮落錢塘悲逝水，山圍龍井見幽墟。賢郎啼血扶歸櫬，不忍重看舊板輿。

西寧侯著色牡丹爲英國公題

侯門三月花如錦，分得春光與上公。何用洛陽求異譜，彩毫隨處落香風。鏡中誰點舊姚黄？金縷衣輕翠袖長。倦倚東風嬌白日，王孫亭榭見花王。

送徵書紀南遊

爐薰經卷束裝行，秋入船窻水氣清。禅室未忘星北拱，鄉心遥逐雁南征。三吳錦樹長洲苑，六代青山建業城。来往詩筒應不絶，聽人傳取惠休名。

送定西侯總戎北征

手提金印下龍荒，九月邊城草木黄。随處建牙分戰士，刻期舆櫬得戎王。風吹漢月笳聲遠，霜拂胡雲劍氣長。擬聽玉關馳露布，泰階那復候天狼。

寄于文遠户侯

横經日日綴鵷班，致主無才獨厚顔。追憶舊遊春醉處，夢魂常遶歙州山。

題畫二首

白葦枯荷兩岸霜，水禽相戀水雲鄉。人間手足情何似，落日秋原引睇長。右枯荷鶺鴒

竹間無數玉森森，漸覺春隨雪意深。山下地偏人跡少，野禽能識歲寒心。右梅花翠禽

爲周都尉題沈石田畫

不見姑蘇老沈郎，披圖疑在石田莊。眼看雪乳春酲解，手拂雲根午坐涼。高柳似填山下缺，奇峰如出鏡中妝。草庭都尉能珍鑒，何日重開寶繪堂？

送户部葉叔通郎中知寧國府

民部清風十載餘，金緋一日荷恩除。秧田麥隴宣州道，多少人迎五馬車。

桑梓悠悠共歙城，宦遊京國倍多情。紅塵離合常無定，從此相看聽雁聲。

昔年曾過敬亭山，花霧濛濛濕翠鬟。別後山容應不改，憑君傳語慰孱顔。

宛陵祠下竹娟娟，一榻曾分聽夜泉。攜酒寓公誰復在？六回春色到吟邊。

故鄉喬木隔山青，山郡人應候福星。民俗士風諳已熟，不須隨路借圖經。

村村鷄犬日相親，宣、歙山川本近隣。他日政成仍作頌，不慚曾是受田人。

葉君叔通與予同出徽之休寧，中世轉徙。叔通舉進士，歷户部郎官，居京師，叙鄉曲之好甚稔。兹受命出守宣州，將遠別矣。憶予戊戌歲奉詔歸省，道出宣城，嘗宿宛陵書院，悉其山川民物之勝，而宣、徽又鄰境也，因爲絶句六章附行卷中。矧寒門有別業在宣之太平，則予雖徽産，亦宣户也。叔通惠澤且將及予，予烏得不爲之私喜哉？

送長洲孫進士林赴南京刑部主事

東風吹塵撲征車，欲行未行立踟躕。行裝蕭蕭一何有？上載經史下刑書。子向金陵意甚適，咫尺吴門是鄉邑。登舟坐想春渡江，餞者如雲曉亭集。亭前新柳颺金絲，手折聽人歌柳枝。鱖魚竹筍滿南國，正是官曹開讌時。

慰李世賢學士喪子

雙鳳聯胎本夙緣，小郎頭角更堪憐。那知一片青雲器，只向人間住七年。
聰明何止識之無，禮貌分明似壯夫。惜此鍾情何日了，朱門愁絶舊懸弧。
每回騎馬到君家，延坐中堂解供茶。白日重来空淚落，窻間惟有字如鴉。
春入高堂夜啓筵，愛渠長立彩燈前。丁寧勸酒呼程叔，此語何時去耳邊。
全嬰有術貴徐徐，忍遣庸師斷送渠？同榜弟兄雖異姓，爲君思藥誦醫書。
暫寄藤棺古佛堂，神仙空説返魂香。月河橋下東流水，那及人家此恨長？
瓜祝詩成歲幾更，人間悲喜漫多情。他時返吊還成賀，添取新篇續舊盟。
氣數從来有短長，達人那復計彭殤。知君年力猶精健，他日知非竇十郎。

李士常侍御瓜祝卷次韻

弄璋那惜酒頻賒？奇讖新徵李氏瓜。香實下臨苔逕密，瘦藤紛繞竹棚斜。歌聲久入風人譜，慶澤先歸友婿家。聞道諸郎能典謁，款門他日待供茶。

夢熊今已十年賒，入手真憐二月瓜。根勝預期穿土早，子多從遺壓籬斜。朱禽青李思臨帖，白雪陽春愧作家。他日餉人分數蒂，一封兼侑歙州茶。

西涯翰學瓜祝詩，盛行縉紳間，有和即驗，其友婿力齋侍御乃首驗者，斯亦奇矣。予自生壎子，今十年，未有弟之者。然不預倡祝之例。新春將手種瓜，厭飫之，覬以自效。瓜如有靈，又當分惠有子而久不繼者，或可附西涯故事並行於世云。

送鄉人方亮南歸

佳水佳山説古岩，每回回首望雲杉。松花有約分春甕，貝葉無從啓夜函。南國風光勞客夢，東華塵土弊朝衫。因君想像還家樂，浦口灘聲早下帆。

題定西侯畫菜次俞振恭侍郎韻

畫史當年亦奮庸，園情猶共墨花濃。土酥辣玉真堪羡，菜色何人動兩峰。

南窻遺教爲劉道亨編修賦

南窻人去幾朝昏？遺墨能看一卷存。素楮裝潢皆手澤，縹囊舒卷半啼痕。後生繼述心良苦，先達流傳道可尊。風散芸香霑剩馥，春回蘭玉長芳根。泉蒙養處占周篆，庭訓聞詩企魯論。策似董生還及第，經傳劉向本專門。玉堂繩武推嚴侍，紫誥貤封荷霈恩。棄簡三年嗤伯魯，書紳終日慕顓孫。菑畬轉覺名家盛，慈教堪令薄俗敦。祀典何當分里社，書聲猶記出沙村。擬酙一勺西江水，遥酹青山處士魂。

題周草庭駙馬二小景畫

幽人最得幽居樂，山上危亭溪山閣。時容野客到柴關，不放紅塵過林薄。新秋衆木青且黄，烟中遠浦聞鳴榔。漁樵倘許結新社，便欲垂涎雲水鄉。午枕悠悠夢初起，忽見丹青如夢裏。披圖説夢兩茫然，蕉鹿分明浪驚喜。草庭都尉冰雪顔，胸中丘壑非等閑。何時對景瀹新茗，細話江南溪與山。

初春嘗畫夢與人遊山甚樂既寤草庭都尉以便面小景索題恍然不知夢之爲畫畫之爲夢也心甚異之爲賦此詩但目中佳處口不能盡發之耳

一夜山中三尺雪，銀海周迴爛銀闕。呼童掃逕啓柴扉，竹外梅花正清絶。主人高眠塵慮空，有客扶杖来溪東。千崖萬壑暗香度，乘興不減孤山翁。旱風吹塵不成雨，對畫欣然一揮麈。四圍寒氣欲凌人，如坐冰壺失炎暑。去酷来清君子心，平生不受炎涼侵。梅花三弄白雪調，惟有周郎知此心。

久暵熾暑，渴心生塵，忽展此圖，懸之素壁，洒然如在溪橋風雪中，毛骨凛凛，不知寒從何来、暑從何往也。因下一轉語以復草庭，草庭當擊節以爲果哉否乎？

飲王世賞侍講園亭限韻一首

向晚移尊傍石屏，客身脩竹兩亭亭。詩慳併上酡顏赤，齒壯難留短鬢青。豪論未須揮玉塵，渴心常欲繫銅缾。感時更憫東郊雨，目送晴雲入杳冥。

過豐潤伯曹公留飲

何處西城遠市譁，南薰亭榭五侯家。主人賭令頻輸酒，侍史敲冰旋瀹茶。清暑最憐風外竹，慰人猶得雨前花。蹇予舊契非生客，一任山頭白日斜。

楊應寧舍人相邀避暑韓太僕園與倪舜咨學士聯句

赤日黄塵奈暑何，郊園惟此緑陰多程。四窻瀟洒餘桃李，一逕縈紆繞薜蘿倪。地主盤飧饒楚味，野人絲竹尚燕歌程。斜陽欲忘歸途遠，十里新堤帶玉河倪。

題王司言儀賓文會軒

門前車馬漲塵黄，靜裡開軒得趣長。當院日翻槐蔭密，繞畦風送菜花香。誰家歌舞堪尋樂，此地衣冠欲擅場。滿壁定多詩紀勝，主人無惜費壺觴。

送傅揮使還遼陽

新命金緋自日邊，匆匆鞍馬又東旋。朱顔似有封侯骨，緑鬓方當報主年。沙磧夜屯占堠火，塞垣秋獵護營田。功成異日先諸將，莫負家傳豹略篇。

揮使之父都閫公，邊城夙將也，先少保襄毅公天順初持節東巡，都閫實從之，今謝兵家居，而揮使承其後，異日必有振其家者，言别之際，賦此勉之。

送同年戴時中侍御謫判雅州

一尊清曉餞行軒，又見名流出憲垣。南北暫爲今度别，卷舒還誦昔人言。怒江舟檝經三峽，絶塞弓兵控六番。莫謂相忘天萬里，九霄恩露不勝繁。

次韻沈廷美尚寶考績還南京

金殿西頭舊奉宸，重来何處問歸津？尚方玉醑頻沾醉，南國烏紗不耐塵。千里盈虧江上月，十年離合社中人。初秋傾倒旗亭宴，莫問詩神與酒神。

客邸相逢語未窮，分携俄復笑萍蓬。肯因宦況侵頭白？且遣離觴拂面紅。古寺藤陰堪繫馬，水村蘆葉待歸鴻。兩京不遠那傷别，幾日鍾山入望中。

歸省圖爲宋珍監生賦

幾宵客夢繞慈闈，仕路將亨喜暫歸。倚杖涕隨青露落，稱觴心共白雲飛。何蕃譽重諸生館，萊子光添五色衣。忠孝一原君努力，他時分寵報春暉。

劉振之自求壽詩

歲歲佳辰一宴開，坐中相壽總詩才。因詩記子懸弧日，也約明年載酒來。

壽吴門蔣竹居九十進士縣尹昂之父。

銀燭東風作上元，正看稱壽客盈門。朱顏鶴髮真人瑞，繡服烏紗稱主恩。令尹才名分甲第，此君風節共丘園。佳齡滿百渾閑事，膝下重摩幾世孫。

孫公子養正求題松贈徽上人南遊

誰分岩下種？孤秀出叢林。力飽冰霜健，根培雨露深。坐憐方外友，待結歲寒心。已共論三宿，臨風更一吟。

戚里孫養正公子與隆福徽起宗上人交甚稔，起宗南遊，養正求題此以贈。顧予已有詩贈之矣，然所以愛起宗者無已也，遂申賦之。

和焦孟陽侍講經筵宴退韻

講餘開宴日曈曨，仰荷君王禮意隆。法醖似篘金水緑，宫衣遥射玉闌紅。班資間闊親元老，門榭追趋屬上公[二]。致主有心才不逮，十年陳説負天聰。

因講春秋召陵有感再用前韻

斜日難回曙影曈，王心消歇霸心隆。屈人包匭菁茅問，照眼牲盤歃血紅。萬世綱常尊孔子，一時民物賴桓公。東都不是無元宰，誰爲天王達四聰。

張一之除臨城知縣

百里封疆古縣男，喜君才力正相堪。紅塵落日淹離醖，黄葉西風促去驂。社稷禮成官亦重，弦歌聲起化應覃。他時不負承恩處，徽國遺書得指南。

聞趙孟麟主事移居入城

聞説愛山子，移居近入城。紅塵遥隔路，粉堞正當楹。客刺投應便，朝更聽最明。來朝先定約，携酒慰新盟。

題揚州楊成玉太守梅花

紅紫繽紛落暮寒，貞姿偏耐雪漫漫。廣陵太守能題品，不作瓊花一例看。

題四鴿圖

東風開遍薔薇萼，禁網稀疎罷繒繳。珍禽顔色亦可人，紫袖雙垂比宫鶴。随時飲啄哺兩雛，天然母子行相呼。撫景令人發三嘆，耳畔如聞城上烏。右紫鶴袖。

海榴花紅揺日光，初平日畔薰風涼。河西此種不易得，玉羽六月飛吴霜。憑誰貌入丹青裡，金籠雪衣呼欲起。清時恐有放生人，獻壽能令相君喜。右白河西。

鐵衣玉項雙紅趺，入眼精神如燕烏。太湖峰下立相倚，徘徊顧影憐芳膚。幾色黄花傍幽沼，一陣西風動寒篠。傳書能副曲江公，何羡當時上林鳥。右皂套項。

山茶紅香竹青節，掩映馴禽羽毛潔。馴禽羽毛生絶奇，墨華點破雙團雪。朔氣吹風肌栗寒，雌和雄鳴隨所安。群飛寄語莫驚顧，鷹隼寧過花石闌。右白點子。

鄉舉同年會集武學得請字

昔在京闈士，名録亦焕炳。僂指十六年，散居星耿耿。離合苦不常，相顧惜萍梗。薄言酒一卮，温此舊盟冷。武庠國東隅，良會惜幽屏。矧當履長節，君子受初景。居然雜遝来，曾靡費招請。乃知同袍人，不啻共廬井。笑談既款浹，丰度益修整。斖然觥籌交，紛彼絲竹騁。浮生大塊中，取樂幾俄頃。天寒白日速，華燭坐堪秉。明明尊俎間，我願事箴警。學哉加進修，仕者效忠鯁。務令吾榜人，一一盡苕穎。松節堅平生，蔗味期晚景。犬馬齒最卑，竊禄秘書省。悠悠附驥心，陽春愧歌郢。

先公同年之子二十七人作通家會漫成一律

屈指通家四十年，舉盃相屬意茫然。一家兄弟非生客，兩世衣冠本夙緣。晝短不妨燈繼晷，情長那惜酒成川。無前勝會從今日，願保家聲作美傳。

壽仙圖壽順天馬汝才通判乃兄汝明

祈閭老者推黄髮，京兆能官數白眉。瑞彩遠隨南極現，高情那愧北山移。黄鍾律轉知陽復，紫府圖成與壽宜。看取鳳雛昭世澤，不妨鳩杖樂期頤。

送趙文聲知博興縣

碧雲涼吹滿林皐，奉檄東行屬俊髦。百里爲民常擇尹，一官旌異得均勞。河橋秋别猶攀柳，縣郭春来莫種桃。齊、魯弦歌原接境，看君今日試牛刀。

錢孝子

至性由来不易論，兩番封股報親恩。驚心苫塊三年闋，入眼羹墻百世存。宅里可旌新孝子，弓裘何愧舊王孫。此身不盡推仁處，更看城東漏澤園。

次韻送沈時暘參議提督福建銀課

上京才喜坐逢君，行省那堪手更分。粵地山場今責貢，隱侯家世舊崇文。芝書戒曉頒官露，桂檝凌秋動水雲。此日牙緋應蹔别，漢庭香篆待重薰。

送安成劉静洙赴曲江教諭

嶺南佳處曲江頭，喜載青氊作宦遊。孔殿韶音猶仰舜，漢人經學久宗劉。壯顔不逐流年改，化雨能兼宿瘴收。學半有功須重惜，禮闈高選待春秋。

校勘記

〔一〕丹祧素罍攀送地　「祧」，四庫本作「旐」。

〔二〕門榭追趨屬上公　「榭」，原作「謝」，據四庫本改。

篁墩程先生文集卷七十七

詩

菊莊圖爲致仕章元益給事賦

秋氣入墟落，涼飈振疎林。繁華坐銷歇，一逕穿籬深。籬東有晚色，粲粲千黄金。不隨時物變，肯受繁霜侵？陶令去已遠，寥寥孰知音。章君瑣闥彦，時名屈當今。一朝謝塵鞅，返駕鄞江潯。舊社作新主，永日消煩襟。年来嬰世患，未獲窮幽尋。念此松桂友，敬使丹青臨。遥遥歲將晏，采采勞歸心。黄花故無恙，白酒且復斟。一酌爲子壽，再酌爲子吟。天意久乃定，相期肅纓簪。花神永結好，冷眼窺浮沉。

送都憲左公廷珍巡撫遼東

關西聲價重提刑，又總行臺出帝庭。千里封疆當北鎮，九夷綏服盡東溟。皂囊坐遣烽烟息，寶匣長韜劍氣腥。宵旰分憂在今日，不須崖下勒新銘。

定西侯蔣公筠清軒卷次周草庭都尉韻十絶

高軒近北城，幽逕折三四。中有千琅玕，知人歲寒志。

臨池寫来禽，坐石呼格五。森森蒼雪寒，九夏失炎午。

新開八尺庭，迥異五侯宅。眼中籜龍孫，當當一當百。

結客總豪俊，詩壇如將壇。呼童刻新粉，記取最長竿。

愛此萬玉林，不下篔簹谷。時汲井中泉，殷勤溉慈竹。

裊裊翻翠雲，涓涓淨塵思。借看來何人，苔堦屐痕二。

虚心能自保，世態非所甘。江梅與巖檜，交情澹成三。

名園盛韋、杜，紅紫動盈千。何似總戎府，清風兼渭川。將軍誠好文，盛世不忘戰。時對抱節君，孫、吴閲終卷。欲待此君醉，竊分鳳尾餘。他年殺青手，高節爲君書。

賀東寧伯焦公得男

珠箔高懸獸錦紅，侯門佳氣喜葱葱。啼聲試處知英物，骨相生來有祖風。開宴競投新玉果，傳家先拭舊彤弓。分明世契非生客，湯餅還叨入會中。

送西隣毛貢士世傑知汲縣

東社西隣歲幾更，恩銜初得令君名。禁中曉日辭天仗，客棹薰風記水程。石表忠魂留孔纂，山環遺堞撫殷城。定多治迹如崔瑗，看取邦人續政聲。

送都水姚懋明主事改任南京儀制

曾向青源識俊髦，恩除重下爲均勞。留都官愛新儀部，驛路人迎舊水曹。千里長安隨日近，萬年鍾阜入雲高。宦情鄉思誰兼得，莫惜離亭盡濁醪。

播州程氏世澤堂

聞說家聲自洛中，幾年移築向蠶叢。短檠不廢箕裘業，一劍長收保障功。心吐秀葵知曉日，根蟠喬木自春風。等閑慶澤應難盡，長共滔滔蜀水東。

追思舊遊寄浙江左時翊參政十絶次草庭都尉韻

湖船詩十聯，半入煙霞氣。我語慚不工，居然别涇渭。

倚櫂岳墳庵，碑本見遺墨。萬古擎天功，高峰峙南北。

草滿六橋路，依稀放鶴人。道傍修竹裡，時見一枝春。
開尊淨慈閣，鵝鴨滿湖田。對岸雷峰塔，亭亭入暮天。
三生空有石，三竺未成賦。徘徊九里間，吟情拂高樹。
天外一峰迴，飛来勢未降。冷泉亭上立，逸趣洒寒江。
石屋龍潛處，題名憶長公。洞門喧水籥，苔逕失西東。
一剸龍井寒，未續茶經筆。林外忽聞香，僧房焙茶日。
山形繞廢宫，一鳳雲中度。下見淛江潮，寒聲自朝莫。
憶登保叔塔，舉酒別諸君。兩聽春鴻過，相思逐片雲。

送馬天禄給事赴雲南僉事

禁鐘曉初歇，騎出城東門。惜君有遠役，相携薦芳尊。君本鎖闥彦，忠言動天閽。起居今十載，廷謝初蒙恩。西南萬餘里，滇江浩沄沄。軺車足時雨，憲節明朝暾。丈夫挾壯氣，撫此歲月奔。紅芳漫春色，青松自霜根。迢遥古南服，慷慨扶風孫。行臺知有道，後會須重論。

次司馬通伯侍御留別韻二首

風流儒雅重分司，先德猶傳宋太師。學制久非三舍法，教條今過百年期。冰霜飽歷承家訓，桃李深培答主知。聞説行臺多暇日，餘情還付墨淋漓。

相違不覺又經年，日月真同蟻磨旋。養士定知湖學盛，憂時曾説賈生賢。一從憲節分江左，幾遺書筒到日邊。大雅寥寥今未作，黄鐘應待協宮縣。

飲慶壽寺兼似聰講經〔一〕

紅塵飛不透疎簾，白日行空漸向炎。柳絮挾風常滚滚，麥苗經雨倍纖纖。上方墅喜朋簪盍，西郭從教酒價添。更愛遠公能入社，他時有約問楞嚴。

送仰進卿給事僉憲四川

天子念飢歲，方勤西顧憂。川、陝本相接，君子可淹留？當時文石陛，往往聞嘉猷。況茲行臺尊，恩言若爲酬。提印走列府，洗冤及遐陬。功名當駿發，壯氣横高秋。誰云蜀道難？爲子歌安流。

挽致仕于千户文遠之父。

春風吹面雪盈頭，已過人間八十秋。山戍晝閒惟繫馬，水村天遠獨盟鷗。周窮義重焚逋券，知足心長守樂丘。身後有人能接武，輚門聲價到皇州。

又

每過深巷拜儀刑，不覺籃輿幾日停。醒眼愛留通夕飲，壯心慵展衛生經。别来吟髪添新白，望裏家山只舊青。千里生芻嗟莫致，一緘哀些涕交零。

題傅曰川諭德蜻蜓便面

五月京華吹旱塵，江鄉風物繫情頻。滿陂緑水連堤草，雨後蜻蜓不避人。

書帶青青草似苔，絳騶飛處小蓬萊。良工可識詞林客？爲作朱衣入眼來。

挽西莊畊隱章處士同知廷圭之父

紅雲含日照西莊，楚些聲中白髮長。杖屨忍看桑柘影，衣巾猶帶薜蘿香。壽於呂尚非傲福，死比黔婁合謚康。經學已聞傳令子，功名無愧古循良。

分得惠山泉送張公實參議還浙江

巋然九龍山，下有鳴玉聲。蒼蘚絡深罅，濺濺流石泓。逝人一迴首，倒影下空明。峰頭陸羽祠，俯瞰若有情。峰麓聽松庵，織竹存遺鐺。我昔停征車，憑闌濯塵纓。一歃毛髮爽，再飲肌骨清。中濡乃伯仲，此品寧虛名。張公佐淛省，矯矯人中英。峻操如隱之，冰蘗相崢嶸。泉石豈無癖，所羈在王程。官舟忽南下，尋源重兹行。懷古應有作，顛崖念蒼生。龍團笑茶譜，石鼎憐詩盟。

雨後過文會軒

雨後名園我獨来，淺紅深緑繞池臺。禽聲也樂消煩暑，馬首初看淨宿埃。鄰客有期頻折簡，主人乘興即銜盃。偶然良會須終日，一任殘陽下古槐。

送黄巖黄汝彝赴休寧訓導

浙東經學推黄氏，玉樹臨風見一枝。山邑百年弦誦地，自今應喜得良師。君今通政世顯從子，世以宦學聞。

宫墻遥隔練溪灣，門對青青玉几山。分擁臯比應最樂，書聲時出翠微間。休寧學地幽勝，君至則知之。

孔殿西頭企德堂，兩賢曾此託維桑。衣冠俎豆瞻依處，洛學千年未可忘。二程子之先本出休寧，近始立專祠，得列祀典。

温公家世不凡才，六一清風滿後来。知子教條還易舉，頖宫星斗夜昭回。司馬提學、歐陽令君，君往遇當必有合矣。

送宗人德望進士還德興

一宗元自相湖分，雛鳳新呈五色文。家慶暫應紆綵服，橋名先已識青雲。冰開水國舟難滯，春入郊亭酒易醺。小别重来堪屈指，鵷班風節待超群。

送吴容之進士還歙

二月鶯花滿帝城，手扳黄柳送君行。傳家舊熟麟經筆，中選新題雁塔名。畫舫摇春新旅況，綵衣稱壽足親情。還鄉不久應趨召，重簉鵷行玉佩聲。

送族孫鳳翔還浮梁兼柬其兄徐州同守楚英

相違無奈帝城垠，撲面流塵似水雲。酒興半生過阮籍，鄉情終日仰番君。船随賈客行裝起，曲愛歌童別調聞。路指彭城應問宿，雨中新榻許誰分？

送李知事還蜀

大夫勛業重先朝，合有鵷雛振九霄。幾載宦情宣室近，一番離思蜀山遥。歸帆正藉東風馭，戀闕長懸北斗杓。簪紱重来知有日，不須扳柳向河橋。

通政知事合陽李君天錫，今致政都憲先生之子，先生有迎蹕大功於先朝，未食其報，而天錫以文才見擢，供奉南薰殿，還鄉待用，人尚未滿也。惟先少保尚書襄毅公於先生爲同年，予不佞近接天錫，始獲通家之好，因賦此以致區區之意云。

蒲窻清隱爲蔡德馨賦

石髮森森照水寒，緑雲摇動紫瑛盤。歸来不道清如許，擬在君家畫裏看。葉葉都含淡墨痕，窻前生意藹然存。摩挲九節如堪斸，誤遣山童爲洗根。

古人以物之美者爲入畫，畫之佳者爲奪真。若蔡君養草之癖，陶、杜二子寫生之功，亦可謂兩絶矣。

送岳時雍上舍歸河間

與君傾蓋會京華，兩見春風陌上花。折簡故人聊隔巷，攻書兒子亦通家。忽傳行李騰歸騎，滿罄離觴泛落霞。雲路功名消息近，重來雙佩看趋衙。

金陵十景分題其二爲倪彦達賦

鍾阜晴雲

秣陵東來神秀鍾，一山崛起蟠蒼龍。層雲半露白日迥，海濤湧出金芙蓉。晴光遠帶建業水，王氣上繞軒轅封。江南佳麗此第一，乾坤萬古留兹峰。小年攬勝今閱畫，眼中紫翠猶重重。舊京投散當有日，看雲作賦消塵容。

石城霽雪

石頭城上黄雲消，石頭城下紛瓊瑶。登陴四顧窮遠矚，長江萬里飛銀潮。鴉翻落木隱樓堞，虎踞寒山嗟六朝。袁生九京那可作？莫愁雙槳誰招邀。古来重德不重險，方今一統歸唐堯。豐年幾見飽粢麥，太平有象歌漁樵。

賞王司言儀賓府千葉緋桃

賞心常在鳳池東，一種繁華也自紅。細葉巧随金剪落，靚妝匀試玉奩空。移根曾見新培土，凝睇渾如舊倚風。重凭畫闌驚歲月，不辭觴詠遶芳叢。

次周都尉韻寄平江伯

累朝勛業在，鐵券鏤黄金。雪點憂時鬓，丹輸戀闕心。早風吹泗水，古月照淮岑。何日明堂棟，工師問百尋。

送潘玉汝進士

岐路花飛酒滿斟，送君遥記練江潯。賞蓮已協登科讖，折柳難勝贈别心。晝錦極知官況好，宵衣還體聖情深。重來不待賓鴻促，擬向鵷行續佩音。

壬寅秋，予家居練水之上，玉汝與諸友嘗相從講習，時盆蓮出並蒂一枝，予有「擬開佳兆待諸公」之句。又明年，玉汝舉進士，殆詩讖也。今玉汝當公務於南畿，有過家之便，因賦詩以贈，且道舊事，以見出處之不偶云。

周德章駙馬府賞海棠

冥冥花霧擁迴廊，冉冉猩紅隔晝墻。按譜更誰争有韻？失評空自説無香。莫燒銀燭驚春夢，好障丹紗護曉妝。仙種北来初識面，臨風拚醉九霞觴。

國子祭酒古廉先生李忠文公哀輓

文皇中興初，吉士誰第一？侃侃忠文公，抱此金玉質。官銜應列宿，講讀近清蹕。平生愧婞婀，不復計行尼。西曹曾幾時，入秉太史筆。仁考適更化，四海期紹述。仰兹堯、舜主，或恐有遺失。伏闕陳忠言，激烈動霜日。不懼犯旒扆，誠願甘斧鑕。峩冠者何人，却走仍汗栗。繼聖數矜容，恩澤亦洋溢。經幃資輔導，詞苑樂閒逸。荏苒雙鬢班，老大更歲律。巖巖大司成，寵命一朝出。諸生得耆俊，奮志起經術。云誰干政機，所欲在私暱。古廉匪今士，危讒勢相嫉。青衿争代死，白日可屈膝？過眼風濤平，砥柱高崒嵂。乞身一再疏，與歸鳥疾。故廬西江滸，安坐理參朮。天胡産若人，不遺位丞弼。一宵星墮瓦，徒興哲人恤。恭惟忠節祠，冠佩凡六七。公来居其間，屈指難甲乙。歲時薦蘋藻，生氣儼在室。遥遥東陽峰，水上深更密。仁者多後賢，兹事可前必。宿草春菲菲，宰木秋瑟瑟。中有卹典碑，千載騰茂實。

樊駙馬大振受詔典禁旅宿衛

喜承恩領殿前軍，玉立長身迥出群。紀勝有時傳白雪，奉宸終日侍紅雲。金符舊勒蛟螭篆，寶劍新裝錦繡文。講幄故人先定約，宮壺春露待同醺。

和副詹楊先生府中齋宿憶弟六言八句詩韻二首

官舍平臨御水，龍樓遠見飛簷。坐想先生泚筆，靜呼童子鉤簾。顔氏心齋已久，杜陵詩律方嚴。陽春欲和未得，斜日猶懸塔尖。

青坊齋宿幾度？十年斗杓轉東。池草夢回惻惻，泥緘詩寄重重。玄經喜得時聽，姜被何須夜同。真似兼葭玉樹，不慚瓦缶黄鍾。

次韻題孔融伯隱君畫菜

忽忽青滿眼，開卷足相慰。墨苗紛雨甲，筆縷粲星緯。因之念老圃，聖訓有攸畏。蔬食而飲水，正欲葆真氣。緬懷古壇杏，裊裊緑陰芾。當時曲肱眠，至樂本無既。栖栖陳、蔡厄，誰復辨良貴？賴此簞瓢人，不擇藜糝味。美哉厭道腴，聊爾滌塵胃。豈無食肉者，澌滅幾名諱。亦有事魔語，千載唾餘誹。吾誰堪適從，壁立樹嚴毅。恒思召園子，連茹拔其彙。豆間齋祭心，曾靡間珍費。而況申申容，對越凜如愾。虞庠獻春丁，祀典詎無謂？奉俎欲升堂，前期悵猶未。

楊叔瓛地官輓歌六章

卓筆峰高半入雲，秀鍾人物迥超群。山川一日收靈氣，留得楊雄死後文。右文崖。

寂寂茅堂晝掩關，瀼西風物稱投閒。當時岸幘黄花裏，應讀移文笑北山。右西野草堂。

門前喬木翠生烟，一姓同居幾百年。聞説省郎無恙日，紫荆花下酒如泉。右同居里。

白石青松路不迷，隱君墳上路萋萋。當時苫塊藏身處，猶説慈烏遶樹啼。右廬墓處。

一泓挑出淺沙間，照影如分鏡裏顔。知是吟魂長不散，月明来此弄潺湲。右惺惺泉。

樂丘遥枕暮雲寒，一日全歸事最難。贏得墓前新石在，銘文留與後人看。右樂丘。

送柳副憲提督松潘兵備便道過家省母

憲節西行重外臺，秋曹人説舊多才。暫同一將論兵坐，想見諸番接詔来。幕府近山飛暑雹，樓船入峽殷晴雷。壯遊正出巴陵道，贏得高堂舉壽盃。

贈王真人次倪舜咨學士韻

鳧舄仙人豈愛官？帝教持節領黄冠。眼看紅紫随春麗，手裏瑯玕作夏寒。寶匣劍光晨耀雪，玉爐符火夜飛丹。蓬萊往往傳書劄，幾日清霄見鶴還。

寄壽閔口畢處士子文中，邑庠生。

曾向沙村識隱君，高堂吟榻許平分。開尊夜向溪頭雨，随步春看石上雲。南極又開新壽算，北山誰勒舊移文？名門早晚騰孤鳳，五色文章定出群。

送陳訓術還順德

秋風吹水碧潺潺，短櫂輕帆去意閒。萬里客行仍過嶺，一官廷引幸隨班。心常遶闕遥瞻斗，仕不離鄉飽看山。蓂莢再更椰酒熟，縣人傾倒候君還。

和嚴大用尚寶歸省詩韻

老木清溪舊業存，天涯相望幾寒温？南歸蹔奉三牲養，北拱難忘一飲恩。馬首遡風登驛路，鵲聲傳喜到家門。行邊已報春光動，入眼桃花遠近村。椿翁同行幾人存，蓮社詩盟可重温？僕直久勞千里夢，歸寧新沐九重恩。遊塵不染金陵道，佳氣長浮白下門。知有鳳池高詠在，不須重數莫愁村。

周草庭都尉李西涯學士兩歲復命同日有詩次韻

曉殿金門啓，春城玉漏終。才華驚二妙，喜色上重瞳。分署齋心久，連年入對同。欲從歌盛事，迂拙愧唐風。

齋所謝定西侯惠巴茶

元戎齋祓近青坊，分得新茶帶酪香。雪乳味調金鼎厚，松濤聲瀉玉壺長。甘於馬湩疑通譜，清讓龍團別製方。吟吻渴消春晝永，愧無裁答付奚囊。

送顧謙還臨淮

翩翩顧公子，天性酷嗜書。不作紈綺態，被服若老儒。平時數過我，芸香襲襟裾。一朝戒行李，迢遞隨征車。云赴秋試期，蹔返臨淮居。由来君子心，自與列士殊。從師讀周易，日月成居諸。紛紛百家語，涉獵乃其餘。有才不自露，所得寧錙銖？想見南畿秀，巋然得明珠。誰能漱藝芳，而復味道腴。夙志倘無爽，一薦誠區區。春風載酒出，相送官道隅。長歌丹桂篇，送子青雲衢。

冶城篇一首送袁鍊師道欽還住南京朝天宫

吴王鑄劍處，榛莽無餘城。福地豈終閟？重開似蓬、瀛。琳宫起璇榜，掩映千花明。肅肅演朝儀，冠裳集群英。欣欣祝聖釐，香芾下紫清。神仙足官府，主者宜幽貞。邇来領祠禄，有美蘭厓生。昂藏好丰采，瀟灑不世情。薫風送歸帆，壯子一日行。頗聞廢亭側，卞廟猶峥嶸。凄涼六朝事，激烈千古名。巍巍石城外，滮滮青溪聲。舊京多散局，何當濯塵纓？相携此弔古，擊節歌時平。

送汪侍御文粲出判夔州

侍御汪君文粲出判夔州，以陞授出命，此仁聖之恩也。予於文粲生同鄉、學同志、道同年，故不以唁而以賀，古之士所當爲，寧止於此？文粲勉之！

西望夔州萬里程，一尊相送壯君行。封章舊獻丹心吐，憂國新添白髪明。去觸薊門炎暑熾，到經巫峽怒濤平。除書特下恩如海，不遣賢臣挂謫名。

贈雲中張守

左竹恩榮久見分，中州人物重相聞。弦歌夜課黌宫士，餉饋秋供紫塞軍。公暇擬紆防寇策，興来時草勸農文。他年屈指雲中守，卓異功名定數君。

送光州熊騰霄侍御赴山西副使

近来除命似君稀，新帶横金豸作衣。久矣十年書歲課，壯哉千里怯霜威。中州善類知難得，西土流亡喜漸歸。相送出城應駐馬，祖筵春日正花飛。

題四景畫

一夜春溪新雨足，曉耕已遍前川曲。烏犍少脱半犂閒，烏外茸茸草根緑。坐愛一株沙柳陰，展卷疑聞梁父吟。布衣未接隆中聘，誰識當年開濟心？·右諸葛春耕。

夏木陰陰波渺渺，風外群飛見沙鳥。臨淵不爲釣絲輕，黄梅雨過溪魚少。石上苔花青更繁，瓦罇獨酌消塵煩。可能著就玄真子，亦有丹書三兩言。右玄真夏釣。

西風蕭蕭振黄葉，何處平原初罷獵？會稽山下負薪人，倚樹掀髯亦豪俠。一朝印綬懸其身，白日照耀新朱輪。誰知擔上芸香册，只博人驚車馬塵。右買臣秋樵。

天山雪花大如席，瀚海東頭絶人跡。群羊散落沙磧間，嚙盡寒氊歲云夕。塞垣孤月十九冬，手持旄節歸漢封。不知麟閣丹青手，曾寫當時憔悴容？右蘇武冬牧。

題薛九蟾仙

雲冠琢玉紫霞衫，仙籍依稀見署銜。松下月明時顧影，寸心知不到塵凡。

和鏡川學士東閣靜坐之什

閤門交處迴分途，十二朱廊白石趺。坐借病身雙足斂，稿繙經學寸心孤。雅音不數巴人倡，拙手空慚晉帖模。儤直有期陪笑語，柳梢春色半昭蘇。

華處士哀輓

錫山華名宗，系出齊孝子。居今八百年，代代享蕃祉。雲仍森玉立，有美時茸翁。三郎如鼎足，挺挺多父風。就中承事君，人物更娟好。起家方有聞，捐館一何蚤。平生幹蠱意，永夕吾伊聲。里人感利濟，塾師驚老成。竭来丁歲荒，大發囷中米。詔與冠服榮，身抗令丞禮。君心非樂此，所樂在書巢。史評著北宋，遺稿存東郊。臨風嗟若人，曾不躋下壽。所期到松筠，何意等蒲柳。雖遺白頭父，賸有青年孫。勉哉光世譜，坐待高君門。矗矗延祥山，山前下新兆。中刻太史銘，何如蔡邕表？

校勘記

〔一〕飲慶壽寺兼似聰講經　「兼」，四庫本作「束」。

篁墩程先生文集卷七十八

詩

趨闕承恩圖爲錦衣魯百户題

新從飛將破臯蘭，喜拜金吾近侍官。白馬遡風過御苑，錦衣流彩動長安。三秋絶塞烟塵淨，一日中天雨露寬。撫景爲君期遠大，舊圖麟閣炳如丹。

起亭圖爲顧謙作

芸香吹滿讀書亭，不爲時名困一經。亭下種松今幾載？長梢將見拂雲青。

郊壇陪祀夜宿神樂觀聞都尉草庭受命留守承天門賦此奉寄

聖主南郊奉大禋，宫門留鑰付親臣。龍池漏點沿城報，虎衛軍容夾路陳。令肅自應閑將略，才高誰足重儒紳？齋居一宿停雲意，坐對東風月向晨。

題吴原博諭德醫俗亭

我家篁墩上，絶類篔簹谷。長憐此君淨，不解砭予俗。吴君結亭子，瀟洒延衆緑。清吟答天籟，塵鞅謝煩逐。分明食肉相，兼此林下福。齋居開墨本，已覺幽韻足。君才何可當，風采如植玉。擬試國醫手，坐遣元氣復。江南渺煙雨，因之動遐矚。汗青我終慚，筍譜或能續？

並蒂蓮和青谿學士韻四首

當時仙種出吴宫，羅綺香生水殿風。何似一尊文會樂，坐令千古俗緣空。不須紈扇遮紅頰，擬剪緋羅掛碧筒。勝賞此回應第一，幾家殘緑漫叢叢。

疑是雙娥下渚宫，凌波微動一簾風。霞翻疊縠湘裙重，月射連珠漢佩空。樂隊臨池催羯鼓，酒籌當席轉牙筒。奇觀欲藉丹青手，貌取東軒錦繡叢。秋浦新聲欲换宫，採菱歌徹藕花風。小池漫擬江南樂，絶品能令冀北空。娱賞酒憑螺當爵，催妝詩遣鶴輸筒。主人蓮社真開約，車馬屯門定幾叢。彷彿移根自蕊宫，正宜吟賞對西風。却憐多病身難出，未覺諸君酒易空。詩愧才情翻蜀綺，瘦餘肌骨等湘筒。明年倘帶看花福，自挈壺觴坐繞叢。

壽山陽沈廷獻處士八十

豆醅香裹洞仙謳，春滿酡容雪滿頭。淮上幾人同擊壤，海東今日又添籌。家鄰節孝瞻徐子，世業文章重隱侯。漫道慶源開八袠，大椿曾擬八千秋。

小飲于喬諭德家與曰川聯句

退直思乘半日閑程，偶因高會誤躋攀傅。蘇家斗酒真需客謝，謝氏諸郎更解顔程。一醉隔宵非有約傅，十年鳴玉幸聯班謝。相逢莫便騰歸騎程，此意更深且末慳傅。西城邂逅一尊同傅，主客相忘有古風程。春滿户庭宫柳近謝，風清苑路市塵空傅。醉呼席上燒紅燭程，坐待墻頭過碧筩謝。爲語詩奚莫相笑傅，漏聲初殺禁垣東程。候客兒童預掃門謝，登堂忽已具盤飧傅。一時談笑風生塵程，竟日淹留月到軒謝。行止百年真有數傅，醉醒吾輩可無論程。海天回首輕陰散謝，猶有高情在掖垣傅。

壽襄城侯李公

綺席紛紛集玳簪，中秋華旦喜重臨。朱顔早帶封侯骨，素履長懸體國心。閫外舊勞書太史，郢中新曲奏佳音。相期不用金丹訣，仙李根培雨露深。

以雲裏帝城雙鳳闕雨中春樹萬人家爲韻集古十四絶爲户部白玢郎中題畫

落花飛絮正紛紛鄭谷，半入江風半入雲杜子美。最是一年春好處韓退之，碧山如畫又逢君楊巨源。

清溪一道穿桃李王維，汀畔數鷗閑不起蘇廣文。日暮汀洲一望時寇平仲，城外青山如屋裏王維。

臨潁美人在白帝杜子美，日暮千峰轉迢遞李郢。淡妝濃抹總相宜蘇子瞻，彩毫應染爐烟細楊巨源。

偶逢樵者問山名李端，天外三峰削不成崔顥。日暮長堤更回首許渾，淡煙疎雨過高城杜子美。

瓦溝銀竹曙翻江馬祖常，浩唱庭花倒玉缸劉貢父。山圍四座畫圖出黄山谷，時有白鶴飛来雙歐陽公。

日色纔臨仙掌動王維，王城曉日窺丹鳳杜子美。笑問客從何處来賀知章，詞人解撰河清頌杜子美。

一年最好是三月韓渥，扁舟繫岸依林樾蘇養直。百花原頭望京師王少伯，青龍夭矯盤雙闕韋莊。

終日慽慽思羈旅杜子美，曉來時有流鶯語張泌。馬上誰家白面郎杜子美？沾衣欲濕杏花雨僧日南。

馬足車塵到處通薛逢，等閑桃李即争紅陸龜蒙。花時未免人来往許渾，多少樓臺烟雨中杜牧。

緑楊紅杏滿城春楊巨源，水面魚遊不避人王建。何處貌將歸畫府譚用之，濕雲如夢水如塵崔魯。

遥看一處攢雲樹王維，蜂蝶飛来過墻去王駕。垂鞍不鞚馬行遲李從一，莫是長安行樂處李頎？

春花不愁不爛漫杜子美，早晚煙村碧江畔譚用之。山水之圖張賣時杜子美，家無甑石輸百萬同上。

家住紅蕖曲水濱李義山，天晴宫柳暗長春杜牧之。溪邊物色宜圖畫張泌，須就桃源問主人宋邕。

酒幔高樓一百家王建，春城無處不飛花韓翃。孤舟明日毘陵道皇甫冉，且盡芳尊戀物華杜子美。

次韻賀李若虚憲副得男

每見杭人問再三，行臺秋日可生男？椷題麟紱俄傳喜，慶乏犀錢却負慚。從昔有聞仙李在，繼今相屬海榴堪。知君苦瘦常慳飲，不道春来不盡酣。

南京户部尚書三山黄公哀輓

幸承恩渥許還山，便遣悲聲徹帝關。六袠光陰銷鶴筭，四朝勛業重鵷班。歸裝只有圖書刻，遺像空留劍佩顔。名與慶源應不竭，七閩流水共潺潺。

送王公濟進士知丹徒縣

今年閏月秋聲早，雨後涼風葉堪掃。知君夙戒有行期，疋馬曉出東門道。憶當與君識面時，總角相看最相好。侍親同向錦官城，壯志不畏連雲堡。官舍比隣雞犬通，那似尋常覓梨棗？陽春白雪漫賡酬，黄卷青燈共探討。天涯回首各西東，轆轆紅塵走蓬葆。蹇予待詔金馬門，玄髮蕭然半將縞。別君已經三十年，忍不相逢一傾倒？喜君擢第千人中，玉筍聯班幾才藻。新陞忽綰丹徒章，白日恩光照晴昊。人生離合苦難常，屑屑何須掛懷抱。佳勝東南古潤州，未説丹崖與瑶島。虹月猶窺二米家，江山不共坡仙老。行哉肯負平生心？坐見居民樂魚稻。政成應遣簿書閒，詩畫寧論武昌稿？我病安能餞一盃？離愁欲絆離亭草。重来有約峩廌冠，不待平時考功考。

送槐塘族孫濬之上舍南歸

今年喜子升辟廱，一身遠逐南歸鴻。堂上雙親壽且樂，正當月滿三秋中。明年月色亦如此，秋試文章勉吾子。槐塘相國世有人，一經相傳取青紫。丹桂花開金粟香，玉兔藥搗長生方。高歌明日送子去，多辦沙溪秋露觴。

故侍御安城鍾公哀輓

烏府初持憲，彤庭首抗章。重淵思取日，三伏遽飛霜。結舌人何擠，捐軀獨可傷。憑誰司國是？空自沮臺綱。北極樞旋正，前星色再揚。褒忠光隧室，誅佞榜朝堂。未覺英魂散，偏憐慶澤長。宸衷矜寡婦，恩典及諸郎。愧我生雖後，書公傳最詳。正觀毛髮聳，昌誦齒牙香。漫爾編芸帙，無由奠桂漿。青松碑石古，白草墓臺荒。肖像千金在，懷人一鑑亡。感時歌楚些，清淚欲浪浪。

病中齋居兼謝西涯學士見過

倚榻蕭然不出門，坐聽宫漏幾黄昏。暑留巾襪齋心慣，病却茶瓜藥禁存。竹簡有情時共閲，楸枰無偶但空捫。故人秉燭能相訪，踏破閑階碧蘚痕。

次韻原博諭德

抱病經旬未入朝，齋居秋思轉寥寥。坐憐白日繩難繫，起望青山手可招。夢繞川原疑脱騎，瘦便風露愛聞蜩。詩壇故事誰先續，倚席長慚郢上謡。

楊中書應寧行卷應寧祖居滇南，其父徙居巴陵，應寧又卜築京口。

十年供奉住京華，幾處丘園入望賒。夢遶啼鵑過六詔，心隨征雁落三巴。卜居早續并州句，歸路争迎漢使槎。珍重板輿行處樂，太平何地不宜家？

題冀郎中墨牡丹

嫣然只是洛陽春，水墨丹青總幻身。花若有情應解笑，品題空自出詩人。

瓊林侍宴次定西侯韻二首

臚唱三終扇影分，口承天語下紅雲。綵旗絢日春城見，玉漏含風午閤聞。一代衣冠沾鎬宴，九天星斗焕奎文。東風拂面恩如海，不待宫壺已就醺。

南宫春宴一番新，首席還當柱國人。蓮社賦詩曾倚馬，柳營傳檄舊分麟。三公錫寵聯黄客，多士隨班謝紫宸。共説得賢今最盛，詞章千古陋隋、陳。

王司言儀賓園亭夜酌與李世賢學士李符卿士欽聯句二首

一天涼雨及時来傑，花有紅香菜有臺。亭上正堪尋舊約程，簷前無復見飛埃。當空霽月光逾燭傑，貼水新荷淺勝盃。從此不勞遊別圃璋，主人家世長三槐傑。

主家亭館隔紅塵傑，秉燭傳觴更可人程。花影參差揺綺席璋，漏聲迢遞下嚴宸程。庭涵秋意虫初響傑，座挹寒光兔欲馴程。後會有期寧待約璋，乘閒来處即佳辰程。

溪西竹屋卷爲陳千户賦

看竹何時徑出城，溪西亭上濯塵纓。青山入座真成畫，白鳥迎人似結盟。風外懶便紗帽側，雨前涼愛葛衣輕。頗聞地主能延客，飲力何如阮步兵？

奉寄宫保大司徒余公時總督北征

授鉞頻年向北陲，又看殊錫下彤墀。詔書疾置飛黄馬，喜色遥占太白旗。朔漠殘胡終款塞，尚方新爵待班師。有臣文武天王聖，聽奏周宣六月詩。

木假山與李符卿士欽聯句二首

小朵飛来遠逼真李，水漂沙嚙幾經春。烟鬟拂樹陰長合程，土骨粘苔緑未勻。醉客彎弓疑伏虎李，畫工揮策恐生麟。江南何限雲根在程？嬴得詩人入夢頻李。

鬼斧何年砥柱存程？嶄然頭角手驚捫。雨来迴帶烟嵐色李，日落常涵紫翠痕。眼底一拳分太華程，掌中三股劈崑崙。飲餘不作平原癖李，咫尺仙槎認海門程。

陳高士林亭和韻二首

每恨家居九陌東，朝衫無地引清風。關心漏待三更月，障眼塵飛一丈紅。勝境忽疑仙島近，好懷先遣俗緣空。彈棋瀹茗兼題句，不覺西亭日過中。

偶過琳館繫情頻，似結烟霞未了因。塵世苦難逢笑口，仙家誰可著吟身？緑陰匝地全消暑，紅藥翻階已後春。載酒重来先訂約，歌童還解識詞人。

松月圖爲陳高士題

緑釵摇影見分毫，露下空庭月正高。禮罷夜壇頻側耳，一天涼籟洒秋濤。

遊王司言國賓郊園

風逗黄雲漲麥川，井分新緑繞瓜田。童穿墻缺携壺到，客趁堂虚借榻眠。樂憩午陰憐困馬，預傳秋律愛鳴蟬。城樓咫尺忘歸晚，多少詩情落照邊。

予馬與司言之馬既脱羈的遂相情好於緑陰青草間有感而作〔一〕

緑柳郊園百畝長，兩駒初脱紫遊韁。翻身顧影交相惜，騈耳嘶風喜欲狂。渾似弟兄聯伯仲，不須牝牡辨驪黄。何人駕驥能相挈，爲寫薰風苜蓿場。

避暑李符臺宅

擬逃炎暑向誰家？鬱鬱槐陰舊相衙。厭客任人譏褦襶，借眠容我鬢鬖髿。江南水竹空勞夢，天上星河欲泛槎。可是春盃冰盌客，也期来此共茶瓜？

司言儀賓邀賞蓮不赴

正坐郊遊困宿酲，更申花約了餘情。病軀不帶看花分，聊助澆花酒一罌。雨餘凉思繞芳叢，行令還應折翠筩。勝賞未容多客預，一枝原號狀元紅。聞張啓昭諭德在坐，故及之。

送沈良臣知歸德

雙旌摇拂薊門秋，已覺先聲滿宋州。甲榜自稱前進士，專城人羡古諸侯。金鳧香瀉離筵酒，彩鷁光生客路舟。入境爲君先送喜，如雲嘉穀遍田疇。

立秋前二日遊溪西竹屋馬上次同遊者韻

溪上林亭待客遊，茶瓜今日定淹留。馬驚小雨還成霽，蟬咽薰風已報秋。沙路散行迷遠近，水禽貪浴自沉浮。望中早覺西山好，十里嵐光翠欲流。

久約溪西看竹来，雨中騎馬到池臺。鷗邊水濯塵光去，鳥外天随眼界回。逃暑静便沙岸柳，借眼慵掃石林苔。病身款客仍供酒，轉覺陳遵是俊才。

送太學生殷質南還

殷家少子真白眉，業精小戴無荒嬉。尋師過淛不憚遠，角藝南京常數奇。成均正值收材日，羡子束書偕計入。司成教法嚴如霜，六館雁行分甲乙。暑雨吹風塵不飛，諸生有恩容暫歸。離亭一尊柳陰重，牐河雙槳浪痕肥。君家兄弟子出色，好取明經發先德。捷報他時會有期，坊表巍巍碧山側。

飲靈藏寺

七姊妹花開已空，繞闌猶幸有葵紅。坐中便起烟霞癖，門外那知市井通？深院影回三殿日，小亭涼入四窻風。一尊蓮社新開約，莫厭頻来問遠公。

又次壁上舊韻

不知支遁在東林，咫尺園亭負賞心。上界雨餘花似錦，南来舟澁酒如金。人從廬阜開新社，詩與唐風續正音。自愧濯纓無處所，靈源何日許相尋？

飲司言儀賓園亭限韻

雅意寧須錦步圍，亂荷如草緑菲菲。花前喜聽江南弄，醉後須拚月下歸。縱墨繞叢嫌竹粉，露眠當逕借苔衣。誰行酒令嚴如許？交錯觥籌總不違。

和石城學士韻送餘姚賈尹宗錫南還

城東開宴送離人，笑語風生滿座春。賈父政聲今卓異，右軍詞翰幾清真。倡酬句與花争發，去住情隨酒共親。召命有期登憲府，姓名先已達嚴宸。

盛子昭小景

風起長松鶴未還，兩翁身似水雲閑。一襟古意無因瀉，童子携琴正過山。

司言儀賓府賞蓮二首

欲洗新妝渴有餘，偶然涼雨落階除。圓盤走玉青無賴，疊瓣凝香畫不如。詞客擬將篙注酒，主人何羨轄投車？炎光一掃都成趣，細拂苔墻盡意書。

亭亭玉立晚風餘，萬種塵緣已盡除。錦向天孫分大巧，色從魔女悟真如。病身爲爾新開飲，賞約憑誰更下車。競與花神留好句，手扳荷葉任情書。

題沈石田懸崖松

根蝕蒼崖露半腰，聲隨風雨落寒潮。小堂六月題詩處，不覺人間暑氣消。

題陳邦濟小景

鳥外連峰認蜀鄉，鷗邊新水似清湘。山行尚挈圖書譜，野坐渾勝吏隱堂。隨地塵埃慚馬癖，及時紅紫笑蜂狂。燕酤不説郫筒飲，何日相期爲洗觴？

分得聽鶴壽錢侍御承德乃尊

林下開軒養性靈，月中清唳可人聽。笙歌轣轆尋常事，藥餌相將八十齡。新爵近承天子詔，舊圖時拂老人星。賢郎寄壽無餘物，一卷親書相鶴經。

司言儀賓府賞菊

眼低衆芳摇落時，主家猶見菊花枝。偶同遠客燈前笑，却後諸公卷裹詩。樂趣定期邀月飲，交情誰比傲霜姿。晚香明歲還如故，百遍相招我未辭。

校勘記

〔一〕予馬與司言之馬既脱羈的遂相情好於緑陰青草間有感而作 「的」，四庫本作「靮」。

篁墩程先生文集卷七十九

詩

成化丙午秋七月受命主考南畿秋試辭朝日贈同事汪庶子伯諧二首

御墨傳名下九霄，校文何意及宫僚？緘誠禮幣雲霞爛，賜别恩壺雨露饒。千里長江看逕渡，一秋殘暑會全消。網羅願得岐山鳳，噦噦和聲協舜韶。

玉署青坊二十春，聯鑣同巷最情親。登名夙已推先進，論秀那堪逐後塵？鎬邑士風天下盛，秣陵秋色望中新。相期不負公家託，共誓丹心拱北辰。

離京後不暇作詩自儀真遇風渡江至龍潭驛與伯諧夜酌志喜一首

畫舫長牽日夜行，好風天借一帆輕。濤聲北擁迎鑾鎮，山勢東蟠建業城。澤國魚龍争起舞，水村雞犬誤相驚。清尊紅燭論心地，記取江南第一程。

鹿鳴宴是夜大雷雨，揭曉大晴。

華宴弘開署鹿鳴，英才群起快鵬程。百年山水原鍾秀，一夜風雷忽放晴。琢玉喜看聲中律，遺珠留取價連城。疎慵敢負知人鑒？北望紅雲祝聖明。

謁孝陵恭賦

蟠龍山上柏層層，寢殿巍然紫氣騰。神武尚占霜令肅，睿容如見日華升。萬年成法尊周典，一代興王祖舜陵。聖德有碑高百尺，虹光終夕照崚嶒。

玄武湖

梁、陳遺蹟久消磨，分派都成太液波。此日承平人更樂，夕陽州上采菱歌。

天界寺留别六部諸公

名山曾是泐公房，吟榻依然草逕荒。行客欲来詢舊事，高軒方此薦離觴。秋光併與詩情薄，斜日能牽别意長。迤邐醉歸松下路，隔林金粟有餘香。

永寧寺留别隆平侯諸公

公事初餘半日閒，故人相約扣禪關。萬松擁霧都環寺，一塔凌空正對山。尊酒蹔陶塵外樂，歲華頻攬鏡中顔。匆匆不盡平生意，畫舫西風又北還。

過王尚文給事

短橋流水過門前，老木垂楊夾路邊。兩耳清風生竹逕，一腔生意舊瓜田。浮雲久不關塵慮，白日偏能了醉眠。南國太平容散吏，詩盟来結定何年？

雨花臺與汪庶子平江伯司馬侍御聯句

肩輿直上妙高臺司馬，極目秋空亦壯哉程。山勢重重雲裏出陳，江流滚滚霧中来程。興王一代誇形勝汪，霈澤千年被草萊司馬。登覽平生最奇絶，不辭傾倒菊花杯程。

靈谷寺與汪庶子平江伯司馬侍御王給事嚴正學聯句

翠蓋亭亭立萬松汪，寶坊遥倚白雲峰程。元戎肯結新詩社司馬，詞客能談舊講宗陳。分供泉香思瀹茗程，隔林風定忽聞鍾司馬。勝遊總是文章彦王，千古蘭亭可繼蹤嚴。

靈谷依然古跡存汪，松間同踏舊苔痕程。幾灣碧水分圍寺王，一路青山直到門司馬。

疎柳䕶陰連下界王，輕雲將雨過前村陳。眼中風景真如畫嚴，吟賞何妨到日昏汪？

鍾阜東来一逕深程，偶同名勝訪祇林司馬。烏銜桂子僧前落王，簾捲山光户外侵陳。

萬里長江供遠望嚴，六朝遺跡助豪吟汪。重來更有他年約程，肯爲塵緣負賞心司馬。

冠蓋聯翩勝地来司馬，登高便覺好懷開王。金陵王氣傳千古陳，玉署文光燭上台嚴。

祖餞莫辭今日醉汪，使槎將及晚秋回程。人生會晤渾無幾王，一任昏鍾落日催陳。

高秋時節快登臨王，雲外僧房竹院深陳。一啜清茶忘世味嚴，偶聽多貝了禪心汪。小

童解作天魔舞程，佳客能成白雪吟司馬。樂事正逢休暇日王，玉壺莫放酒停斟嚴。

勝日來遊到上方陳，松陰深處石泉香嚴。穿林喜有雙僧引汪，把菊寧無一醉償程。秋

景恰和詩興好司馬，宦心那似野情長王？高歌縱飲忘歸路陳，回首青山又夕陽嚴。

王氣騰空近祖陵嚴，梵宫深護白雲層汪。青山入坐嵐光重程，翠柏當軒爽思凝司馬。

下界塵氛渾不到王，上方樓閣記曾登陳。醉来擬刻林間竹程，欲寫新詩恐未能汪。

八功德水

石罅透出垣，分流曲似虵。風文行翠縠，雲影動朱旛。香欲傳僧供，清能滌世煩。誌

公如可起，一笑問靈源。

登報恩寺塔

寶坊南近雨花臺，入眼丹青面面開。清夜香燈千印度，紅雲宫闕兩蓬萊。遊人漸及登高節，倚馬慚非作賦才。斜日長干重回首，横江一鶚正飛来。

鷄鳴山上小酌與汪庶子于京兆聯句

高臺同上躡天風于，望入蒼茫眼界空汪。象緯分明星闕近程，河山環繞帝都雄汪。日斜江口潮初白程，露冷林梢葉漸紅于。王事有期鄉夢杳程，一尊相屬思無窮于。

功臣廟下作

鷄鳴山側英雄坊，朱門半掩青松長。功臣廟食自洪武，下車進謁開中堂。元勳佐命推六王，儼然並坐徐與常。左李右鄧沐再少，霜髯獨見東甌湯。秉圭服冕垂衣裳，異姓聯翩如雁行。公侯十六分兩傍，金貂玉帶相輝光。瓣香一炷三嘆息，却走苔堦觀畫廊。竭從真主興濠梁，材傑奮起驂龍翔。長江飛渡入建康，血戰往往皆鷹揚。當時陳虜號最强，屢仗左纛乘飛艎。諸軍一衂番水陽，不日降旗来武昌。神威自此若破竹，僭竊次第歸天亡。按圖未取東海方，下令先縛鹽城張。遠清閩、廣服蠻徼，繼下滇、蜀連氐、羌。東南略遺瘡痏息，中土久作腥羶場。臨江發兵二十萬，直指幽都驅犬羊。裔戎豈敢敵王旅，氈裘北遁居龍荒。乾坤一統成帝鄉，九州入貢紛梯航。文孫繼承萬億載，諸將之功何可忘？禮官四時奉蒸嘗，令典與國同無疆。錫封賜履遥相望，山河帶礪分天章。至今一二傳世芳，餘者中微殊可傷。安得司勳徹聖聽，兩漢故實芸編香。摩挲丹青落日黄，一時際遇思明良。陸機有頌愧莫續，風雲颯爽天茫茫。

梁處士

成化丙午，予奉命考南畿鄉試，教諭閩人梁璋實来同考。事竣，出其大父處士墓表相示，因賦此詩續哀輓册後，且以見其家學之有自云。

梁鴻清譽重閩川，塊坐青山是幾年？惠澤有功存里閈，勝遊無跡到林泉。寫真想見松雲影，哀些猶聞薤露篇。喜得賢孫方繼美，青氈無愧一經傳。

題汪廷器冰雪盟卷

徂徠公，渭川子，孤射仙人相鼎峙。平生不啻刎頸交，冷面鐵心無彼此。天寒地折萬木僵，滿眼冰雪人走藏。三君獨不改顔色，特立乾坤如雁行。牡丹芍藥誰主張？敢作花相稱花王。毅哉三君渺何許，倏見精神照溪渚。虚堂白日光射人，六月蕭然不知暑。雲湖陶生欲學文湖州，勾勒寫此瀟湘秋。向聞去作海東客，更遣虬枝動池墨。興来忽憶太守梅花孫，胸中春意萬斛不可論。水香月影久蕪没，高足却在雷溪村。越國聞孫諳畫訣，一見丹青識優劣。紅緑紛紛不直錢，重是三圖比三絶。老我北行方治装，披圖爲了半日忙。歲寒有盟誰可續？酒酣擊節歌聲長。

九月八日枕上聞秋風大作有感

鮮飈中夜起，簌簌鳴高林。虚堂耿不寐，斗寒入重衾。南来今幾時，北去當秋深。關河本迢遞，歲月仍侵尋。幸此公事竣，一舸臨江潯。松楸鬱何許，渺在青山岑。簡書嚴有期，悵望空沾襟。依稀故園夢，搖落西風吟。歸鴻正南翔，登高一何心。行李戒明發，迴覺霜毛侵。

石城門外有巨石臨水如伏虎疑即所謂石城虎踞者

巨石臨江滸，天教守帝關。聲疑風樹吼，色藉雨苔班。駿馬空回首，妖狐敢抗顔？從来形勝地，千古配鍾山。

觀音山

怪石顛厓虎豹蹲，岡風長挾怒濤奔。女墻表裏環天府，佛閣東西據海門。景勝我無三謝句，時平誰記六朝村。官舟落日頻回首，帝業巍巍萬古存。

渡江至儀真是日微風不興江水如鏡與伯諧伯常緩酌微吟不覺至暮時伯常以服闋上京。

彩舟摇下石城灣，風定潮平客意閒。鳴櫓不驚沙上鳥，推窻如看鏡中山。一天秋色供詩料，五斗春風入壯顔。津吏又迎江北路，漢槎新自秣陵還。

和于府尹景瞻遊金山寺詩八首

遊金山寺一首

隔岸鍾聲忽報晴，海霞紅拂鏡中明。秋亭欲撫南鴻背，夜閣遥瞻北斗平。地迥有泉消醉渴，景多無筆寄吟情。壯遊直蹴金鰲頂，小住征帆幾日程。

約遊金山寺值風雨不果一首

半夜風濤雪擁洲，水天孤負漢槎遊。青山帶雨雙娥重，白塔凌風一柱浮。野衲漫思迎道左，津人空遣候江頭。登臨再訂他年約，滿注春盃掃客愁。

寄題金山寺二首

波心千古出樓臺，長笑人生幾度来？終有寸緣分白社，蹔收雙足洗黄埃。歌成欲鬬潮音起，景勝翻疑海市開。遥指紅雲過江去，煖風初透北山萊。

潮落春江倚櫂時，一番登覽動遐思。長空去鳥人間世，獨樹危亭畫裏詩。銅鏡未須驚白髮，玉壺多遺繫青絲。醉来不懼蒼苔滑，踏遍南坳與北涯。

憶金山寺并約友人重遊二首

曾過浮玉扣遺蹤，劫火年来跡半空。未覺傳衣宗印老，却能留帶屈坡翁。病慚海鶴身猶健，飲似江鼉力尚雄。勝賞莫教虚勝日，翠鬟須待暮煙籠。

空門依舊瞰潮頭，屈指重来兩鬢秋。山色有情譏宦轍，江聲無計絆離愁。倘從竹裏陪佳客，便好塵中説勝遊。何似捕魚人最樂，紗罾長趁夕陽收。

重遊金山寺二首

振衣衝散薜蘿烟，豪俊同来憶壯年。酒令肅於盟踐土，詩勳奇似勒燕然。排山浪起鷗邊雨，絶海雲横鳥外天。却望南徐重懷古，一尊寒渌奠諸賢。
禽聲無數説春愁，遠客真應續舊遊。錦繡江山圖上見，金銀宮闕鏡中浮。花枝照眼紅堪摘，水氣侵人翠欲流。潦倒正須文字飲，尊前何必錦纏頭？

予考士南畿，竣事之餘，京兆尹于公景瞻出其遊金山八詩見示，真國手棋，不容更敵。而一時和者，又皆傑作，足以相高。顧不鄙予，請復繼聲其後。辭不獲已，乃勉成之。玉樹蒹葭，識者固有定品矣。念金山之遊，予亦再三，其所留題不下景瞻。而寺僧碧峰率能暗誦，蓋僧不知工拙，欲矜其善記概以動客故耳，予詩豈足以廁名勝哉？聞碧峰近已物故，爲之戚然，書和章之尾以歸景瞻而并誌今昔之感如此。成化丙午秋九月十日敏政書于龍江驛舟。

贈無默子

張子房學辟穀從赤松子遊而善用兵，陶朱公師計然號鴟夷子皮而好貨殖，陶弘景居句曲山號華陽真逸而喜聞國事，豈樂人之樂、憂人之憂，固神仙之所不廢者哉？成化丙午，遇無默子于廣陵河下，聽其言，觀其所著述，殆將希蹤于古人者。惜其不以告予，而予之不及知也，賦一詩以諗之。

廣陵河下遇髯翁，對酒談玄思不窮。慢道仙凡如許隔，也應憂樂與人同。丹臺一日通名姓，青史千年紀事功。羽客從来能玩世，幾人空望弱流東。

高郵湖遇風予登岸步過湖以詩調伯諧伯常二寅長

湖上西風夜放顛，官舟如瓠水如天。不如滿意沙頭步，何似驚心浪裏眠？好景儘供詩興足，畏途真笑宦情牽。一尊留得金陵酒，擬向中流慰兩賢。

淮安韓太守太經韓同守宗魯迭餞且有新舟之惠

兩日淹留楚水涯，郡侯深款見深懷。黄花尚及登高宴，畫舫真同寄傲齋。千里歸心懸夜月，一天晴色淨陰霾。相逢漸愧朱顔改，屈指于今七渡淮。

可竹軒

隆平侯張公天吉志尚高潔，所至有花木水石之娛，而尤以墨梅重一時，間號其軒曰可竹。予以公事来南京，過之，人境俱清，宛在塵外。既去之，不能忘，因賦長詩一篇奉寄，以見意云。

瀟洒將軍瘦於竹，一軒可比篔簹谷。清風吹動紫宣毫，更遣孤山春意足。寫梅種竹今幾秋？冰霜之節元相投。渭川封君不須數，金貂濟濟傳留侯。甲第東偏絶塵掃，曲徑回廊連碧篠。随步清芬不厭多，呼童莫剪窗前草。畫軸無論寶繪堂，石譜亦似平泉莊。胸中丘壑有真趣，却笑紛紛聲利場。偶然坐我脩竹下，細拂琅玕翠堪把。茗盌爐薰客意長，不覺斜陽在簷瓦。我家篁墩溪水湄，年来有俗嘶未醫。食肉躍馬非所願，與公結社還相期。

蘇墨亭

百步洪有東坡石刻，云「郡守蘇軾、山人張天驥、詩僧道潛月中遊」十六字，没水中三百年矣。水部主事尹君廷用得而昇之，作亭以覆，曰「蘇墨」。予凡七過其下，不能措一詞。成化丙午秋，歸自南畿，念終不可已，乃勉成數語，留亭中，且以寄尹君。時予族姪孫楚英方同知徐州，并書以贈之。

蘇墨亭前七回過，春水茫茫懶收舵。公輸門下難爲工，縱有新詩不成和。高秋水落百步洪，登亭如見蘇長公。大書深刻十六字，横姿逸態生長風。黄樓東来水如注，野僧山人舊知遇。石瀨濺濺月滿天，彷彿當時夜遊處。題名一去不復還，風雨剥落莓苔斑。水神淵客那敢閟？至寶有日歸人間。行河郎官訪遺蹟，摩挲愛此羊公石。百夫昇出泥沙中，榻本相傳驚再得。風流太守惠政多，築堤兩岸高嵳峩。由来物與人交重，墨妙紛紛知奈何？

遊桓山

別路停橈泗水潯，秋山高處一登臨。夕陽回望州城遠，落木中穿石洞深。桓氏久應無葬骨，梵宫聊爾繫遊心。磨崖尚刻蘇公字，擊節何人續楚吟？

予自南畿校藝北歸，過徐州，楚英姪方同知州事，追餞桓山僧舍，觀宋司馬葬穴及蘇文忠公石刻。久之，賦詩而別。時成化丙午九月二十四日也。

歌風臺次韻四首

萬乘還家日，威生泗水前。楚聲聊復爾，漢業已茫然。宿雨苔花亂，斜陽樹影偏。一臺慚戲馬，相望亦千年。

渺渺荒臺上，蕭蕭白日前。籀文多剥矣，井汲尚泠然。故國誇形勝，新亭説地偏。向来懷古意，蹤跡又經年。

猛士歌難得，長思宇宙間。淮流應咫尺，不道恨潺潺。

擊筑悲遊子，千秋憶沛間。後来鴻鵠調，同此淚潺潺。

往歲登歌風臺，荒落殊甚。近還自南都，聞陳水部宜言好事者已作新亭矣，且出近作二章相屬。顧北歸匆匆，不暇往遊也，一再次韻以寄興云。

留别楚英節之二宗姪

予自南京北還道徐州，同知楚英送予過桓山，有依依不忍之意。至魯橋，水部主事節之復遣人来迓，節之、楚英皆吾族姪之分居鄱、睦者。念予復命事嚴，不得便道歸掃先壠，中甚戚然，而獨喜吾宗之多賢，稍自慰也。賦一詩以貽之。

我行徐、濟間，望望三日程。波濤雜風雨，滿耳皆秋聲。吾宗幸多賢，足慰千里情。貳車始告别，水曹復相迎。絡繹問起居，道路生光榮。緬懷忠壯公，百世留宗盟。萬頃篁墩湖，流澤淵且泓。西亭鄱水深，東下青溪縈。遂令好孫子，聯翩發高閎。有如照乘珠，連城價峥嶸。顧我雖壯年，病散終無成。鄉心折一寸，白髮增幾莖。所期在諸阮，努力勤功名。謹無愧世烈，況乃逢休明。淹留勢不可，暌違意難平。離離秋草黄，渺渺霜鴻征。酒盡我當發，殘陽下高城。

淳安族兄敏恭并孺人方氏輓詩都水主事愈之父母，葬邑之浪滄山。

青溪流不極，原自相湖分。庭訓看黄甲，林棲尚白雲。死無遺憾在，生有義聲聞。好伐浪滄石，他年刻誥文。

未受三牲養，俄驚兩鬢霜。悲生慈竹徑，塵掩壽萱堂。阿母書来速，仙翁譜系長。傳家孤鳳在，恩重水曹郎。

留别臨清諸宗戚之客寓者

北去南來第幾番，每勞賢輩候清源。登舟一見非生客，把酒相看即故園。寒水漸消城外牐，短亭遥枕路旁原。王程未發聞津鼓，坐拂溪藤寫贈言。

寄休寧程上舍用顯

當時名字到成均，便脱儒冠荷寵新。喜向家山開白社，懶随年少踏紅塵。磵松有節真宜晚，庭草無心亦自春。好景念君行樂處，天涯多少宦遊身。

題歙人徐昊所藏十八學士圖

天策將軍上開府，大戢干戈思偃武。衣冠濟濟十八人，曳裾番直論今古。河、汾學者王佐才，闕里更見聞孫来。房公之謀杜公斷，憑仗異日登三台。餘子紛紛號精選，啓運規模亦宏遠。擬嗤鴻寶出淮南，肯數詞華鬬梁苑？雲龍相從魚水親，義兼師友忘君臣。閻生作圖褚生贊，盛事千載留風神。登瀛未足誇清要，治比成、康見郎孝。經綸密勿誰所爲？乃翁却怪書生教。晉陽留守真失圖，此語已浹人肌膚。向來有策密相授，儒者一親吾輩疎。後車不鑒前車覆，青史紛紛過還續。唐、虞世遠將奈何？人似昭陵君亦足。手撫丹青思不窮，渭流尚繞咸陽宫。好文納諫那可得？想象當時貞觀風。

聞中山張進士錞除休寧知縣詩以寄之

除書沿路喜相聞，何幸山城得令君。登第向来傳警策，勸農他日看新文。政成擬共江南樂，才美曾空冀北群。傾注有懷秋漸老，夾溪流水碧沄沄。

十月十六日兒壎生辰作

壎子生今日，吾方在客中。課書勞阿叔，戲綵念而翁。露瀉秋莖白，花占夜蠟紅。親朋能壽汝，萍跡嘆西東。

德州道中

出逢漕舟来，入逢漕舟去。聯檣密於指，我舫無着處。沿流或相妨，百詬亦難禦。有如暴客至，中夜失所據。又如操江師，擊撈散還聚。摧篙與折纜，往往繫愁慮。平生凡幾出，苦口戒徒御。忍後莫争先，寧緩勿求遽。今兹畏簡書，刻日覲當宁。而況河防嚴，衣冠重相懼。危坐鬱成晚，少寢驚達曙。蕭蕭傍水村，隱隱隔城樹。緬懷古賢哲，高卧得深趣。愧此行路難，推蓬賦長句。

新橋驛登陸之河間拜掃先墓道中作

新橋河下夜停船，早向瀛東掃墓田。久客漸驚時序改，何人能了宦情牽。白雲渺渺垂天末，黄葉蕭蕭堕馬前。人與歸鴉心共遠，高城猶在夕陽邊。

次河間顧太守雙頭瑞蓮詩三首

懶將脂粉涴天姿，並倚薰風占碧漪。價抵黄金千未愜，秀鍾紅玉兩争奇。水仙步穩青霞蹙，湘女衣輕白露滋。瀛海自今傳盛事，徵書不日爲公期。

野老驚傳得異姿，靚妝駢首照淪漪。暖風拍拍薰初醉，小雨涓涓洗更奇。雲幄有情長遺護，化鈞随力暗相滋。循良合見豐年兆，勝賞憐予已後期。

彈壓尋常草木姿，紅衣長愛濯漣漪。風前合璧嬌難偶，月下連環影亦奇。香遠似分三竺妙，根深應受百年滋。重来欲訂花神約，碌碌塵中未有期。

篁墩程先生文集卷八十

詩

贈歐陽令君十二詠并引〔一〕

安成歐陽君之令我休寧，蓋三年于今矣。均民之賦而紓其力，祛民之害而奠其居，致民歲之豐而足其食，科條惠政，不可一二計，然亦多世吏所能者。獨予家居時，見君公退即召諸生于閒館，與講授；而又按據圖志，復立二程先生之祠，表章宋孝子查待制及尚書金忠肅公之墓。崇正學、勵頹俗而淑人心，則有非世吏可及者矣。予竊敬之。蓋君本文忠公之族，二親無恙，庭訓有嚴，遂以春秋魁其鄉，進魁多士，而與其介弟前後舉進士甲科。學之所進，足以重儒紳；才之所充，足以攝吏事，雖小試于一邑而大有所成也。君嘗以述職来京師，爲一郡六邑之冠。今兹以考績至，又書上最于吏部，廷謝而歸，其政益成，其譽益興，旌異之典、擢用之召，近在目前，而我邑之人求終其惠，將不可得矣。因摭見聞爲十二詠，以致區區之意。其間以地志爲託，蓋迂儒左見，每以緩爲急。而牧民要務，又皆君之所已行者，不待贅也。

歌豐年

令君初下車，隨車一丈雪。嗣歲麥有秋，遠近總驩説。繼此三周星，風雨常應節。老天錫賢侯，不遺民望觖。稻隴銍艾忙，楓林鼓聲徹。何處劭農文，徒焉寄愁絶。

樂均賦

民書獻天府，息耗古所珍。役法在有司，撙節敷皇仁。肅肅安成君，手綰銅章新。弗憚朱墨勞，坐令民力匀。誅索罷里胥，歡聲動比隣。松蘿有佳蔭，不數河陽春。

崇洛學

恭惟兩夫子，休寧託維桑。俎豆久淪没，苔垣隔官墻。賢哉百世士，補墜功非常。一崇遺愛祠，再作鄉賢堂。絃誦有觀感，草木生輝光。知君足儒吏，名共伊流長。

授魯經

多君熟三傳，入試擢兩魁。作縣本經術，民力能深培。公庭簿書暇，學子來追陪。筆底秋霜嚴，坐上春風回。教養有餘地，俗吏空喧豗。他時景行者，雲巖碧崔嵬。

復古阡

北過松蘿門，孝子有先隴。南望葆真山，忠肅起高塚。更代今幾年，不復薙荒茸。考圖還舊物，據史得芳踵。勉哉忠孝心，邦人一傾竦。爾知令君仁，寧知令君勇？

罷宵警

海寧號樂土，夜户常不關。一二或梗化，往往潛榛菅。云誰事姑息，縱彼踰大閑。侃侃歐陽子，一朝破冥頑。鳴厖卧而嬉，警柝相與閒。行人亦胥慶，烟火連青山。

昭具慶

六一多遺書，二老復聯德。産此名家郎，不墜稽古力。竭来山縣中，弦歌樂其職。有若崔玄暐，時送好消息。行行當要津，落落開壽域。皇恩定推封，迎取丹鳳勅。

美聯芳

羡君好昆玉，次第起黄甲。平生春秋學，衮鉞共書法。宛如雙鳳雛，瑞此文教洽。矗矗青雲間，高舉力不乏。詩夢協春草，詞源倒秋峽。持之問蘇公，才名可相壓？

趨大朝

海寧地百里，封疆如子男。令君述職来，得與諸侯参。天王御紫宸，黜陟分廉貪。令君當是時，政績鳴江南。卓彼公論出，感兹聖澤覃。老穉方引領，春風促歸驂。

書上考

民功備六事，稔歲踰三秋。及此政成日，獻績来皇州。冢宰書上考，昌言告宸旒。濟濟鵷鷺班，長恐即見留。雙旆幸且還，釋我山城憂。都門一相餞，桑梓心悠悠。

成地志

令君閲圖經，長嘆多闕略。梓行須完書，向我有夙約。惟兹海寧邑，勝覽亦旁礴。江山號多奇，人物代有作。鉛槧初釋手，裝潢束高閣。不遇若人賢，斯文更誰託。

迓天恩

民喜令君来，不忍令君去。令君可淹留？終當入朝著。一日下徵書，行李戒徒御。却辭花縣封，轉上栢臺署。耿耿存去思，紛紛播芳譽。只應攬轡日，不忘鳴琴處。

謁陵出土城贈同行諸君子已下皆和韻之作。

豐、鎬人才比夏、殷，追陪何幸得諸君？吟場博雅愁孤注，交味芳甘却衆葷。廢堞寒流空浩渺，御陵佳氣正氤氲。永安城裏劉蕡廟，旅夕還容半榻分。

清河有感并答尚矩侍讀

立馬蕭蕭野水南，石梁茅屋暫停驂。並遊離合今餘幾？此路馳驅已再三。遠岫鬱葱晴露擁，空林蕭颯晚風含。奚囊最愛江都句，郁郁天葩陋海曇。

沙河書所見并感中元諸公遇雨之難

平田白草望中齊，斷隴危橋幸屢躋。頗愛初陽先煦煦，却憐舊雨尚凄凄。龜趺古碣看遺篆，驢背軍儲困遠齎。短策羸驂還少憩，道旁炊午斷霜虀。

望昌平作兼答曰川諭德

萬仞橋山入望高，輕裝来慣不知勞。近城石瀨清塵鞅，何處山風裂苧袍？馬脱鞍銜随地宿，犬驚冠蓋隔林嘷。燈前試品行囊贈，太史新篇似水曹。

題劉諫議祠

老樹陰森護廟門，尚疑生氣塞乾坤。衣冠死愧千言策，俎豆公宜百世尊。晏歲牛羊山下塜，東風桑梓道旁村。匡時不盡平生恨，白日悠悠逝水奔。

新祠門對頫池灣，再拜臨風憶壯顔。入眼已知甘露變，剖心思挽夕陽還。權奸擾擾悲桑海，風節稜稜重斗山。聞有狄公同祀典，瓣香何日更乘閒？

發昌平

出郭先登亂石岡，凍雲垂野日蒼涼。田粦冬盡猶慳雪，陵樹年深總奈霜。寢殿四圍山色近，御橋横截磵聲長。齋居依舊西風下，鵷鷺相聯第幾行。

道中追廷言司業不及

雲甃重重石逕危，出城車從杳難追。擁貂徙倚惟公便，立馬推敲每自嗤。冰澗水聲疑爾汝，夕陽人影認伊誰？望中已覺神宫近，矮屋朱樊后土祠。

恭賦四陵

四山佳處寢園開，彷彿龍輿自往来。盛禮蘋蘩供俎豆，遺恩汪濊及蒿萊。丹丘盡享仙人樂，玉册空餘帝子哀。落日長岡翹首望，萬年神鼎看胚胎。

望狄梁公祠

崇祠香火傍穹林，想像生容一正衿。猛虎尚馴良吏手，牝雞能拂老臣心？孤雲渺渺回天末，短日悠悠及歲陰。古道荒榛知不遠，瓣香他日敬来尋。

喜晴

山靈應識我重来，谿霧林霏次第開。周道暗塵如水淨，漢陵佳氣逐陽回。先朝駐馬留齋殿，何處呼鷹有獵臺。預恐陰、何詩力健，擁爐無計撥寒灰。

至日謁陵畢懷侍班諸君子

四寢叨陪夜奉祠，八方稱慶擁朝儀。珠簾宿霧飄香篆，玉陛晨光動戟支。北伐已閑沙塞檄，東封何羡泰山碑。晴天好月歸途便，傾倒奚囊慰所思。

和屠都憲朝宗見嘲

相隔齋廬百步多，吟筒来速奈君何？已操漢吏三章法，更愛韋郎五字哦。口業未除時破戒，詩禪常定不成魔。野田處處方憂麥，願和烏臺郢上歌。

閱舜咨所萃諸公行卷

回首青山又隔年，風光無限落吟邊。枯藤逐處留殘稿，柴荷歸時得巨編。鬱鬱磵松盟晚翠，紛紛林卉競春妍。病来轉覺詩脾澁，坐羨諸公思湧泉。

下山憩昌平舊館有懷李學士賓之

西陵南下夜何長，馬上相看慶一陽。白社不来消旅困，青山應解笑人忙。倒尊未覺春光淺，開户俄驚曉色涼。舊雨故人詩滿壁，龍蛇騰踏錦雲張。

歸對途有作

獨對高原時一登，日色紅酣天宇澄。官田辨麥傒梁賦，原廟衣冠非漢烝。逆旅聞雞爨初熟，斷橋飲馬寒無冰。居庸回望已百里，翠削芙蓉知幾層。

題清河新寺

突兀前時起梵祠，曾看金狄好光儀。詩非蔬筍誰當可？出有輕肥總類支。尊酒擬開蓮社約，文章何似菜園碑？寒天落日還過此，極目窮簷重有思。

望狄梁公祠

牝雞鳴處一家危，問訊虬髯悔可追。元嗣未應堪再辱，孤臣寧復避群嗤。台衡得相方成國，神器非公定付誰。歐史、范碑明皦日，居人徒識令君祠。

叢祠香火對山開，相國勳名重古来。浴日有人歸薦草，嘯風無鬼附荒萊。晴雲忽作千峰暝，朔氣還傳萬壑哀。遺愛已深忘歲月，長松生子竹生胎。

成化甲辰長至日，走與倪翰長舜咨、吴同寅原博及李子陽、白秉德二太史有陪祀西陵之行，前此謁陵，賡倡最盛，至是諸君子復將繼之。予謝不能，然往返之間，天日佳勝，無風雪載途之苦，亦自不能嘿然，有倡斯和，得十有八篇，借韻者十五，聯句者一，限韻者二。舜咨請書一通，用備故事。聯句一篇，則秉德書之。是行也，費司成廷言實與之偕，然分祀東陵，道中相失，其所得者，當附入云。

始生日對雪有懷故園梅花

故園爲别兩經春，瘦影寒香入夢頻。晏歲壺觴空對雪，一時紅紫漫隨塵。賡酬有約當何日？供奉無聞愧此身。山下短簷脩竹裏，花神應笑未歸人。

自和

過眼行年四十春，江梅千里繫情頻。苔粘古榦龍生甲，雪綴寒花玉颭塵。水墨有時看畫手，杖藜無地着吟身。興来不惜臨風醉，晚節相憐定幾人。

鎮江熊良佐太守瑞麥嘉禾卷

城南麥浪翻雲黄，兩岐結秀南風涼。城西禾稻爛如雪，異畝同穎登西場。一年見此兩奇絶，潤州何幸天開祥。有熊太守政卓異，化行千里無流亡。使者停車喜豐稔，田父擊壤歌循良。江南前歲驚水蝗，西土今年憂旱荒。吾君勤民屢昃食，誰乘五馬懸銀章？乃知此境不易得，嘉禾瑞麥交穰穰。薦新可以入大廟，一膳仍堪歸尚方。在古諸侯見唐叔，漢二千石推漁陽。熊君應説偶然耳，北面稽首稱天王。薦書不久到闕下，咸美一日騰班行。進官賜帛修故事，湛恩異數来黄堂。郡志有圖史有筆，名與東流江水長。

十一月十六夜送衍聖公

聞説高軒早出城，一尊乘夜餞君行。後堂綺席初燒燭，西郭銅壺已换更。親戚幸聯先聖裔，往来難盡故人情。傾心不愧歸途遠，千里天街正月明。

寄大衍聖公

蒹葭曾倚玉，一别幾經春。公愛鷗盟久，予勞雁字頻。知音懷緑綺，染足愧紅塵。不盡相思意，尼山遠慰人。

送南京少宗伯尹正言先生奉表入賀禮成還任次南都贈行韻六章

鳳函稱慶自南宫，猶記經幃舊獻忠。翰苑文章思陸贄，天官丰采説姚崇。来乘綵鷁瞻南斗，去擁輕貂畏朔風。歷盡塵沙還建業，一藪江水洗雙瞳。

章城西畔啓離筵，冠蓋紛紛下集仙。馬首紅塵猶昨日，鏡中華髮幾流年。行當緑樹飛霜後，歸及江梅破臘先。珍重一觴情莫盡，雙旌摇曳夕陽邊。

鳴珮朝来出建章，天時將復地中陽。華夷祝喜同嵩呼，南北京應比漢疆。禮局舊文存杞宋，祖筵新曲度伊、涼。老成不待諸生語，心視江湖即廟堂。

薊門人和石城歌，相隔迢迢路幾何？雲遶暮江南去遠，沙飛寒吹北来多。冰銜又署新宗伯，鼎族無慚古泰和。老去斯文堪屈指，召還寧竢鬢雙皤？

文采風流玉署仙，重遊驚見歲華遷。匡時力可興周禮，報國心惟祝舜年。千里客懷良月夜，一尊行色凍雲天。獻功亦是重来約，前席時應禮舊賢。

數載相違天一涯，摳衣今喜拜京華。情深屢勸吴江酒，冰結難迴漢渚槎。攬勝歌詩千首出，禦寒裘褐幾重加。望中咫尺鍾山驛，車馬迎時已到家。

送陳粹之憲副南還次都憲彭公韻

山川摇落水痕收，慶禮初成出帝州。来畏風尖才擁褐，去防冰緒遠維舟。心懸舜日辭丹闕，目極吴雲繞驛樓。南北王程應幾日，新題須爲故人留。

賜莊八景爲周草亭駙馬作

曲逕晴沙十里通，賜莊遥枕帝城東。客来指點蒼龍闕，正在紅雲一朶中。右路接神京。

割取東皐一半青，主家恩澤重王庭。綺簷繡户看花地，猶有先朝攬勝亭。右地分雲圃。

萬緑千紅繞砌栽，每逢佳處見池臺。解鞍欲問門前水，源自天潢幾曲来。右河縈翠帶。

疊阜晴岡間碧漪，勢如盤谷轉逶迤。遊人莫道青山遠，四顧葱葱亦得奇。右岡列藍屏。

青青沙岸柳成行，疊疊風漪水滿塘。中有呢喃雙燕子，往来偏解爲春忙。右柳塘春燕。

槐影沉沉翠不流，可人情景最宜秋。西風欲淨紅塵耳，一派蟬聲未肯休。右槐院秋蟬。

龍形夭矯入青天，根託名園幾百年。大厦明堂知有待，臨風三誦杜陵篇。右古栢凌霄。

旭日和風御水潯，萬株雲錦照園林。須知結實三千歲，曾受天家湛露深。右仙桃凝露。

送李黄門孟陽出使占城

壯君行色曉匆匆，萬里天南使節通。銀漢放槎占夜斗，炎荒迎勅領春風。恩裁賜服雲生錦，詩貯歸裝月貫虹。李揆才名今第一，定知丰采動鑾中。

分得湖水挼藍爲戚里孫雪亭錦衣賦

鷲嶺東来百畝藍，碉毛溪髮共藍鬖。鏡光冷浸幽堂外，黛色濃拖隧道南。遠脉已培先業厚，涓流寧比聖恩覃？尋源記取山中路，蔽野猶存古石楠。

題林良孔雀

黄蘆蕭蕭石齒齒，瀧水有聲松有子。西風原野晉無人，越鳥西来碧山趾。一雌刷羽升樹顛，一雄舉武如相憐。笙竽唱和白日静，金翠照耀秋江鮮。尚方不受珍禽貢，飲啄隨時度春夢。水皃山鴿亦欣然，綱户弋人空目送。此圖何来真絶奇，輕縑簌簌含風漪。林生家住南海上，見慣落筆無差池。同鄉柱史畫山積，分贈王孫比雙璧。錦屏映日氣如生，繡服盤雲尾相射。林生久輟供奉班，王孫不忺桃李顔。摩挲水墨賦長句，淮陽晝永棠陰閒。

淮安太守韓大經得林錦衣此圖於其同寅鄺載道。載道，予同年；錦衣，予故人也。披圖恍然，爲賦此詩，且以見公重人及物之意云。

次韻送左都憲廷珍巡撫大同

犬羊無策逭王刑，憲節東移向朔庭。萬里兵威開虎鎮，一天霜氣掃鯤溟。民心擬樂桑榆暖，虜血從霑草木腥。不日玉關飛捷奏，茂勳應入太常銘。

題衍聖公畫蘭

國香那藉彩毫工，千載猗蘭曲未終。金石交情期歲晚，棘叢未實漫春風。

壽鄉人方軫

山堂開宴洞仙謳，六十年来未白頭。隱處遠追盤谷景，壽醅新潑練江流。丘園束帛期三老，甲第歌鐘笑五侯。附鶴有詩應自此，蓬萊他日幾添籌。

送房驥都閫赴福建總戎熊之子。

除書榮捧向閩中，獵獵旌旗暖受風。平世用人兼福將，殊方分閫即元戎。瘴煙夜合松陰暗，海日晴蒸荔子紅。莫爲太平忘戰伐，錦韜時拭舊彤弓。

與士欽尚寶俱官滿六載次韻一首

六載光陰似隔年，後先同入考功銓。徒聞聖相勤三握，敢向清朝競九遷。池上絲綸應有種，河南衣鉢愧無傳。侵尋老去知難狀，約取窮途保更堅。

送貢士阮玘胡煜赴南監玘、煜皆予秋闈所取士。

才喜秋風宴鹿鳴，故鄉文學久知名。英標合見非凡子，壯節能無壓後生？射策蹔淹龍虎榜，挾書遥入鳳凰城。相違屈指重来日，浩蕩青雲九萬程。

鹿鳴曾宴桂花前，一郡人夸獨少年。射策正堪新殿榜，束書重返舊京船。好當着力春秋學，莫漫娱懷月露篇。送子一樽無限意，玉河如帶柳如煙。

鹿鳴燕會圖爲旌德江溥貢士賦

溥，予秋闈所得士，今户部郎中紀南之弟。

宴罷賓興日未斜，頎然丰采動京華。大鵬水擊三千里，雛鳳文騰五色霞。秋月再分丹桂粟，春風偏上紫荆花。相期更寫瓊林會，趁取才人兩鬢鴉。

題沈石田雪景

踏雪何人過長坂，萬玉峰高磵聲遠。山中随處可登臨，麥好何憂歲華晚？僧舍茶烟青出林，雲垂四野天沉沉。憑誰坐我水帝上〔一〕，呵凍先成喜雪吟。

壽柳文範中書母

莘諫郎君人所賢，慈訓由来非偶然。白頭無愧柳家婦，朱顔一似瑶池仙。月俸遥分自京邸，春酒滿斟供壽筵。題詩拜手致遐祝，鶴算從今開八千。

送徐大參公肅還河南

與君前後入都城，才得論心又送行。亭上朔風消酒力，道中寒月聽車聲。来朝遠上南山壽，去路回瞻北斗明。洛下人家應慰藉，春光先近一陽生。

衣冠来集衍公房，離合紛紛此一觴。盛世與君心共赫，少年慚我鬢初蒼。公車恨少三千牘，宦轍驚踰二十霜。勝會有盟堪再續，疎慵還得藉餘光。

予自南畿校文北歸，與進表藩臬諸公前後入見，是時予同年来者九人，公肅大參其一也。禮成言别，胥會于慶壽寺故少師衍公之堂，甚樂。顧丙戌進士三百五十人，屈指計之，今二十年。然會者僅二十六人，存歿升沉之感，有不可勝言者矣。縉紳有詩贈公肅之行，予既附作一章，并書同年會席上一章以識歲月，且以見離合之不偶云。成化二十二年歲丙午冬至前三日書。

司言儀賓戒酒限韻索詩

近聞調息坐軒中，新茗投機藥奏功。想是卧薪疎酒盞，故應流水促詩筒。羡君此日盟心切，愧我當時語柄空。到府不須投姓字，紛紛冠蓋謝嚴終。

尹先生入閣有詩次韻

雲鵬遥轉自天池，鈴索錚然夜已知。相業待誰參燮理，聖心從昔警艱危。三江丰采無雙士，兩漢絲綸絶妙詞。坐致太平真易得，可容桃李借春熙。

六街歡動馬蹄灰，共報先生入相来。兼傅青宫需大老，贊元黄閣藉英才。琪花瑞兆秋成稔，璧宿光騰夜色開。二十二年門下士，獨慚疎劣負歐梅。

青玉案哀郭用章僉憲

同寅陸君鼎儀盛稱其友郭用章之賢而惜其死，邀予爲賦輓詩，久未能應也。一夕偶夢作古詞，覺而記其半，疑不知其爲何等語。而鼎儀適遣人促此詩，恍然若爲用章設也，因足成之。噫，賢人之精爽，固有不隨死而亡者乎？是可哀已。

高才無愧霜臺佐。荆楚地，人相賀。誰遣陽由灘下過。烟水迷茫，風花飄墮。不及茶毘大。

清流肯受黄塵涴。空悵望、吴山恨無奈。歲月紛紛如蟻磨。夕陽芳草，斷蓬孤柁。忍讀招魂些。

鷓鴣天壽費司業兄葯軒君六十

花甲才周又一年。葯軒初度敞華筵。句分池草千金重，春試階蓂四葉全。

娱綵服，聽朱絃。主人如鶴酒如川。願言鉄甕金山景，百歲常供几杖前。

送李景祥赴台郡教授

京邸相看識面初，銓曹俄復聽新除。當朝九五才聞詔，行路尋常只載書。朔土寒風增客闕，天台春色候經畬。黌宮努力希先達，誰有三鱣到講餘。

和韻

駒隙紛紛走鳳梭，東籬花事未蹉跎。久便吏隱真成趣，不解詩禪也伏魔。周法盡除山澤禁，漢庭將復孝廉科。比来五負登高會，青鏡霜毛積漸多。

洗句亭爲仇司訓東之賦

七十二泉天下奇，儘輸寒渌沁詩脾。環亭巧作流觴處，隔座潛通洗墨池。競病可能湔俗韻，推敲長愛俯清漪。高吟不數澄江練，地主風流盛一時。

梁叔厚太史父母哀輓

伯鸞高義重諸梁，七袠光陰曉夢長。雞絮獨堪徐孺禮，干戈曾戢鄭公鄉。嶺南鼓吹留殘稿，庭下芝蘭壓衆芳。有託不憂身後事，墓亭碑石見龍章。

偕老無慚古孝廉，慈闈方祝海籌添。傷心忽報遊仙速，養子真傳立教嚴。天上舊恩餘鳳誥，山中新壤協龜占。平生懿德知難朽，太史銘文爲發潛。

和韻謝王國賓司言

近至月河寺見窗間題名，知車從獨来奠亡弟旅櫬，感泣久之，因用壁上舊韻賦詩一章奉謝。

幻身依佛寄城東，顔色猶疑在眼中。一霎電光生死易，百年春夢古今同。宿緣有分思重結，幽壤無情恨莫通。多謝故人王逸少，獨来揮淚向西風。

壽葉文莊公夫人耿清惠公女，上舍晨母也。

奉䕶堂上，人争道，七十古来稀有。滿面春潮雙鬢雪。天教樂壽。清惠家風，文莊壼政，宦族傳来久。喜逢誕日，婺星光映台斗。

好是一顆明珠，三秋高捷，擬占青雲首。膝下諸孫森立，綵服相輝左右。東海桃紅，洞庭橘熟，同薦松花酒。願期千歲，瑶池重會金母。

湘渚推蓬圖

鷓鴣聲殘春水足，倒影横斜萬枝緑。何人江上曉推蓬，入眼渾疑舞鸞鵠。此君自是出塵表，怪底人稱可醫俗。雨中亂點啼痕斑，月下清敲佩聲玉。峥嶸頭角更堪喜，莫遣行庖悮相斸。臨風欲唤文湖州，聽取新翻竹枝曲。

輓大河衛閔恭户侯

憶向淮東接晤言，春風曾過翫韜軒。尊前舞劍軍容肅，花下投壺語笑喧。奇骨似堪分爵土，壯心俄復厭塵煩。生芻一束無由奠，目斷停雲遶墓園。

梅花圖

羅浮山前初霽雪，一樹寒花照幽絶。青宵夜碾白玉盤，萬里冰壺兩澄澈。凜然正色有天趣，不比春容可人悦。離離瘦影澹將空，蘛蘛暗香吹不滅。姑射仙人渺無語，似共嫦娥鬭高潔。畫工孰是楊補之？坐想毫端落瓊屑。披圖擬欲問花神，枝上清光幾圓缺。尚方鼎鼐思作羹，願見黄金子成結。

校勘記

〔一〕弘治休寧志卷三十四此組詩署：「成化二十一年歲次乙巳冬十二月朔休寧程敏政書。」

〔二〕憑誰坐我水帝上　「水帝上」，四庫本作「冰壺北」。

篁墩程先生文集卷八十一

詩

送孔長史

宣聖五十七世孫覲伯先生以鄉貢進士一典秋闈，兩司橫序，三署有司，於行燁然可稱。兹以國學正超擢瀋藩左長史，瀕行，過予需言爲別。竊觀夫子相魯、子思仕衛，皆周同姓之親，家法具存，舉而錯之，何俟贅言？然不佞於孔氏有姻好，情不可但已，輒賦一章少寓繾綣之意。

教鐸分明振一時，争傳闕里好孫支。殊恩又拜宗王傅，老學曾堪國子師。坐想潞州增宿譽，肯同梁苑鬬新詞？西風祖席情無限，擬折黄花薦酒巵。

小女以乙巳歲臘月八日生與予生辰隔一日人以爲奇至彌月之旦予適署左春坊印百晬之旦又有賜誥之榮人益以爲不偶因請于母夫人小字之曰恩姐併賦一詩簡尚寶錦衣二賢舅及宫簿弟以私識喜不足爲外人道也

彌月佳徵見一回，慶從百晬更相催。青坊史送金章到，玉陛恩頒紫誥来。乳媪解驚風骨異，慈親贏得笑顔開。况於阿父連生日，歲歲勞添煖壽杯。

雪景二玄兔

黄芽襯雪青山空，蒼松晻映山茶紅，磵泉隱隱流白虹。驀地驚看兩奇絶，夜来似食玄霜屑，變盡鋒毛杵聲歇。一拳跛齪思軼塵，一矚迷離光射人，歲寒共保蟾宫身。

贈吴遠貢士赴南雍

禁柳青青入望餘，暖風吹雨濕征裾。北来終奏長楊賦，南去還携小戴書。驛路帆檣春水足，橋門燈火夜窻虚。承聞二老身全健，幾日高堂問起居？

贈方思潤貢士赴南雍

歙州先達重怡庵，喜見諸孫慶澤覃。秋榜已傳三試捷，夜窻何負一經酣？會應得意驂龍左，暫許歸心逐雁南。定有青藍叨座主，不辭他日爲君慚。

送楊郎中志仁赴湖廣憲副

年少才華衆不如，提刑風采重新除。掇科久擅專門學，讞獄長乘使者車。别處路分燕柳外，到時秋入楚江餘。皂囊剩有朝京吏，時向高堂問起居。

錢舜舉清暉堂所寫戲嬰圖爲臨淮顧謙賦

海榴花開白日長，繡屏十二雲錦張。沉沉午漏下初刻，搔頭不整慵來粧。一姬南面金縷裳，兩姬夾侍相頡頏。頎然圍坐看兒戲，斑管雕弧堆象牀。三姬鼎足如雁行，玉階随步鳴雙璫。以口撫嬰愛入骨，笑語彷彿聞昭陽。一姬下坐收錦襠，洗兒自與澆蘭湯。娟娟秀若化生子，銀盆水煖芙蓉香。一姬轉盻殊未央，拭巾在手明吴霜。小鬟兩兩意閑適，紈扇不動薰風涼。苕溪畫史推錢郎，柔思獨步丹青場。摩挲舊本豈易得？流傳遠自清暉堂。才人不説顧長康，鑒賞欲博千金强。螽斯、麟趾尚可作，爲君擊節歌周王。

送張輝貢士還石埭

春滿都亭不作寒，舊京南望路漫漫。青雲長鋏歌聲壯，野水孤舟别意難。千里霜蹄應蹔蹶，九霄風翮會高搏。他時出色歸吾子，座上無慚老從官。

題柳文範舍人畫右軍觀鵝便面

晉帖紛紛逐逝波，畫中徒見右軍鵝。家雞亦有臨池興，未必元和愧永和。

慶志仁李處士六十

花甲將周第一巡，高堂先擬慶生辰。千年瑞應庭前鶴，雙桂香聯席上珍。練水、屏山娱晚節，木公金母是前身。遥知賓客稱觴處，綵服光揺石涑春。

三月廿六日飲鏡川楊學士後樂園亭

咫尺高坡巷，翛然絶市塵。汲泉甦菜甲，編竹擁花身。歌徹江南弄，盃空白下春。高風鏡川老，不是草玄人。

地主深留客，移尊後樂園。鑪香多繞坐，盆石正當軒。避飲穿花逕，尋詩過葦樊。忽然歸興發，斜日在西垣。喜赴看花約，春風第一回。草間幽逕入，池上小亭開。大嚼兼新釀，群芳雜舊栽。賞心應未足，還許扣門来。

帽島籠煙爲尹性之御史賦

一山突起圓且卓，兩山夾峙如展角。儼然唐製落丹青，秀出天工謝雕琢。故家庭户對山啓，入眼分明不盈握。烟際時籠翠靄深，風前肯受黄塵濁？頗疑巨靈發其祥，往往珪璋藴奇璞。主人似出尹吉甫，拄笏無嫌往来數。豸冠相峙兩相高，十載威名動山嶽。堨来笑踏塵網中，猿鳥驚違幾弦朔。山容彷彿入幽夢，世味炎涼聽誰學？湘鬟渺渺鏡難匀，笠澤茫茫纓可濯。地因人勝古則然，愧乏高吟寄緜邈。願取重占披絮雲，一日甘霖沛新渥。

滿江紅壽盛都憲七十

七十高年，冰壑老、重逢華旦。喜江上、白鷗新社，初分一半。句曲道人朝送酒，武夷仙子晴張幔。望弧南、一點老人星，當空爛。撫桑柘，無羈絆。有松竹，堪娛玩。更塤篪迭奏，兒童争看。愛國久驚霜鬢短，怡年未覺朱顏换。願自今、花甲兩週来，從頭算。

黄通政刈葵種蔬卷

花譜從人闘紫紅，官曹長喜課園功。論心客至茶初熟，擊節詩成卷已充。翠蔓絡雲延徑遠，黄團經雪繫門空。新年半是清齋日，細嚼無因共此風。

送范武選太和出知濱州

幾年郎署振芳聲，一日都門促去程。霈澤已隨除目下，清時寧遣謗書行？馬蹄雨足山東路，鰲背雲收海上城。公道賜環應有待，且將蘇息慰民生。

送陳武選涯之出知青州

南風吹雨淨氛埃，亭上離尊曉正開。此日一麾聊出守，他時諸老定憐才。貞珉不受青蠅汚，上駟終期騄耳来。肯爲謫居忘世慮？看君佳惠及蒿萊。

送王進士元聘之山東分采實録

博采遺芳紀聖功，羡君分命及春風。青雲早步儒冠右，畫舫遥乘使節東。禮樂化行周冊在，典謨書出魯堂空。歸来史局分張處，定數何人筆最工？

十九日訪馬天禄僉憲于西城不遇馬上戲成四絶録奉一笑從者以是疲憊多不能興

鞍馬勞勞半日程，訪君西出又空行。居人半雜盧溝語，彷彿君猶未到京。

彷彿君猶未到京，我家投刺見君名。相期自有神交在，不比秋鴻社燕情。爲君作意到西鄉，肯學山陰雪夜航？馬上得逢燕九節，不妨随步踏春陽。不妨随步踏春陽，可笑人閒我獨忙。屈指舊遊三十載，一官赢得鬢絲長。

貞壽堂壽浮梁范進士玶母

一堂新起奉慈顔，大扁高題華棟間。冰蘗久諳心行苦，霜華深點鬢絲斑。史官執筆書孤節，王母緘泥寄九還。況有甲科賢令子，褒封不日到江關。

送董尚矩侍讀使朝鮮

持節下丹霄，嚴程擬度遼。寵分新帝命，爵重舊宫僚。别醖頻浮蟻，行装尚擁貂。董生家學正，箕子國封遥。候館催晨策，周廬警夜刁。玄菟荒隱樹，鴨緑暗通潮。譯史傳華語，藩王接使軺。屯雲来羽衛，匝地奏鐃簫。損益周儀注，承宣漢詔條。冰壺知節操，海鶴見丰標。客路春回馭，宸居斗建杓。臨邊詢戰法，觀俗聽風謡。史案需鉛槧，吟囊富篇韶。

皇華莫輕續，留取壯天朝。

題衍聖公畫

古木蕭蕭帶遠村，清溪滮滮遶柴門。一時野色供詩料，無數寒鴉帶墨痕。翠障儘收来坐側，紅塵不許到籬根。平生最有山林癖，欲唤高人與細論。

送袁進士翺之南畿分采實録便道省其父雪檜君

銀漢槎新晝錦紅，甲科人住泖湖東。青憐古檜欺寒雪，老恨叢萱痒晚風。千里白雲行入望，一編金匱待成功。掄材他日官朝著，赢取恩光紫誥中。

題吴廷端太守山水障

蒼山突起浮雲中，湖光百頃磨青銅。底須飽看卧遊録，入眼已覺紅塵空。何人卜築依山住？一任飛雲掛庭樹。下瞰澄江小作亭，正據溪山最佳處。柴扉晝掩呼未開，石墻夜雨生莓苔。門前有客問奇字，短櫂自携春酒来。對岸溪橋大於凳，寒潮漸嚙沙頭逕。農家地僻少通車，僧舍樓高屢聞磬。村春有粟爨有薪，忘機魚鳥相情親。山林豈博鍾鼎貴？優遊最愛漁樵人。竹鶴老翁今已矣，半幅生綃映窻几。風致公然似歙西，歸與蕭蕭隔千里。練水、屏山今所無，故鄉之樂不可孤。相期歲晚結新社，飽玩天開真畫圖。

慕耕堂爲翟司儀題

華扁高堂揭慕耕，當時庭訓尚分明。惱人黄犢真無賴，刻志青燈竟有成。湛露已分天上寵，春風還繫隴頭情。顧名不廢詩書業，更遣遺芳及後生。

壽周近仁稽勳乃尊

歲歲花朝與壽期，畫堂晴日正舒遲。香風送暖吹斑鬓，緑酒揺光映白眉。遐算屢窺南極現，高情真笑北山移。知君有子堪怡老，勳部才名冠等夷。

題盛舜臣所藏顏秋月鍾馗出遊圖

青天下白露，古道吹陰風。窅然絶人跡，野燐招揺紅。老馗跨長耳，出眺咸陽東。前驅役厲鬼，欻若尊元戎。睢盱礪霜刃，急脚鳴青銅。撾鼓或弄篴，皂旆揚其中。誓剪六耗孽，袪爾百祟凶。相期衛良民，振旅還幽宫。侃侃達上帝，冥冥策其功。何哉虎榜人，不樂鼠輩同。顏生號秋月，妙染非常工。水墨不憚勞，幽冥忽相通。貌之豈無意？愧彼生王公。寒窻日卓午，瓦研冰初融。聊題一轉語，未覺雙眸空。

送刑部趙郎中鶴齡赴山東副使備倭海上

提刑清譽四方聞，拜命還提海上軍。身服豸衣明白日，手持龍節下紅雲。倭人入貢遥通表，漢主東迎謾刻文。喜遇太平無戰伐，列城安堵是奇勳。

題畫送金宗德還吴中其弟宗秩方在國學。

執手河橋畔，長亭野望通。離觴分若下，客棹向婁東。茂樹含風遠，流雲墮地空。到家應幾日？天末見歸鴻。

送周原己院判還南京

客居相近帝城東，去住情深一月中。厭説到来淹暑雨，喜看歸日快秋風。心游藥圃無餘地，名抗詩壇有數公。轉覺舊家堪吏隱，鍾山青繞建章宫。

送陳進士宗之采實録于江西便道省親

史局新開傍石渠，四方收録遺文儒。名堪萬選誰踰子？才擅三長却愧予。吉日漢槎同上道，盛時堯典待成書。往來最喜還家便，贏得高堂問起居。

送黄武選俌養疾還黄巖南京少司空世顯子。

萬里江如練，歸舟正及春。未堪多病者，猶是壯年身。白下趨庭便，黄巖講道頻。重来應有日，知不負昌辰。

珍姪求詩贈蕭揮使奉表入賀還温州

聞道英姿有父風，一函稱慶大明宫。忽瞻夜斗辭都下，遠泝春濤向浙東。征旆小分官柳緑，離觴清浥渚花紅。無由識面東風裏，試子論文説劍中。

壽王濟之侍講乃尊令君

笑指靈椿壽域開，花封聞早賦歸来。高堂樂我朱顔壯，宦海從人白髮催。太史得名先五桂，晉公留祚啓三槐。洞庭春色分馳賀，海屋添籌到幾回。

送劉振之還常熟

幾年相識劉師服，命棹還家不可留。客路曉風吹雁度，關河春水帶冰流。行邊佳什傾諸老，醉裏高情薄五侯。無限江南好花月，待君收拾付詩郵。

送劉景元侍講使交南

天子龍飛天九重，恩覃率土如春濃。詞臣宣命向南粵，一函紫誥金泥封。都城二月東風緩，祖道初開柳芽短。行色遥臨銅柱標，奎光預燭皇華館。兩袖天香到日南，随處山川消瘴嵐。樓船鉦鼓蔽江下，想見蕃王迎使驂。我聞交人最狂悖，解偵中原圖向背。重譯曾輸白雉来，移書謾數青苗罪。多君系出劉更生，正色昌言人所驚。要令絶域獻忠款，非子孰堪當此行？嶺贄鑾琛随入貢，荷慶何人比麟鳳？貯橐應無薏苡讒，吟囊豈待雞林重。容易恩光遍海涯，今皇聖德似重華。經幃史局需才彦，及早来歸星漢槎。

送劉述憲赴福建副使督理銀課

畫舫薰風向八閩，西江人物外臺臣。璽書在手官威重，金帶横腰寵命申。聖代不增新利額，清門無忝舊儒紳。同年況接同門契，傾倒離觴莫厭頻。

太乙真人圖

小舫輕於一瓣蓮，貪書忘却水如天。丹青未識當時意，誤比乘槎海上仙。

過曀東白善世留酌

地主風流勝辯才，相逢何必問西来？退朝一馬當廳下，入社雙眉唤酒開。人樂盛時閑半日，寺臨馳道絶纖埃。斜陽未盡同游興，一任高城調落梅。

得字送刑部王員外弼歸省

侃侃西曹郎，夜夜夢鄉國。重闈幾百齡，不一候顔色。有父亦解組，常使心惻惻。上書獲歸省，稽首謝聖德。凌晨戒行李，喜極思奮翼。春意入南浦，細草漸如織。鳴簫發征舸，東風飽帆力。眷此晝繡還，忠孝誠兩得。朱門浙水東，預想開壽域。高堂送春酒，歡動碧山側。悠悠樂何窮，生感歲華逼。良晤行有期，無忘措宸極。

感皇恩壽故大司馬白夫人編修秉德之母。

每歲到花朝，正當稱壽。青鳥將書報金母，一周花甲，重見春杓回斗。喜看華髮映，朱顔久。

白傅盟勳，竇郎騰茂，有福能如太君否？鳳冠霞帔，笑指東風蒲柳。滿聽新曲度，長生酒。

送周駙馬德彰代祀孝陵時德彰兄蘇郡同守德中，方考績，將同省先墓于彰德。

一函香帛下丹霄，千里江山屬使軺。鍾阜炳靈曾氏蔣，孝陵神御獨尊堯。飲醇風采傾三國，鳴盛篇章笑六朝。池草夢回同上塚，官河春渌便歸橈。

奉送大司寇何公菘任南京

聖主龍飛百度新，承恩先喜際昌辰。興王地切思皇祖，弼教功多簡世臣。西漢誰當經律選？東都原重保釐人。相違不盡相從意，萬仞鍾山入望頻。

送同年陳美宣員外知臨安府

坰州南去擁丹幨，嶺嶠人才衆所瞻。一道專城需吏治，幾年分署嘆郎潛。晨星漸覺朋簪少，春水無憂客棹淹。坐遣僰人知聖化，爲君相屬酒頻添。

送同年王世英員外知袁州府

終養堂空歲月侵，北來圖遂報君心。承恩便遣提新印，晤語方驚盍舊簪。夜斗回瞻宸極遠，春流疑共别情深。韓公治跡應無恙，憑仗才人繼好音。

待樫居杜生不至用舊韻一首時約與雲湖陶生作畫，故詩及之。

一樹涼陰遶屋多，呼童頻候杜生過。消煩預遣冰丹杏，算飲空勞截翠荷。坐想畏人譏襤襳，可緣随俗聽笙歌。詩壇畫壘新盟在，何日功成兩伏波？

衍聖公四景畫

山前亭子萬松聲，溪上桃花一樹明。安得此中陪杖舄，時時閑坐復閑行。

不愛紅蓮愛白蓮，一塘開近緑楊邊。小童吹火翁尋句，可愧江南罨畫船。

一道澄江萬仞峰，懷人相約采芙蓉。小亭坐納秋聲遠，別浦征鴻隔岸鍾。
獨㠯吟鞭下水涯，呼童回折暗香枝。遥知野徑詩成處，正及山房雪霽時。

題雜畫

平原空笑弋人勞，山水青葱護錦毛。何庭晚風堪顧影，石泉澄澈見秋毫。右山水錦雞。
雨後薰風不動塵，名園生意逐時新。囀枝黄鳥聲全變，結子紅桃色半勻。右緋桃黄雀。
落日秋風渭水湄，天教西伯共心期。憑誰敢道鷹揚勇，鶴髮漁翁有此奇。右渭水非熊。
長鬚銜破荇芽青，湖上風來水氣腥。喜見天機歸畫史，不將新味付庖丁。右鰕。

送人之官嚴州

渺渺桐江水，矗矗桐江山。上有子陵臺，孤絶難爲攀。下有七里灘，照影清塵顔。幸哉君宦遊，落兹山水間。朝登野亭望，暝見漁舟還。時時得佳句，忘我身抱關。我家水上游，道出清溪灣。因君發鄉思，極目江雲閒。

紅黄二色菊

寥落東籬下，紅黄色競深。情知非媚俗，表此傲霜心。

送魏端璧知寧國縣

蕭山魏君端璧，故太宰文靖公之子，官鴻臚十年，屢膺薦剡。及今，乃有寧國縣令之除，士論未滿也。予家古歙，於寧國甚近，且獲交端璧甚久，輒賦詩爲别，致期勉之意。

薦章終歲説賢能，一日承恩向宛陵。印洗舊塵光墨綬，琴翻新曲寫朱繩。趨庭學在名何忝，伏闕書成氣倍增。隣境爲君先致祝，亨衢千里待飛騰。

中和堂爲無錫醫官華汝清賦字乃文公遺墨。

錫山老人山澤臞，遺墨重此崆峒朱。流風已是百年事，妙旨不殊三字符。蘚花一庭秋雨澁，杏林繞屋春陰敷。憑將架上溯洄語，坐愧寰中章句儒。

送嗣定西侯蔣公驥使襄府

使節新持第一番，金貂光彩動襄、樊。名傳夙將家聲遠，恩重親王禮意繁。驛路曉星瞻北斗，江城秋色繞南轅。昔年羊、杜風流在，約取歸来得晤言。

送申揮使寧守備山海關

馬上秋風拂壯顔，羨君持節守榆關。邊城迢遞斜連海，堠火分明直過山。北虜敢從何地入？東夷時向此中還。尚方有印常懸賞，好建勳名動八蠻。

湖海壯遊卷爲宗人養濬賦

小結行窩歲月深，江山隨處足登臨。肯因見月生羈思？只恐看花負賞心。幾抹丹青湖上景，一番絲竹郢中音。酒酣應笑長安客，赤日黄塵兩未禁。

送劉進士瑱赴南京祠部主事故學士忠愍公之孫。

天與忠臣慶澤長，春風蘭玉更添香。衣冠舊出青雲彦，雨露秋霑粉署郎。清夜候星應北拱，早秋隨雁復南翔。金陵最喜迎親便，竹筍江魚樂未央。

送進士陳亮之赴南京武選主事亮之與兄宗之皆予秋闈所取士。

太丘家世舊京人，留部分曹寵命新。雙珮簉鵷辭曉闕，一舟隨雁遡秋旻。好成芳草池邊夢，穩稱斑衣膝下身。致主有才官有暇，肯將文字負青春？

題小景畫

青山佳處絶纖埃，草緑裙腰一徑開。不是煙霞有深癖，水邊林下肯同來？

送鄉人孫仲介赴合江簿

籬菊香中酒滿酤，喜霑新命出皇都。百年梓里榮過歙，萬里花封遠渡瀘。官況比鸞棲枳棘，客心隨雁起菰蒲。因君故復西南望，歲月悠悠雪半顱。

送人官無錫

畫船蕩水秋風清，送客南歸無錫城。能詩豈愧謝氏子？解昜可比王家甥。心常遶闕足佳夢，仕不離鄉輕宦情。因君偶憶故山色，曉日河梁聞雁聲。

歸老圖壽致政王璽太守通政傅之父。

白髮朱顏七十餘，吉人何藉衛生書？忘機久入群鷗社，遺愛猶傳五馬車。鄠下晚香開壽席，終南山色點吟裾。賢甥令子俱才俊，時向雲霄附起居。

送張上舍赴彭澤教諭

城東誰薦菊花巵？漸及秋風雁過時。塵榻未由延上客，頖宫應喜得良師。江邊柳暗陶翁宅，山下雲深狄相祠。名跡正堪興後學，詞源他日看分支。

送鄉人俞伯大赴雲南憲司知事

别浦芙蓉秋正酣，一官隨牒向滇南。幕開憲府冰霜共，名列銓曹雨露覃。徽嶺便郵看路入，僰人重譯待庭參。知君肯負名家後？鄉國儀刑仰晦庵。

都憲貴溪高公哀輓

曾向山中問起居，流光驚是七年餘。仙遊地下魂應遠，政肅臺端望已虚。傳世獨留終養表，憂時誰續治安書。當今嗣聖恩如海，卹典非常照故墟。

丁未二月六日扈從春宫親迎禮成次韻

紫蓋紅旗蕩曉晴，鑾輿親迎出宫城。萬年喜兆諧龜卜，一日嘉祥協鳳鳴。都下人觀周盛禮，房中樂奏漢新聲。春風鶴駕叨隨步，繡服香塵輦路平。

九月六日今上登極禮成聽詔次韻

大纛逋税徹圜扉，一詔丁寧感綴衣。仗馬新從軒陛立，宫鵶時遶殿簷飛。九重聖孝推恩博，十載皇心探道微。求治便應今日始，鵷行誰守愧甘肥。

長至日陪祀西陵小憩土城寺

曉出都門得好懷，暖沙晴日淨風霾。高墩遠聳如孤塔，廢堞中分似斷涯。新命又陪詞客後，舊題曾與故人偕。停驂野寺叨茶供，正及山僧午未齋。

昌平宿劉諫議祠

三年重拜諫臣祠，手掬寒泉酹一巵。氣節可興天下士，蒸嘗無愧社中師。對庭舍子嗟唐策，憂國憑誰續楚詞？今日萬機歸聖斷，有臣應恨不同時。

謁狄梁公廟

香火熒煌照翠微，古祠猶在舊城非。殘碑蝕土高三尺，老樹凌霜大十圍。隻手誰扶紅日上，寸心曾遶白雲飛。偶來未及椒漿奠，回首青山帶落暉。

望茂陵恭賦

茂陵宫殿鬱參差，已近先皇發引時。上界鸞聲應載道，北山龍脉又分支。遞遷九室藏新主，會遣千官奉節祠。慚愧十年叨講幄，一言無補鬓成絲。

十二月七日有事西山陵園宿功德寺航公房次韻二首

青山繞屋樹藏橋，我騎初來亦自驕。曉日初紅寒未歛，凍嵐輸翠午全消。白鷗近水如堪狎，黄鵠淩空不可招。擬掃閑雲分半榻，帝城清夢未應遥。

白石巖扉鎖緑蘿，江南佳處此無多。天晴樓閣霧中見，日晩牛羊山下過。寂寂古祠依灌木，亭亭枯葦向寒波。詩禪久絶風花句，神女無勞説舊魔。

自金山口奉送孝穆太后仝葬茂陵

金山直北啓玄堂，黯淡風雲曙色凉。翠輦忽扶雙鳳出，褘衣還從六龍翔。姜嫄祀舉坤儀重，媯汭波均慶澤長。孝穆大名知不朽，萬年哀册廟中藏。

耶律丞相廟次韻

一代豪華去不還，碧峰長暎紫芝顔。七分數擬堯夫卲，十倍髯過漢將關。致主力曾遵夏禮，活人功比革苗頑。穹碑已没荒祠在，誰剪荆榛表墓山。石像鬚垂至足。

十四日齋宿翰林東署有懷時同寅諸君子多奉送大行赴山陵

一榻蕭然紫禁東，碧天如水夜將中。繁霜氣侮青綾薄，烱月光涵玉署空。林影不摇寒印地，柝聲相續遠含風。擁衾却憶沙河道，毳幕薰爐幾處同。

十六夜南郊看牲有作時在諒闇，詔視牲官借緋以行，具奏復命。

月上圓丘輦路平，禮官新議借緋行。前驅接踵呼清道，中使留身候鎖城。龍漏下傳銀箭急，牲房分送絳紗明。歸来玉樹題封事，坐視宫花曉奏名。

二月七日右順天門奉雍王殿下講讀及侍書三日賜宴有作

帝子英標僅八齡，書堂新啓傍彤庭。分張彩筆看題字，指點牙籤與授經。侍史换香占晝漏，貴人傳勑賜春醽。非才濫竊隆師禮，數墨尋行愧典刑。

戊申二月十二日扈從親耕籍田宴上作

萬乘親耕舉盛儀，東都晴日正舒遲。農分野色隨金耒，樂亂春聲動彩旗。扈蹕幸叨霑鎬燕，紀成誰可續豳詩？主張稼穡艱難意，天賜豐年定有期。

清明陪祀西陵二首

暖風連日漲游塵，好雨東來足慰人。濕翠倚空山盡出，淡黃當路柳初勻。雞啼縣郭才經午，馬踏川原正及春。陵廟禮成歸奏御，杏餳榆火一番新。

已將微雨濕塵纓，更息寒風待禮成。萬口共誇天氣好，四山惟見月華明。寢園夜下更聲促，輦道沙乾馬足輕。一任朝陵常屬我，新詩題遍永安城。

三月八日扈從視學聽講説命文言有作

萬乘隆師禮不煩，上庠開講重淵源。朝衣絢日金緋匝，御幟迎風錦繡翻。相業古來存説命，龍飛今日感文言。鳳團分賜叨陪坐，願續聲詩紀治元。

視學歸行慶賀禮畢初開史館有詔以敏政爲纂修官首

雨晴東觀日華高，盛典相仍未覺勞。聖主臨雍還駐輦，史臣分局坐揮毫。賤名何敢當明詔？優寵頻煩賜上醪。金匱有嚴千古事，願將驅策殿時髦。

十二日初開經筵賜宴及白金綵幣寶鏹感而有作

講筵初啓荷恩榮，彩幣兼金重禮成。誰有責難窺孟子，只應稽古笑桓生。黄封露瀉春盃數，紫禁風傳午漏平。淺薄將何增聖學？幾回徒有愛君情。

十三日文華後殿早進讀尚書孟子午進講大學衍義日以爲常讀畢賜宴講畢賜茶上皆呼先生而不名慚感之餘敬賦以志

禁中清切異人間，詔許詞臣奉燕閒。新政屢聞誅左道，遺書真欲見西山。猥加體貌慚天語，愧乏箴規動聖顔。日轉觚稜才罷講，外庭催上午朝班。

四月二十八日起屢賜鮮筍青梅鰣魚枇杷楊梅雪梨鮮藕

都城三伏暑方炎，天上分鮮我亦霑。緘發紫泥留榼筥，香生青箬帶冰鹽。南舟遠貢来何數？北客初嘗味更添。爲感歲時緡賜帖，不知殘日下疎簾。

五月二十九日起屢賜桃杏郁李蓮房筥上黄封或題上林監進乾清宫八字或題上林苑海子進乾清宫九字或題司馬苑局進乾清宫茶房上用十一字

御果頻頒出尚方，滿筐甘溢露瀼瀼。黄封盡帶「乾清」字，朱實平分上苑香。謝表親將煩内使，承懽先捧壽高堂。自知犬馬功何逮？一飯從來不敢忘。

七月二十日文華殿後講畢上顧中官賜講臣冠帶韡袍臣敏政預賜織金雲雁緋袍一有副金帶一烏紗帽及皂韡面謝訖上顧謂曰先生辛苦共對曰此皆職分當爲頓首而退

日上罘罳曉殿深，湛恩稠疊駕親臨。對衣紅濯天機錦，束帶黄分内帑金。久幸清班容宦履，漸慚華髮點朝簪。經生職分尋常事，消得君王念苦辛？

篁墩程先生文集卷八十二

詩

弘治元年十月十八日得休致之命與李符臺士欽小酌口占

忽奉歸田詔，天恩免逐臣。便談林壑事，莫問市朝人。好夢依黄犢，先聲撫翠筠。難酬君相意，擊壤助遺民。

留别士欽

一夜臺章達冕旒，聖恩如海得歸休。却憐故舊多青眼，不道疎慵早白頭。耕鑿有情還卜潁，簡編無分久依劉。獨餘晚節生涯在，樂滿樵林與釣洲。依劉本王粲事，文公依屏山先生嘗用之，今取以先師文達公比屏山，故云。

辭朝出城借宿清化寺

早脱朝簪出帝城，喜分禪榻坐深更。便疑身在山中住，追笑詩從馬上成。把釣未應歸計拙，照人偏愛佛燈明。枕酣一夜清無夢，蕉鹿當年亦浪驚。

得用光宗姪新安寄来書并禄命書一紙有勸予省人事謝應酬及早歸之意時予得遣出城已三日矣喜而有作

小阮書來亦太奇，勸予休遣鬢成絲。誰知逆旅開緘日，正是君王賜玦時。恩負從龍真大愧，命當磨蝎可中移？山林不日重相見，志喜新成第一詩。

題先公遺詩後

先少保尚書襄毅公以成化丁亥受詔督師往平蜀寇，嘗駐節清化寺與朝紳爲别，敏政以編修侍行，今二十三年矣。孤之不肖，以庸猥見斥于時，復寓此寺。寺僧恕巖能道舊事，且請書先公留題之作。追念往昔，不勝泫然。

先公當日將西兵，文武衣冠此餞行。天上節旄臨大寺，風前金鼓動高城。鯉庭已愧聞詩業，鳥道猶傳奏凱聲。二十年来彈指過，壁間揮淚續題名。

送辨如海上人還松江

霜鴻將盡一帆開，遠别難勝老辨才。郢客未分新社約，吴僧先掃舊經臺。枯腸臘供芰畦菜，白足春遊了徑苔。聞説木蘭花未老，晚香盈握待師來。

題陸廉伯庶子所藏墨梅

宋人寫梅工染地，染出疎花得花意。寒枝點綴縱復横，宛在江村立烟際。元人寫梅鐵作圜，千玉萬玉相聯拳。天機淺深各有態，三昧定屬何人傳？忽拭此圖真宋手，入眼丹青未能有。涼風未覺生衣襟，古月猶疑照窻牖。斷縑殘墨驚海棠，當時價抵千金强。幾人豪奪幾懸購，完璧乃歸君子堂。多君家在毘陵住，高潔平生似梅樹。秀餐亭上歲寒盟，時約花神共來去。我今歸卧新安山，暗香正繞清溪灣。北河冰堅未成往，春夢夜落松筠間。補之不作林逋老，紅緑紛紛競妍好。愧無佳句慰幽芳，三復莓苔被花惱。

予被放還新安，以河凍未能即行，假宿城外，廉伯以此卷索題。卷中作者如廷韶方伯先已放還，而華伯郎中、汝弼太守俱作土中人矣。歲月不堪，把玩如是。然姑射仙人歲寒風采，挺挺如故，足慰岑寂，遂呵凍書之。

題宗姪節之儀曹味道卷

明道紀元歲，篤生兩大儒。道寄千載心，孰能味其腴。吾宗有賢者，家在清溪隅。力學厭口耳，銘言揭齋居。如彼藥石功，養兹山澤臞。坐令膏馥間，一日霑贏餘。森森「好學」論，炯炯定性書。願言終子身，續食留新畬。

題璇大章善世小米山水

書畫船頭虹月殘，海嶽庵外江聲寒。南宫父子不可見，此紙疑直千琅玕。青山勢遠横江斷，緑樹成村隔沙亂。輕舠並坐漁樵人，安得中流分席半？由來小米筆力殊，晉、魏書法兼有餘。畫格明明自北苑，寓公往往稱南徐。松壑上人好清灑，来往三吴憶風采。購求楮墨今尚存，感激山川良不改。禪窻拂拭天真開，洗硯欲呼江雨来。附名錦軸亦可喜，等閒富貴飛黄埃。

臘月八日以青布壽稺女月仙

願兒從此壽無涯，一疋青縑致老懷。珍重莫嫌爺禮薄，他年留取配荆釵。

題大眅汪衛幕燕歸小像

霏霏香霧凝春殿，日上觚棱催賜燕。身随恩澤下丹霄，烏紗晻映東風面。喜君有籍通金門，簉羽鵷班朝至尊。星源異日觀圖畫，知是唐家忠武孫。

題盛子昭唐子華小景

石梁新雨滑生苔，斸藥多因置酒材。山下杪秋無客到，松梢鳴鶴訝人來。
雪後川原遠近分，漁榔僧磬隔溪雲。行吟坐嘯皆詩趣，追憶吾鄉舊令君。

客請遊望湖亭脩碧軒不及往次韻二首

西望湖天半日程，擬剩寒淥洗塵纓。一灣路隔紅雲遠，五月涼生白苧輕。山寺茶煙衝鶴起，石門空翠逼人清。春來遥憶憑闌處，萬頃鷗波夕照明。
渡口冰消問水程，羈人方幸解朝纓。名園見説千竿盛，宦海應知百念輕。鞭走籜龍墻下密，影摇飛鳳月中清。歲寒心事翛翛在，一任繁花照眼明。

爲鄉人張衛幕貴題遼王九鷺圖

葦岸蘆汀立九鷺，郢人燕説是吾師。擬將聖訓垂深戒，想見宗英灑翰時。

任月山五王醉歸圖

何處離宮春宴罷？五馬如龍自天下。錦韉蹀躞摇東風，不用金吾候隨駕。緩策烏騅衣柘黄，顔頩不奈流霞漿。手戮淫昏作天子，三郎舊是臨淄王。大醉不醒危欲墮，雙擁官奴却鞍座。宋王開國長且賢，誰敢尊前督觴過？申王伏馬思吐茵，絲韁側控勞奚人。可憐身與馬鬬力，天街一餉流香塵。岐王、薛王年尚少，酒力禁持美風調。前趨後擁奉諸兄，臨風彷彿聞呼召。夜漏歸時嚴禁垣，花萼樓中金炬繁。大衾長枕已預設，帝家手足稱開元。我聞逸樂關成敗，狗馬沉酣示明戒。二公作誥五子歌，此意當時可誰解？仙李枝空人不還，王孫一日開真顔。鴒原終古存風教，珍重丹青任月山。

山水小畫二首爲張尚相題

山色青於染，松陰掃未開。水邊芳草地，才見兩人來。

危坐秋林下，翛然古意生。山風吹耳淨，幽絶澗泉聲。

送同年陸文量武選赴浙江參政

同榜悠悠感歲華，晨星落落散天涯。除書又拔吴中俊，處世真如海上槎。内史之官先過里，宣公封事久名家。南歸欲訪巢居閣，肯檄林僧一供茶？

題馬圖

緑陰風軟白沙乾，入眼方知駿骨難。輦路草長東幸少，漫將調習付奚官。

航濟川講經約遊西山不果

磵水相期浣襪塵，交情誰似遠公真？東風曉夜催行客，贏得西山冷笑人。

題沈廷美尚寶所藏四烈婦圖

石郎秉鈞蕭傅死，鬬獸君王悦妃子。就中却有馮婕妤，以身當熊傳女史。婕妤父本馮將軍，義勇光騰金縷裙。女戎可恨亦撾馬，孤負虬髯貞觀君。右馮媛當熊。

漸臺無宫憑水鎖，水長臺危絶行舸。君王急遣詔使來，有召無符計成左。臺上美人甘自沉，盤遊可悟君王心。不知臺下桃花漲，何似汨羅江水深？右楚妃投水。

含元殿中如博陸，寡婦孤兒肯容宿？此身原是未亡人，一臂寧爲一身辱？落日荒原聞哭聲，白刃可蹈千人驚。五朝長樂痴頑老，一夜河間齧臂盟。右凝妻斷臂。

棗陽軍婦千人勇，虎口活夫顔不動。磵號山裂天爲昏，幾許高樓髻雲聳。征車夜度西河眠，骨肉相守終餘年。舅戕夫死避苛政，泰山女兒孱可憐。右平妻殺虎。

送汪大淵赴永州通判

都門曉日動鳴珂，漸覺東風轉玉河。佐郡正當湖北路，離筵遥和郢中歌。十年自守春秋學，千里誰優政事科〔一〕。老我臨岐重回首，眼前朋舊已無多。

遊西山道中作

二十餘年薄宦身，投簪方許作遊人。春空白鳥来無際，曉霧青山出未勻。閒坐水邊飛酒盞，遠從亭上振衣塵。沙橋野店東風裏，柳眼相窺一最真。

過白雲觀

紅塵飛盡白雲生，一徑深深草樹平。丹竈已空仙去遠，琳宫猶枕舊遼城。

溪西竹屋

萬斛清風掃市喧，忽驚西郭有淇園。碧雲冉冉摇香細，蒼雪紛紛落影繁。沙徑透迤通活水，石臺虚敞對幽軒。酒酣欲刻琅玕節，詩句深慚舊掖垣。

觀音寺望湖亭次沈中律舊韻

磵水分明一線來，碧天空闊鏡中開。亭前醫俗憐新笋，石上題名掃舊苔。野衲未驚中爨熟，林鳥遥認晚鍾回。春來觴詠休輕擲，白塔纍纍遍草萊。

吕公洞

石洞知何代，門當玉澗灣。潮音疑可聽，仙駕杳難攀。暗穴深通海，危亭上據山。吟身貪縱步，遥帶夕陽還。

欲往香山寺尋皚東白善世不果

湖亭高處望香山，殿閣參差紫翠間。遥聽磬聲知不遠，未叨茶供却空還。名僧久結三生社，詞客聊乘半日閒。又與山陰添故事，吟箯無惜慰離顔。

自玉泉亭步至功德寺

東風幾日到郊坰，岸草汀蒲已自青。羈客乍來方縱目，野人相見亦忘形。湖當鷲嶺烟光重，路入龍潭水氣腥。聞説先皇曾駐蹕，紅雲猶繞玉泉亭。

宿溪西竹屋

束裝已戒道，看竹來城隅。野性自成癖，路人從笑迂。力登山上亭，緩策沿晴湖。回首日西下，清讌仍相娱。引火試香鼎，挑燈開玉壺。但知客興濃，不覺春宵徂。出門見星月，天籟聞笙竽。擊節呼此君，爲爾羈今吾。聊須借吟榻，卧我山澤臞。擾擾百年中，去就不可虞。留題歲寒社，莫遣丹青渝。

西山道中與友人别

聖恩容納禄，随地可尋春。東道非生客，西山似故人。竹貪文字飲，萍笑宰官身。别後遥相憶，詩郵託雁頻。

遊歸值雨

勝日春郊馬足輕，歸来風雨暗東城。陰晴多謝天公巧，容我看山一度行。

送宗姪式之知朔州

馬首春風鬢未華，一官初擢帶生花。離筵對酒頻看劍，邊郡屯兵特建牙。久喜皇威清雁磧，遠聞農事遍龍沙。寄言莫笑江南客，曾是江南舊將家。

式之之行，或疑其家江南，出守西北邊郡，恐不相宜者。正不知吾宗自忠壯公而下至文清、襄毅諸公，多以文武之略建大功，名相望于譜，安知式之不遂亢宗于是州，益闡前人之光乎？士固不可以南北論也。因賦此相贈，豈獨解嘲，亦以發其志、壯其行，使知若予之庸猥見屏于時者，蓋不足學也。

題畫牛二首

沙柳陰濃岸草深，老犍回首認桃林。手提死雉驚烏啄，賴有田夫報苦心。

芳草平原水滿陂，夕陽牛背影差池。青童黄犢相呼處，記取前朝賣劍時。

贈李士敬錦衣進署千户

緑鬢朱顏太師子，清曉彤庭拜恩旨。一日詔領千人軍，總道太師今不死。太師勳德天下聞，遺編滿架留香芸。詩書韜略付兩子，池上鳳雛原不群。伯氏才華重司璽，君也奇功著邊鄙。由來難弟復難兄，世家誰及南陽李？居然雋爽薄貴游，凛如鶻鶚横高秋。觀君骨相豈凡種，積善自古生公侯。幾許青年美聲價，廣坐稠談不相下。金門夜直分虎符，玉陛晨趨候龍駕。白馬錦衣光射人，東風滿路飛香塵。天家雨露今更渥，勉圖莫負嫖姚身。老生舊是門墻士，半世歸耕本無似。酒酣擊節成短歌，萬里雲霄壯君志。

贈含春子

浮生容易白頭侵，誰識東皇造化心？静坐久諳升降理，希聲何擇短長吟。梅苞露白香仍淺，草蘖回青色自深。聞説箇中生意好，無端真樂待重尋。

留别清化寺昆東明上人

過眼流光不自勝，邇來三月共寒燈。憑誰可是忘形客？笑我真成有髮僧。别酒定拚空臘味，歸途聞説解春冰。没林倦鳥心猶悸，莫道城南紙價增。

幼幼堂歌爲越中朱廷用先生賦

幼幼堂上春如海，幼幼堂下多蘭茝。堂中老人髮垂雪，朱顏不共年華改。清曉開門人請藥，午夜篝燈診危弱。塵埃風雨不自知，老人活嬰心始樂。人言此翁非藥叟，經史尋常不離手。邵家數學窮畸偶，白傅詩篇謝花柳。堪輿上扣青囊翁，窮妙還思河上公。平生辨博人所羡，同姓綽有丹溪風。我識此翁深，人識此翁淺。翁心不逐時情轉，義氣分明薄軒冕。漢庭一日復古典，孝廉有科當中選。重翁不獨醫之良，愛翁不覺歌聲長。幼幼堂，壽且康，幼幼之名傳四方。

有畫士人與和尚道士醉戲者曲有思致殆宋本也漫賦一絶

外貌猖狂内樂真，醉來誰主復誰賓？等閒不是攢眉社，自有壺天一樣春。

壽意圖爲蕪城王君怡晚追賦

仙人跨鳳來匆匆，翱翔遠自東溟東。手持一卷壽生籙，夭矯似是青華翁。紫綃衣輕止欲下，石洞上見桃花紅。花間老人意閒雅，萬里一瞬流雲空。青苔淨掃坐盤石，炯然秋水明雙瞳。江鄉舊號騎鶴里，浮名豈願拘塵籠？清和天色雨初過，異境彷彿開冥濛。紫芝葳蕤得何許？石闌詰屈遥相通。小童煮茗藪玉虹，小鬟奉果來香風。眼前花甲週可數，不惜一笑回春融。向平婚嫁久已畢，老年赢得窺環中。丹砂倘見伏金鼎，白髮肯使悲青銅？披圖願子得壽意，三山一闖蓬萊宫。

留别通州王德明守備德明起鄉進士，常分守山海關。

將軍留客薦離尊，説劍論詩笑語温。塞柳曾窺單騎出，窻芸猶護一經存。牛羊落日京東路，鼓角春風海上屯。肯爲傍人譏白面？聽君奇策報殊恩。

再别昱上人

潞河三日吹黄風，上人翩然來向東。溪藤索詩照夜白，燕酒餉客摇春紅。池上冰銜愧蘇子，城南淨社思陶翁。病身正爾堅飲戒，無限離情芳草中。

昱上人自清化冒風携酒來訪于潞河之滸，爲諸方外乞詩。值予病口瘡，不能一啐，悵然賦此。上人必欲題予銜，顧予方以官爲累，而上人乃有羡於斯，何哉？一笑而别。

上林清趣卷爲嘉蔬署丞兼林衡署事宗姪京賦

緑樹陰陰百鳥啼，上林遥在帝城西。一官向此開清署，贏得新篇取次題。

畦菜青青苑果紅，宦途清絶市塵空。五風十雨開園後，來往人行罨畫中。

不比前朝貢荔枝，晚菘春韭緑參差。官閒有趣無宣索，萬歲君王旰食時。

苑中應起借烏軒，每汲沙泉學灌園。輦路草長巡幸少，清時誰競嗇夫言。

心地清如鏡水波，官中從爾較催科。遥知此後彈冠日，隨處春風趣益多。

青李來禽貢尚方，朱籃黄帕屢分嘗。天涯爲子題詩句，慚愧非才負寵光。

與世賞庶子同飲通州致仕袁千户家

春館留人一笑同，愛君家住潞河東。嫖姚久謝千軍帥，矍鑠真堪百歲翁。新酒白魚牽思遠，緑波芳草送塵空。論詩更值王摩詰，不道相逢是客中。

題老子出關圖

函谷關高高入雲，東來紫氣何繽紛。關頭或有異人過，令尹一日先知聞。青牛駕車出林莽，翠葆拂曉揚清芬。至人中坐雪垂領，神氣内守顔如醺。當時令尹亦奇士，衣冠奉候青山垠。車前再拜復長跪，局縮似禮雲中君。至人自是真天人，憫此濁世飛埃氛。出關定隱不復現，草衣木食甘隨群。天書雲篆倘有作，坐遣道德爲耕耘。停車揮扇相告語，爲爾啓鑰開玄文。致柔專氣五千字，劃然天地如初分。乃知至人與衆異，下視諸子皆蝱蚊。至人昔作柱下史，披誦亦自勞精勤。三墳五典久在目，霞裾尚爾留香芸。尼丘聖人敬問禮，逮今一一餘坑焚。至人至意人叵測，朱縢緑檢空云云。窺圖撫景三嘆息，春風滿屋銷鑪薰。

别潞河逆旅主人馮大周

二月南歸候水官，高堂留宿百餘懽。主人長道望塵久，客子不知行路難。曉日橋邊折楊柳，春風庭下養芝蘭。人生去住何須問？一笑詩成酒未殘。

清明日發舟偶過廣福寺

潞河東岸發歸程，步入招提問寺名。煙鎖緑蕪涵暝色，風吹黄柳散春聲。廿年賜火慚君寵，四野澆墳愴客情。晚供有茶聊當酒，一番飄泊已清明。

宿瀛東别業

先人有别墅，宛在瀛川曲。荏苒二十年，始此一停宿。裴裒原野間，百感中自觸。梨花積晴皜，楊柳紛衆緑。一歲增幾株，當時手栽木。白駒亦何駛？蒼髮忽半秃。緬懷古賢達，曠視不可復。豈無致主心，自審誠碌碌。君恩浩山海，不遣隨竄逐。賃船走東南，日夜憂骨肉。矧茲墓臺荒，奉掃未成卜。渺渺滄波長，悠悠白日速。明發城東門，低頭愧林谷。

輓清源劉孝子克莊

大扁金書照里門，當時純孝尚堪論。庭烏最爾諳心事，墳草猶疑染淚痕。五夜忽驚塵夢杳，百年終見古風存。孤舟前日相逢地，寒水無由酹一尊。

鄉人客清源者追餞索詩

北河一棹還新安，清源追别聊盤桓。羡君盡享估客樂，顧我方憂行路難。徽詩往返白日速，縱酒歌呼清夜闌。鄉情離思兩不極，垂楊插水春漫漫。

雲龍山留别宗姪楚英同守

客裏孤舟此暫停，夕陽紅處亂峰青。閒雲尚繞從龍地，蔓草空餘放鶴亭。佛散寶花成舊刹，人摩蒼蘚刻新銘。等閒弔古情無限，不爲傷離酒易醒。

黄茅岡

艤櫂來登亂石岡，幾間茅屋水天長。桑原麥壟人行處，曾是蘇公舊獵場。

亞父塚

廢塚曾經盜發頻，白頭空作楚謀臣。填胸一怒緣何事？贏得漁樵冷笑人。

戲馬臺

千古荒臺倚暮雲，霸圖銷歇水沄沄。當時駿骨知多少？惟有烏騅不負君。

陵母墓

夜臺千古閟荒山，智母名高宇宙間。不向楚庭先伏劍，王郎應自乞身還。教子扶王不二心，幾人回首愧纓簪？當廷死諍遵慈訓，始覺君侯孝最深。

水次倉相傳即芝麻李二故居。

廣厦朱門照水明，太平軍食轉彭城。不知南北人來往，猶唾芝麻李二名。

廣陵驛下與表兄林文秀倉使夜酌

二十四橋春草平，月明依舊滿蕪城。繁華百代底須問？邂逅一尊無限情。去國浪傳金馬客，倚樓誰送玉簫聲。孤帆又作江南別，坐聽船籤報五更。

遊焦山

十日横江雨未晴，艤舟來作看山行。海濱煙堠遥分幟，樹杪風帆欲近城。去國身輕隨雁落，登高詩健逐潮生。閒心願託焦光隱，客裏先拋第一盟。

飲觀音閣

漠漠頑陰掃未開，石梯千仞滑生苔。倚闌尚見淮南樹，拂袖疑登海上臺。坐聽松風聊當樂，醉呼江水欲添盃。繞山細勘題名刻，早有人曾冒雨來。

登江山壯觀亭時與王令同遊。

整屐同登壯觀亭，百年身世等飄萍。兩潮漫作崩騰勢，拳石終存砥柱形。返棹客愁煙樹黑，浮家人占雨莎青。南來抶勝心方健，有約重尋瘞鶴銘。

書法孝子傳後

野宿風號半毁形，眼看墳草六回生。當時至行真難再，合上清朝太史銘。有生便識全歸理，欲救親危敢愛身。正恐毁傷堪藉口，世人翻誚舍生人。

毁體非孝之説，本如孔子所謂忘身于一朝之忿與孟子所謂從欲鬬狠以取危戮者耳，若刲股以圖愈親之疾，自近于舍生之義。而讀者不能以詞逆志，遂牽于鄠對之文，吾恐其流之弊，將并所謂舍生之義而棄之，因觀楊君應寧所爲法孝子傳附見此意。

丹徒王璽家蜜褐蓮卷追賦

王家池上見芙蕖，蜜褐裝成態有餘。晚色盡消脂粉氣，高標宜占水雲居。紅灰酒滿香中瀉，白社詩殘葉上書。欲爲花神增舊譜，賞緣他日記南徐。

校勘記

〔一〕千里誰優政事科　「千」，原作「十」，據四庫本改。

篁墩程先生文集卷八十三

詩

登多景樓

黯黯江雲結暮陰，江樓高處一登臨。山根亂雪來雙櫓，天外遥青出寸岑。歸去已慚陶令賦，醉中偏愛潁師琴。鰣魚竹筍江南路，幸及霜毛未滿簪。僧一柱能琴。

與袁石坡太守遊甘露寺

天外飛甍接太虚，只疑僧在霧中居。風掀白浪過江口，雲擁青山入座隅。詞客舊題留北固，寓公高致屬南徐。贊皇池館瑯琊石，擬向雷音洞裏書。

太醫院使錢君宗嗣輓歌

生死交情二十年，艤舟京口倍淒然。青山細雨人何在？悵望城南白兔阡。
青囊家世數誰精？錢乙當時重兩京。先子已隨龍馭遠，空留人道國醫名。
幾年供奉殿東頭，最得先皇寵數優。遺奠尚留天語在，虹光千古照林丘。
憶曾阻雪到江干，野寺相逢歲正闌。今日我來君已去，人間離合最無端。
浮榮無賴似浮雲，多少人隨草木群。百世定知君有託，謝家兄弟總能文。
投劾歸來感聖恩，舊游零落不堪論。山中我未憂多病，尚有君傳藥禁存。

錢宗胤覽翠亭

名園佳處結幽亭，竹樹森森晝不扃。雨過四簷塵不起，風生雙袂酒初醒。沿階草色時供翠，排闥山光遠送青。他日可容分半席？緑陰閒叩衛生經。

留別楊應寧僉憲時以憂居鎮江。

楊君我良友，一别經幾秋？不圖今日來，相見古潤州。顔色甚憔悴，知子非窮愁。無奈寸草心，更抱萏生憂。蔀齋共蔬食，爲子一日留。子才非詞藻，立志希前修。有如霜礀松，不作春花羞。向來稍自見，足應明堂求。我生本迂戇，未老驚白頭。負恩合竄殛，徼倖歸林丘。子幸不棄我，晤言如有投。感此意不極，翩然愧難酬。蕭蕭白日雨，黯黯滄江樓。行裝已戒曉，鳴榔發孤舟。後會杳難期，歲月如奔流。遲子崇令德，盟言慰朋游。

何氏丈蓮卷

異方傳得賣花翁，照水能開一丈紅。色靚鉛華朝帶雨，香生簾幙夜含風。護妝合遣遮紈扇，侑客長應剪碧筒。聞説主人真好事，不辭題句慰芳叢。

留别王丹徒公濟

三十年前同舍郎，行邊一笑暫停裝。風流文采真吾弟，涉水登山共此觴。壯歲喜君官況好，畏途驚我鬢絲長。詩筒兩日頻來往，未覺相逢是異鄉。

乘風夜過無錫寄致政秦廷韶方伯及詩社諸君子

一歸方喜稱閒身，十口那堪更索人？半夜隨風挂帆去，負君相候洗纓塵。他時有約報郵籤，山鳥啼殘筍正甜。等是太平林下客，幅巾來往定無嫌。

與王宣谿世賞同至虎丘醉中限韻一首

三度來嘗陵羽茶，園丁曾此薦冰瓜。遊蹤語客真成夢，醉眼看山久作花。舊榜詩隨塵外劫，遠歸身似海中槎。殘陽塔院翻多興，欲典宮衣向酒家。

用前韻二首與宣谿

選勝同來竊供茶，晤言終日愧投瓜。幽人泉上堪刳竹，短簿祠前訪種花。山犬不驚隨鶴氅，野僧如悔認星槎。老天故爾供吟嘯，容我登臨直到家。

重揖山靈欲酹茶，秋風今熟幾回瓜。題名石裂攢金薤，殉劍池深泠鐵花。詩壘喿降新立幟，酒船隨泊小浮槎。煩君併作南遊録，乞與兒孫記兩家。

簡沈石田啓南求畫

孤舟摇蕩出風濤，涉水登山也自勞。乞取生綃圖四景，卧遊容我醉松醪。

與楊君謙儀曹劉振之鴻臚遊靈巖遇雨

夾岸吴山埽黛青，酒船隨意泊沙汀。簾收晚雨三家市，旗颺薰風十里亭。滬瀆舊名餘戰地，靈巖佳跡播圖經。同來莫遣遊情敗，僧榻何妨一夜停。

冒險乘輿度嶺腰，石苔青遍雨蕭蕭。野人笑我遊何健，客子憑誰酒易消？烏外雲深唯見塔，鷗邊溪漲欲平橋。望中似覺山容喜，知有新篇慰寂寥。

細雨斜風破賞緣，壯遊奇興獨森然。采香徑古雲千壑，響屧廊空草一川。羈客坐貪船似屋，主人情愜酒如泉。溪山燈火論心地，不道相違是隔年。

菌生船窗下作

老舫經殘雨，俄生一菌長。根連枯枿潤，色藉朵雲黃。稺子能加護，靈苗或異常。題詩矜畀爾，擊節和嗚榔。

晚登姑蘇驛樓與瞿剛貢士小酌有感辛丑歲嘗寓此數日。

躡屐重登昭賜樓，吴杭今是八回秋。驛夫迎舫驚生客，稺子循廊感舊遊。塔影帶雲横樹杪，鵲聲和雨下城頭。晚涼不盡裴裒意，一飯匆匆已放舟。

留别蔣長洲克明蔣，予同年友，以御史貶蜀中，起廢爲令于此，因與宣溪聯句贈之。

念子天涯久謫官篁墩，已看新命出金鑾。牛刀小試真言偃宣溪，鷗社重尋愧謝安。舊雨故人頻對酒篁墩，青霄客路正彈冠。明朝又作胥門别宣溪，浦樹江雲兩地看篁墩。

故人重會闔閭城宣溪，十日難禁去住情。沙上暫維青雀舫篁墩，尊前初試紫蓴羹。漢廷公議還須定宣溪，蜀道當時已慣行。不日山林聞邸報篁墩，路人應説介推名宣溪。

三辰堂爲工部顧郎中從善賦從善及其父、祖三世皆以辰年登進士，故名。

衣冠三葉重吴人，捷報相承似罕倫。金榜有名初中甲，青陽無歲不逢辰。韋編業在專門久，華扁題成傑構新。定見奇男光父祖，考工才力正當春。

姚生廣好篆籀之學所居在桃花塢上予與宣溪過之欣然爲刻數印既而予讌南壕楊氏池館生復來贈一印其意甚勤因賦一絶贈之

一塢桃花映草堂，箇中清致屬姚郎。可人更到池亭上，贈我歸田學士章。

與宣溪聯句别振之酒半有武當之約，故詩及之。

黄岡涇口夜停船篁墩，草草行厨當别筵。吴苑已離三舍外宣溪，閶門猶在一盃前。離人意逐江亭遠篁墩，好事詩隨海舶傳。明歲期君南入楚宣溪，溪山同足賞心緣篁墩。

吴江驛得司馬通伯侍御書通伯有歸志，且約爲鑑湖之遊。

小住虹橋下，翩然得素書。麈談如見子〔一〕，筆陣久降予。山雨朝醒後，江花晚眺餘。鑑湖真有約，歸日辦籃輿。

寄湖州王太守

予蒙恩得放還江南，舟次平望，有懷湖州太守王君，因寄一律。王君曹邑人，以成化己丑擢秀南宫，予時繆當分考之任。而君之外舅宫保太宰先生以德望聞天下，實先少保襄毅公友也。今奉别二十年矣，蓋予於王君跡疎而情親，有不能已於言者如此。

故人相望隔吴興，畫舫青帘見未能。幸我身隨蓮社老，喜君名自栢臺升。清朝事業群英在，前輩風流百感增。客裏有詩憑遞入，苕溪新水緑層層。

端午日與致政于景瞻京兆同至孤山

七年重憩孤山麓，一浣湖光淨客衣。自喜舟中佳節至，誰言林下故人稀？暗香疎影新篇少，白石蒼松舊塚非。更遣移尊六橋外，野鷗相見已忘機。

自岳王墳至淨慈寺

棲霞山色照湖東，五日還當逆旅中。角黍謾餘騷客恨，南枝猶寄岳王忠。夕陽燕影隨舟遠，别浦煙霏入座空。節序催人仍弔古，一尊同趁藕花風。

湖上待劉邦彦不至

當時曾覓卧遊篇，今日重來更惘然。緑芰晚風頻唤酒，白漚新水漫停船。誰能向子封佳社，獨可尋僧結淨緣。明發又從嚴瀨去，潮聲空落暮江邊。

賓客樓爲三山陳文用侍御追賦

一樓高起面巑岏，時肅煙雲入座看。客禮未能相爾汝，人情那復較炎寒？嵐飛近檻真成畫，秀落踈櫺似可餐。佳勝不妨長作主，古靈家世舊衣冠。

與張朝用太守飲紫陽庵晚至三茅觀

山上危亭四望空，不知真境落塵中。羽衣化鶴留仙骨，月斧穿雲試鬼工。天狗墮餘懸石墜，金牛開出斷崖通。酒酣更上三茅閣，萬里潮翻夕照紅。

飲定惠寺次舊韻調邦彦

石梯繞磵松風香，山樓入空花雨涼。醒心渴恨蔗漿少，題句醉憐蕉葉長。古人幾何開白社？靈泉一脉來朱方。倚闌笑問劉禹錫，禪味而今誰共嘗？

虎跑泉和宣溪韻

於菟猶踞薜蘿屏，須識名泉本地靈。詗水可憐人更癖，濯纓誰遣夢初醒？魏公字簇山花艷，蘇老詩鑱石蘚青。泡影果緣僧呪起，欲將真僞勘圖經。

爲宣溪題菊留別維揚高憲副

潭水亭亭照影空，幾番花木鬬青紅？相看只有霜春面，獨立西風蔓草中。

宣溪先出至江口有見懷之作時予尚留杭城依韻奉酬

踈簾風逗葛衣涼，此夜歸心共渺茫。去住偶然分客邸，笑談猶似隔隣墻。江回白塔潮頭小，節到黄梅雨脚長。明日籃輿聊志喜，鳥聲山色近吾鄉。時將登陸之富陽，故云。

涵碧亭八詠

文峰貢翠

池上一峰孤，下瞰池亭小。書空兆人文，卓筆青未了。

石鼓浮嵐

小山本幽絶，晴嵐濕衣裾。誰能琢崖蘚？正作岐陽書。

潮閣晨鐘

隱隱青蓮居，鯨音斷復續。幽人驚起遲，林光動朝旭。

義溪夜笛

何人弄長笛，散此柯亭秋。令我發奇思，風吹月波浮。

荷塘曉色

池亭踏露入，冉冉聞幽香。方塘水如鏡，照見芙蓉妝。

松徑秋聲

四山黄落時，夾路松濤起。中含太古聲，能清管絃耳。

夕照鳶飛

斜陽過亭西，縱目隨所適。何處一鳶來，飛飛破晴碧。

晴淵魚躍

白日下深沼，遊鱗動腥風。宛有川上趣，不羡濠梁翁。

按浙侍御三山陳君文用家有涵碧之亭，環亭之景，更析爲八，名公品題，率成卷矣。值予南歸過杭，文用遣吏尾舟爲請。林下之人，方適志山水而不以多取爲嫌也，因各綴一絶。短章寂寥，不足以盡池亭之勝，姑少副君之雅意云爾。

姚貢士時舉及其弟中書吉甫送予與宣溪至釣臺下聯句爲别

一尊相餞上桐江篁墩，客思撩人未易降。斜日挂帆風欲正宣溪，斷崖停櫓浪猶撞。通家義重金蘭契篁墩，逸興歌慚白雪腔。鐘鼎山林須努力宣溪，可堪分袂隔船窻篁墩？

提學憲副東園鄭君廷綱置酒富春驛亭叙舊得聯句三首

山雨初收暑氣清東園，驛亭開宴叙離情篁墩。香蒻未出心先醉宣溪，新茗才傾句已成東園。坐倚畫闌窺淨緑篁墩，笑停烏榜忘嚴程宣溪。人生聚散渾如夢東園，贏得重温白社盟篁墩。

睦州城下偶逢君篁墩，把酒相看日未曛宣溪。茅屋幾間山寺外東園，蘭舟一棹石堤根篁墩。已知學教遵安定宣溪，久羡才名賽右軍東園。明日江亭愁遽別篁墩，幾聲長笛不堪聞宣溪。

講筵同及事先皇宣溪，謫下西湖兩鬢霜東園。潦倒一尊仍話別篁墩，聯翩孤榻此追涼宣溪。江聲樹色催詩急東園，竹筍溪魚入饌香篁墩。握手嚴陵山下路宣溪，誰知身世在他鄉東園。

與東園宣溪瀨江夜坐聯句六韻

坐久江干月漸明東園，山城譙鼓報初更篁墩。邊流官樹參差影宣溪，隔岸漁舟欸乃聲東園。客路屢驚時序改篁墩，詩壇長助夢魂清宣溪。汀蘆水鳥棲初定東園，野草青蛙斷復鳴篁墩。洗盞不妨更夜酌宣溪，聽雞無奈促晨征東園。獨憐遠浦寒潮上篁墩，不管尋常去住情宣溪。

懷邵文敬太守

有美文章守，無情山水州。一宵蓬上雨，了得半江愁。

得蕭文明衢州書

喜君得内徙，身已到三衢。暫免塵埋足，遥聞雪上鬚。煙雲供草聖，巖壑助詩腴。幸爾雙鱗便，長應尺素俱。

東園復請遊天寧寺席上聯句

石徑盤迴萬木中篁墩，寺門惟許白雲通宣溪。參差樓閣煙霞古東園，晻映溪山户牖空篁墩。坐久塔鈴還自語宣溪，詩豪牀筆喜相同東園。興來隔渡頻呼酒篁墩，醉裏看花更徙笻宣溪。啼鳥數聲簷外樹東園，歸帆一葉雨邊風篁墩。茶瓜留客全忘暑宣溪，泉石娱人正未窮東園。地迥百年初勝賞篁墩，僧忙半日總群公宣溪。飄蓬湖海憐雙鬢東園，結草田園方寸衷篁墩。欲就佛龕燈下宿宣溪，萍蹤那復計西東東園。

山寺聽雨限韻聯句

尋幽過野寺，煙樹迷籃輿東園。忽驚新雨至，坐遣羈懷舒篁墩。因之洗煩燠，起聽風簷虛宣溪。枕邊氣蕭爽，爲我清塵裾東園。巖花驚夜落，徑草思春鋤篁墩。跳珠卷荷淨，鳴漏穿棚餘宣溪。寒聲度紗幌，入竹還徐徐東園。林鳩苦未足，秧馬今何如篁墩？連牀續舊約，豈似古城疎宣溪。挑燈欲忘寐，離思誰憐渠東園。漁舟趁潮遠，衲子收簾初篁墩。深盃一志喜，載摘園中蔬宣溪。

東園口誦山色雨聲一聯且約爲武夷之行隨足成之

幾載各西東，相逢一醉同。客程山色外，離思雨聲中。白社尋常句，蒼頭四十翁。停雲知有意，江上候南鴻。

近得陸少卿鼎儀之訃慨念不能已因聯句哭之

客路遥傳崑玉摧篁墩，臨風揮涕不勝哀東園。西清往事成陳跡宣溪，東觀遺編憶俊才篁墩。古木斜陽山色暮東園，斷橋殘雨野潮回宣溪。今宵定有懷人夢篁墩，都向山陽笛裏來東園。

嚴州城下與宣溪别

燈大聯舟數十程，客邊分袂不勝情。孤身去國同將母，兩世通家忝作兄。多病正堪歸計早，不才深負主知明。青山白水漁樵路，長報平安慰此生。

用韻别宣溪弟待魁世選

江派分流作兩程，離愁無奈水無情。推篷幾閲閒風雨，落筆真憐好弟兄。鏡裏年華青鬢改，社中心事白鷗明。鳳毛麟角寧終困，努力相期在後生。

未至茶原梅水横發塊坐三日

幾日黄梅雨，平吞緑樹灣。犬驚船上屋，蛟縱水沉山。兩屐難乘興，三盃暫破顔。人生亦堪笑，咫尺是鄉關。

留别淳安劉尹仲和兼呈大司空胡公大參應公諸鄉舊

淳安曾是歙東鄉，地主相留合盡觴。梅雨勢添溪漲惡，竹禽聲助野歌長。坐慚師席親元老，語及名途笑漫郎。他日重來訂鄉約，一廛容我寄漁榔。

商茂霖主事請飲魁星樓喜晴

危樓高出孔墻東，星彩常拖萬丈虹。聖化喜需三日雨，客談真動四筵風。人聽弦誦如塵外，天與江山入畫中。無限詩情慚句拙，晚鴉遥點夕陽紅。

應文貞典寶有葡萄便面檀香爲骨意甚愛之因賦一絶

馬乳纍纍紫蔓長，折枝疑帶露華涼。等閒入手微風起，併作栴檀一味香。

題宗姪孫文楷文模二便面

莫謂老人倨，須知孺子賢。坑焚禍方烈，誰有素書傳？

右圯橋進履。

繞闌花似雪，枝上立珍禽。入手炎光散，清風動竹林。

右花鳥。

教諭許君置酒藏書閣有懷融堂錢先生

登高元不爲傷離，雨後溪山一倍奇。野寺晴嵐隨畫出，石林殘照與詩宜。醉呼豆莢供新茗，閒掃苔花讀舊碑。前輩風流誰復在？百年融老是吾師。

小金山在淳安上石渡，山頂有古佛庵。

千尺波心得異觀，水雲中鎖碧巑岏。蛟龍宅近蟠根久，鸛鶴巢危墮影寒。白社可能專佛印？紅塵曾不了漁竿。他時浮玉論形勝，擬酹山靈説二難。

淳安黄訓導禄養堂

旋開新酒摘園蔬，日日升堂候起居。堂上老人相顧喜，等閒知是筆耕餘。菽水能供一日歡，霜毛甘共一氊寒。他時更享三牲養，莫忘清溪舊講壇。

校勘記

〔一〕塵談如見子　「塵」，原作「麈」，據四庫本改。

篁墩程先生文集卷八十四

詩

己酉六月二日初至南山是日汪廷器攜酒見慰，因題便面。

泱泱溪流淺帶村，層層山色翠當門。水邊林下青莎地，今日重來試屐痕。
六月涼生白苧袍，不知人世畏途勞。自驚何福堪消此，一路松風響翠濤。

南山雜興

暑雨初晴散髮眠，數聲山犬吠籬邊。農夫乘月來耕地，人影蕭蕭動石田。
杖藜貪看野花開，踏盡松陰一逕苔。風外忽聞真管籥，灘聲時雜樹聲來。

邵節婦朱氏〔一〕

半壁寒燈照苦辛，白頭甘作未亡人。幾家文獻存孤子，一脈綱常繫此身。雪後松筠真耐晚，風前桃李漫争春。登堂細閲丹青卷，擊節還思板蕩臣。

休寧邵節婦朱氏年二十七而寡，能保其孤鶚至於成人授室，而節婦則年六十餘矣。鶚奉母訓甚謹，力學好文，遇知名士即進謁求益，於先世手澤，悉購藏之。人以是知邵氏之興未艾，而天所以報節婦者，有在也。予於鶚有姻戚之雅，爲賦此詩，若上其行于朝而下旌門之典爲世勸，有司事也，故不贅。然節婦之行，豈以是爲加損者哉？

踏車行

田夫踏車如踏弩，田婦踏車心更苦。老天不雨將奈何，稻隴看看作焦土。我行見此三嘆息，欲助農忙恨無力。假令一旱似往年，豈獨憂貧復憂賊。我雖七尺金紫身，聖恩許作歸耕人。詩書不了糊口計，與爾將來同苦辛。擊鼓揚旗禱神福，且莫先憂食無粥。賢侯恤民天所憐，好雨時來歲還熟。

喜雨柬張令君

稻隴塵飛早日紅，不堪秋事漸成空。好風忽送千山雨，戾氣全收百丈虹。父老歡聲隨地起，令君誠意與天通。他年欲續循良傳，野史先書第一功。

亞卿知郡佀公特書具輿馬見招晚行石嶺道中作

香山中斷路逶迤，秋色偏於客興宜。紅樹烏犍歸別隴，敗萍花鴨點清池。鏡中老壯誰相約？林下忙閒我自持。村巷莫驚連夜發，幾人雞黍是真期？

亞卿知郡佀公提刑判府沈公邀僕與康亞卿飲席上作

百雉山城兩謫居，一尊相屬晚秋餘。侵人白髮憑多少，閱世浮雲自卷舒。林下正容吾輩拙，天涯誰説故人踈？遥聞聖主覃恩詔，擬逐田翁款使車。

坦然歌爲劉貢士武臣乃尊作武臣在南京，遣人來新安索賦。

有儒一翁蒼雪顔，家臨蜀道清溪灣。彭城之系御史子，文采風流高蜀山。青衫奉檄亦漫爾，宦邸一似山居閒。□□□□□□□，□□□□□□□。□□□□□□□，宅心要遺淳風還。没江舍生拯妹溺，搆堂奉親傷家艱。薛包友弟讓田宅，閲墻紾臂慚區寰。談經不泥五行傳，解綬才驚雙鬢班。賦詩酌酒有餘樂，浮雲世態寧相關？尋幽直薄高巑岏，照影下弄清潺湲。掀髯自致坦然號，雅意高情那可攀？况翁令子已發軔，龍車有待歸天閒。上繩祖武繼翁志，看渠接羽遶萊班。亭前翠栢挺奇操，壽徵不老天難慳。十洲煙霞渺何許？百年歲月勞循環。臨風爲賦坦翁曲，夢落西南山水間。

杭人孫鈍自號一松託人來新安求賦

爲愛亭亭翠不群，箇中情事許誰分？孤標誓與寒經雪，直幹心期秀入雲。清夢往來無爾汝，繁華開落任悲欣。因君忽憶南峰下，九里風聲滿意聞。

八月五日與程思正醉步溪上有作

路分青草曲如蛇，五里清浮直更斜。晚磬忽從林外出，梵宫應被白雲遮。
碧天明月上松梢，初結山中冷淡交。獨有野僧能愛客，屢將新茗當新殽。

斷石村秋社作

秋水崩沙擁斷堤，午風吹樹忽聞雞。吟身正喜輕如葉，社飲何妨醉似泥。菜圃引籬斜作徑，菱塘分渌下通溪。呼舡直抵澄潭下，細掃蒼崖讀舊題。

題畫菊壽人母

山中秋已老，佳色見亭亭。獨歷風霜苦，全羞粉黛形。松篁同晚節，蒲柳勝先零。憑仗幽貞意，相看到百齡。

八月九日醉書

一樹陰濃橘未黃，晚風遥送木犀香。畫闌倚遍無人醒，滿地蛩聲月過墻。
蟋蟀聲殘夜未央，醉憐明月繞虚廊。呼童整頓庭前竹，莫共青青蔓草長。
書舍深深隔素屏，畫圖時上雨苔青。年來溽暑無逃處，擬作南山竹下亭。
燈下翛然憶故人，不知涼夜屢更巡。倚闌欲候南來雁，紅葉黄花惹恨新。
納禄歸來荷主恩，看書終日掩柴門。却慚相愛惟明府，能盡山家酒一尊。
醉來偏愛塘魚活，醒後遥聞壁鼠鳴。只有道人知此意，化機天籟本無情。
缺月昏昏過短垣，擬扶殘醉卧西軒。明朝再有尋詩約，未許奚奴早扣門。
青燈遥映繡窗明，秋雨才收夜氣清。我醉不知詩客散，繞闌偏愛讀書聲。
菱角石榴鮮可愛，田雞水鱉味尤佳。笑談初泂沙溪酒，正及黄蜂放晚衙。
館閣新銜畎畝情，南來初幸及秋成。彫籠慧鳥知人意，終日能呼萬歲聲。
譙樓風報鼓聲初，爛醉猶堪倒一壺。洛黨自憐家學在，款門休怪故人疎。

主人隨客共沉酣，無限風光入笑談。獨喜小童能解事，一聲新調出江南。
秋風庭滿送租人，今歲遥應我未貧。老僕隔墻頻過酒，不知門外有朱輪。
山下方塘一鏡開，主人高興滿池臺。中秋好月重陽菊，問道誰家送酒來？
詩興蕭然醉索瓜，秋風憐我鬢雙華。嬌歌兒女燈前戲，看汝他年夜績麻。
坐看涼月下疎欞，有客憑闌醉不勝。獨喜小童知句澁，屢將新火爲添燈。
盆池芳草緑菲菲，燈下殘香襲苧衣。山漏聲稀夜何許？先生猶未掩書幃。聽西席汪廷
貢課壎子、塏姪讀書。
醉貪明月久忘眠，紈扇誰題却暑篇。手撫畫闌人悄悄，獨餘香鶴在庭前。
黠鼠欺人攪夜眠，春花秋月滿吟邊。歸裝恰有宫衣在，儘與隣家當酒錢。

題道新菊圃卷

籬下西風鬬晚妝，閑花寧復見紅黄。青青惟有淇園子，晏歲交情一味長。

淳安司訓王君文博來休寧請予記學宫之成適值中秋方喜對月叙舊而開宴之際涼雨驟至因賦此以申去往之情時汪世行令君吴文盛亞參在座詩併及之

對影相期月鑑涼，開軒驚見雨絲長。陰晴半日猶難定，離合一尊那可常？候雁來從黄葉渚，秋蟲鳴繞緑莎堂。銀釭烏臼餘新燭，解與流輝照故鄉。

過龍源趙東山先生故居〔二〕

秋風喬木磵聲長，峰麓猶存舊講堂。麟史注文高衆子，龍源山色勝吾鄉。藤纏廢礎荒陶徑，蘚蝕殘碑寄孔墻。珍重遠孫留客意，不辭歸路踏斜陽。

龍源夜歸

軋軋肩輿半日程，晚來溪麓少人行。微茫遠樹參差没，三五寒星點綴明。野老壺觴隨處約，家人燈火望塵迎。時平山郭無關禁，不似通都夜鎖城。

題紅梅

杏蒨桃嬌入眼空，暗香來處曉推蓬。丹心久歷冰霜苦，可是春花一例紅。

浪淘沙十月十四日病中經宿不寐枕上作

風葉走庭階。月上書齋。隔墻寒影舞松釵。數盡殘更人不寐，無奈幽懷。

釃酒斷溪涯。題遍蒼崖。病來躭悮幾青鞵。不待一分林下福，也共時乖。

與黄司訓汝彝小酌聯句

麗澤新沾化雨餘黄，西齋瀟洒似山居。一尊正及吴醅熟程，半席閑分洛社初。梅雨未開春信在黄，菊花才過晚香疎。論文記取淹留地程，此夜真强十載書黄。

成化癸卯冬在京師值始生日對雪思梅有花神應笑未歸人之句今七年矣梅花無恙舊約未寒漫復成詩以見人生去住之不偶云爾

一樹寒梅半着花，七年憔悴隔天涯。坐驚仙子忽投璧，似慰主人初到家。籔籔暗香侵酒醆，盈盈春色動窻紗。却思宦海題詩處，幾度狂風捲白沙。

壽查以華

查君以華，譜出宋孝子龍圖待制公，今弘治己酉，壽開七十，臘月念三日，其誕辰也。子婿金世安氏繪南極老人圖奉以拜慶，請予一言。予與君同里，嘗愛其謙慎安雅，有古吉人之風，勉賦此詩，用致壽意。

弧南一星光燭空，墮地化作龐眉翁。靜攜白鶴撫玄鹿，杖舄來自東華東。此翁不見幾千載，人眼誰諳舊丰采？香風吹上君子堂，晏歲忽驚春靉靉。君家累葉爲清門，孝良不愧龍圖孫。年登七十有餘樂，紅塵一任驚濤奔。金家郎君美如玉，再拜升堂獻新醁。綺筵冰玉重丹青，歲歲來聽洞仙曲。

一冬寒甚梅不時開獨吾家南山一株甚盛志喜一首

幾處寒梅僵欲死，小園一樹獨全開。非緣太乙春先到，重是山翁手自栽。香逐寒風生翠篠，影和殘月印蒼苔。青禽莫漫傳消息，勾引詩人特地來。

慶汪本亨六十壽詞并引。

歙之稠里汪君本亨之年六十也，凡親疏之族、老壯之友、内外之戚稱觴祝壽，遠邇畢至，蓋有需不腆之文以致慶者矣。在歙之槐塘程氏曰士人福、曰上舍陽，皆於汪君有姻戚之雅，且謂予族也，復以文爲需。予固辭曰：「言不可若是其贅也。」適予有事于郡城，兩人者請于途、懇于館，又使人候于家。予不獲已而思之，得其説以告曰：「在詩有之，『俾爾昌而熾，俾爾壽而富。黄髮台背，壽胥與試』，所以祝其人亦至矣。而又曰『俾爾昌而大，俾爾耆而艾。萬有千歲，眉壽無有害』，其言之諄複不厭，其祝之再三不已，誠以其人之賢也宜壽，故詩人美之不一而足焉如此。」則予於汪君之壽，雖欲已於言，豈可得乎？汪君之賢，所以增輝先人、垂裕後昆、揚芳里閈者，予前已序之，雖更僕不出此矣。所以壽汪君者，其賓從之都、讌集之豐、禮意之勤惓，亦可謂極一時之盛矣。若然，則予於汪君之壽，亦何煩于嘐嘐而後爲快哉？然先民有云：「情動于中而形于言，言之不足故詠歌之，於是乎諧聲而播之於樂。」今去古遠矣，大音既散，詞曲繼興，奏之閭巷之間以爲善人吉士之勸，則亦有不可盡廢者焉。汪君誕辰在九月五日，顧已後時，三陽漸啓，迺抒鄙意爲詞一章畀吾兩程君，俾稱壽之際，付歌童調之以侑觴，汪君能樂聽之而罄一日之歡于處仁之堂，則兩人者尚齒好德之誠，亦庶其少副哉。詞曰：

稠木陰陰一里春。松喜津津。梅喜津津。畫堂開讌慶佳辰。主也精神。客也精神。

花甲才週第一巡。歲又更新。曲又更新。願期遐算比靈椿。不是堯人。誰是堯人？

庚戌元日縣中隨例望闕行禮因思舊歲是日方在清化寺守凍感時撫躬率然賦此

去年借榻眠蕭寺，節候驚心感逐臣。今歲挈家還故里，溪山容我作閒人。夢回桑下餘三宿，興到梅邊又一春。鵠立縣衙還自幸，得隨簪笏望楓宸。

太守侶公召陞大理少卿因次舊韻奉送四章

右鄆侶公與走同舉成化丙戌進士，踐揚臺省，爲時名卿。邇歲以謫來新安，其操愈勵，威行惠流，可以爲吏師，爲民父母。走亦方圖受一廛傲餘惠，而公有廷尉之徵，刻日就道，吾人雖抱逞逞借寇之心，勢不可留也。然公入朝，所施益大，則山鄉下邑之人藉公之惠益易。顧走雖在畎畝，寧不爲吾君得賢私慶而加額乎！謹用往時對酒詩韻成鄙律四章，附離歌之末，少見區區之萬一云。

萬里長安拱帝居，徵書來是幾旬餘。律回小郡星將換，凍極陰崖日漸舒。美政纔應蘇弊瘵，高情仍不棄迂疎。民懷敢抵宸思切？可得攀留五馬車。

紫詔光臨刺史居，列城山水及波餘。百年公論誰終掩？幾處流人夢亦舒。魏闕雲深鵷序近，歙州天遠雁來疎。九重肯慰東南望？還共漁樵接鷺車。

一日徵還棘寺居，到時應及早春餘。底須九命論升黜，再發三章究慘舒。健鶻臨風寧偃仰，老松經雪更扶疎。野人正爾思刑措，十載曾叨奉屬車。

天上歸來水竹居，相留曾接笑談餘。萍蹤到我紛初定，柳眼於誰早半舒。岐路事争秋隼疾，同年人似曉星疎。山城落日離亭讌，潦倒深慚下澤車。

築居郡城山麓經始之日正值立春漫賦二絶

卜築山城歲幾更，杜陵今幸草堂成。西隣喜接宫墻近，一酌時分泮水清。

荒園擬築見山臺，直北牛山紫翠開。總説柴門新兆吉，縣侯搥鼓送春來。

王介翁畫梅爲文遠賦

仙子凌波立晚風，鉛華消盡玉奩空。横斜瘦影無人見，寫入濺濺石瀨中。
瑪瑙坡前夜色涼，天風吹徹縞衣香。平生自守冰霜節，不共嫦娥鬭曉妝。
一分春色望中深，點點瑶英綴石林。江路雪花空似掌，可能埋没歲寒心？
曉靄輕籠玉雪顔，暗香摇動水雲閑。依稀認得湖中景，僧舍茶烟午過山。

梅竹壽意圖

羅浮仙人冰雪顔，渭川君子青琅玕。憑誰點染入毫素，緋桃緑李空漫漫。曉日高堂奉春酒，燒筍篘香祝君壽。願梅結子竹生孫，長作山中歲寒友。

族姪文杰以此圖求詩壽其外舅吴君夫婦，以諸公多據上方，疑不敢請。因爲之大噱曰：「予方思隱姓名與耕夫樵子相結納以避人之虞我，況厠諸群玉之間乎？」輒書以塞白如此。

一剪梅庚戌元夕飲文遠家

傳柑節候雨初晴。燈滿山城。月滿山城。畫堂圍坐夜三更。墻外歌聲。席上歌聲。可人添送紫金罌。未解春醒。又犯春醒。不辭扶醉卧前楹。客也多情。主也多情。

元夜與文遠聯句

春夜沉沉酒未闌程，細談心事盡交歡。頻添獸炭温陶鼎于，乍結鷗盟愧素飧。山色滿樓人借宿程，詩篇盈紙客留看。燒殘蠟炬毋辭醉于，才聽東風報履端程。

送前泌陽令丁聲遠自番陽取道新安還遼東兼致意賀克恭給事同年

忽見遼東丁令威，城門握手便相違。孤雲不愛他山好，五柳寧關往事非。秋染客邊霜鬢短，春回江上緑波肥。舊交零落今誰健？賀老平生獨見幾。

庚戌正月廿二日偶至率溪書院有作與族姪文杰曾杰

一堂開近水雲磯，四面波光翠作圍。吞墨巨魚應識字，入簾幽鳥亦忘機。飲便酒色溥清露，坐愛書聲送落暉。聞説芙蕖花更好，秋來相約製荷衣。

圍爐聯句

山中初識嶺南風程，坐客圍爐語笑同惠。詩酒遞催如轉轂劉，鶯花重賞恨飄蓬許。烹調百試誰知味倫？唱和千回子奏功程。道阻盤飧鄉物少惠，也須拚醉博諸公劉。玉堂學士重斯文惠，和氣沖融總是春劉。酒興偏同詩興遠許，交情兼與道情真倫。鷗當泮水容新社程，詞泣山靈屬舊人惠。今古知音誠罕遇劉，不辭車馬踏輕塵許。窮酸風味餉佳賓劉，美酒相傳不厭頻許。此日要觀調鼎手倫，向來同是斷虀人程。綸閣下文章老惠，吏隱亭前歲月新劉。景物滿懷吟不盡許，好從薑桂探餘辛倫。斯文今日喜相逢許，坐雨談詩閣酒鍾倫。眼底好山青到席程，吟邊脩竹翠穿墉惠。天教風雪添吟興劉，花壓闌干妬醉容指壁畫而言。許。莫便出門還一笑倫，隔隣黄憲意方濃程。片雲將雨急催詩倫，況值春城欲暮春程。賓主樂當金谷罷惠，兒童休笑玉山欹劉。良朋滿座真奇遇許，健筆凌空總妙詞倫。聞説西隣仍有約程，莫教沉醉負佳期惠。

弘治庚戌孟春晦日，予與歙訓導南海黄文惠、休寧訓導昆明許璉、太平黄倫會于教諭南海劉孟純之廨舍，劉君出邊爐餉客，客飲盡歡，而黄君復請夜酌，遂得聯句五章如右。

飲黄司訓家限韻

停雲常繫故人思，今日重逢恨較遲。談笑便應忘爾汝，年華何必問干支？來當僧舍鍾殘後，去及山城漏盡時。細雨青燈黌舍酒，眼中無限畫中詩。

南山賞梅與劉教諭孟純黄訓導倫暨汪思恭詹貴汪琳聯句

雪霜頭上着精神黄，留待東風伴主人詹。香好任教蜂競入程，影清偏稱鶴來親恭。有詩有酒成真興劉，觀水觀山勝逸民黃。一日春光多歲晚琳，向來深愧宦遊身程。

寒梅自古占花魁劉，幾處清香在酒盃黃。玉朶固知留餉客詹，青皇應亦解憐才程。巡簷共索風前笑恭，覔句同扳月下回琳。翠鳥近傳消息好劉，便須調鼎出三台黃。

江梅開早賞何遲詹，隔歲知心此赴期程。爛醉花前塵事少恭，狂吟筆底賞音奇黃。清香風送來盃面劉，雪片天教落硯池黃。自是玉堂風韻好琳，更添明月在高枝詹。

春來纔見兩三花恭，一夜纍纍照水涯程。風動暗香驚翠羽琳，月分清影襲烏紗劉。心從造化爐邊見黃，色任離騷譜上誇琳。何處吟筒忽相送程？閑身欲傍此爲家黃。

南山春後雪初晴程，人對梅花更有情恭。雅會樂爲文字飲琳，豪吟偏愛雪霜清劉。詩家清景看還別黃，樂部新聲恨可平詹。歲歲不辭開賞約程，玉壺載酒此同傾黃。

玉樹臨風壓衆芳琳，嗅香當酒笑詩狂劉。蹉跎終不愧桃李黃，辛苦寧論受雪霜詹。夢繞西湖春色在程，吟餘東閣歲華長恭。南山高興今猶古劉，人世從爲點額粧黃。

二月十七日飲水南葉氏晚歸作

偶赴前村約，春泥曲巷通。食便新筍好，飲發舊醅空。澹月穿雲上，青山與客東。園居知不遠，深樹一燈紅。

寄壽文炳族姪四小詩并謝醫藥

醫家有道説東垣，舉世何人識病原？此事從來應屬子，杏林春色滿家園。

胗脉已能工太素，譚玄尤解守中黄。便將花甲從頭數，何必龍宮索異方？

林下相隨麋鹿群，一春多病思紛紛。參苓有藥能投我，不廢勤耕與售文。

緑槐分影到堂東，人物猶存相國風。勝日有期開壽燕，沙溪春酒一尊同。

八月十九日大病不寐

參苓服盡十餘斤，猶是維摩病者身。門外生徒勞問卜，膝前兒子解憂親。慣看本草都成誦，永謝新蒭却爽神。造物眼寬容許物，可於林下不容人。

病後二首

布袍寒褪病愔愔，入夜無端蚤蝨侵。瘦骨元非食肉相，苦來相吮亦何心？

淡羹粗飯坐仍眠，百疾交攢廢硯田。造物似教貧未已，邇來并革售文錢。

校勘記

〔一〕弘治休寧志卷三十八此詩署：「成化壬寅冬同邑程敏政識。」

〔二〕弘治休寧志卷三十八此詩句末小注：「東山書院石刻移植學宫，故云。」署：「成化壬寅八月既望後學程敏政書。」

篁墩程先生文集卷八十五

詩

抱病經歲不作詩辛亥二月一日登齊雲巖試筆一首

石洞誰穿薜荔封，玄雲宫闕遠聞鐘。萬松風奏笙簧雜，疊嶂天開錦繡重。久住定應凡骨换，偶來忘却病身慵。斜陽更騁東南望，正見黄山第一峰。

和李太守宗仁二律

奉觀績溪辭神詩及清風亭集，歸途綴和二章，因便附上。但病來久不作詩，詞意萎弱，情之所至，不能已耳。

宵旰憂勤仰聖躬，栢臺花縣此丹衷。桑村永日催吴繭，棠茇春風聽郭公。南畝問農溪漲落，後堂延客市塵空。休言一日朱幡貴，四度民情達帝聰。

亭上清風酒力微，亭前雨足菜根肥。枳鸞自合歸鵷序，花鳥何能識豸衣？忽轉大州承霈渥，便從幽谷掃寒威。相期預斵蒼崖石，一代龔、黄定可幾。

贈宋逸清錬師

坦坦物外士，蕭蕭林下人。乾坤兩知己，時共一壺春。

夢吉字詠

山斗族姪孫有天相者，聰敏嗜學，爲塾師于邑中，求字于予。予字之曰夢吉，賦二詩以貽之。

華衮誰堪一字褒，千年惟仰傅巖高。人生出處從天定，學半工夫莫憚勞。

富貴寧論十八公，文章何羨筆花紅。從來天爵高人爵，看子名香月旦中。

四月八日彦夫始生日南山小酌

風逼南薰日漸長，祇園嘉會正開祥。一尊山館聊相祝，願子名登選佛場。

題溪南吴景岑瞻翠卷

三十年前晚翠詩，京華無限故園思。而今瞻翠開新册，多病何能續舊詞。故家喬木翠沉沉，占得溪南十畝陰。何日磵觴重話舊，聽君兒子誦新吟。

六月八日與李推府南山小酌

返照斜銜月半弓，一襟清暑愛溪風。人行稻壠交加處，山在林塘掩映中。遊興漸開知病減，酒材難致笑詩窮。蓬門花徑淹留地，賴有平生北海公。

南山夜坐時壎子初學詩忽請聯句爲易數字成詩

涼月流輝下石門老人，清溪分淥過山村。槐庭小立嫌蛙鬧壎子，草徑閒行怯虎蹲。病去漸驚詩滿眼老人，興來初愛酒盈樽。西堂一榻思扇枕壎子，不用樵青掃竹根老人。

有懷彦夫師魯

新笋已過母，時禽多變聲。可人期不至，明月下前楹。

族孫天保德吉名字詩

山斗族孫天保字德吉，爲里塾師，恒愳其名稱之過而不克副也。問其説於予。予爲賦古詩二十句，使知夫德者，人所固有，不可以其難進而自晝也。

三復戩穀詩，上想鎬京燕。爲德遍群黎，盛治不可見。云誰愛兹語，我族稱世賢。父命期遠大，賓字盍勉旃。勉旃亦何如？隱顯各致用。文武思吉甫，孝友企張仲。力學返性善，克效孳孳功。帝監寔伊邇，錫福冥冥中。珍重過庭闈，河、洛有遺矩。慎勿慚斯名，塗人可爲禹。

早過車田村

沙岸深穿石徑幽，橘梢藤刺翠相樛。孤村路出荒垣近，十畝陰蟠古木稠。樵彴半灣松崦脚，水椿遥響竹棚頭。息肩少狎群鷗坐，不覺涼生兩袂秋。

對月獨酌

病來無酒興，今夜忽清狂。却暑風何快，行空月正涼。雞栖藏樹穩，蟲響出莎長。未覺吟身倦，呼奴更一觴。

績溪許生永感卷和康亞卿李太守韻二絶

舊田新穀屢經秋，密綫輕芸跡尚留。三尺壠頭嗚咽水，潺潺流恨幾時休。

日誦遺書立孔墻，蓼莪詩訓可曾忘？顯揚有業君能盡，會見荒墳草亦香。

和許侍御李節推登九華山詩韻二首

遥揖山靈感物華，翠微深處欲移家。千峰列戟疑無地，一磵浮春忽有花。世外丹青開棟宇，空中雞犬隔烟霞。歸裝尚槖宫衣在，村釀猶堪幾度賒。

細從雲外數奇峰，九朶芙蓉翠萬重。月上老猿攀石葛，雨晴馴鹿卧沙茸。謫仙詩重天池錦，霸相身慚雪磵松。玉洞秘函無恙否，他時容啓緑苔封。霸相指宋齊丘言。

懷鳳堂

綿竹縣尹汪君經出唐越國公之裔，世居邑之鳳湖街，其地有鳳山，相傳鳳鳴其上，故君以懷鳳名其堂焉。

鳳山山下鳳湖潯，扁揭高堂見古心。九奏簫韶音律遠，百年梧竹慶源深。越公舊烈遺青史，單父閒情亦素琴。勝地炳靈應有待，雲霄他日看祥禽。

約友人遊松蘿山

松蘿山色望中青，雲裏炊煙鳥外亭。勝日與君先訂約，澗觴同泛水泠泠。

庭萱教曾姪聯句

八尺庭除手種萱篁墩，一叢開處壓名園。露含鵾鵑蜂才入曾，風撚龍鬚蝶更翻。傍映蜀葵堪作友篁墩，上依慈竹贊添孫。編籬汲水頻加護曾，留取年年茁舊根篁墩。

促張令君所許麻油菉豆

清油已盡調硃色，菉豆頻思却暑湯。日日買薪還汲井，令君嘉意可能忘？

于千户母夫人哀輓

萬石家成老未慵，忽驚霜凋仆高松。閫儀可但蘋蘩託，庭訓無忘俎豆容。夢落海東陪鶴馭，恩從天上得鸞封。賢郎拉淚書遺德，留向他年説女宗。

六月十八日忠孝鄉保安醮事請予充首

一片琅璈度曲新，社中香火會比隣。幡幢四繞星壇静，劍佩遥瞻帝座真。初向玉清充弟子，會從金馬作仙人。踰年病起驚仍健，福酒還看酌數巡。

立秋前五日南山晚歸涉溪作

草岸涼風透葛衣，涉溪標淺傍魚磯。霞明遠襯青山出，月上時驚白鷺飛。村女井邊提甕汲，農人谷口荷鋤歸。山家屈指秋將近，不道炎官不解圍。

與黄司訓汝彝食菱聯句

偶然來食泮池菱篁墩，要識胸中一味冰。頭角崢嶸驚老眼倫，子孫清白愛風稜。登盤不受污泥染篁墩，出水偏於造化憎。詩詠誰能立成調倫？昔年供奉愧吾曾篁墩。

和李太守憫雨詩十絶

手指庭柯緑未乾，心懸民瘼古來難。一時憫雨傳新詠，肉食何人耻宴安。

蟄屈淵龍起怒雷，三農憂色未全開。休言小雨微霑足，原自賢侯一念來。

祝告頻繁只自尤，精誠何待舞雩求。心期挽得銀河水，一洗窮簷萬斛愁。

齋心露禱倏經旬，一撫焦枯一愴神。聞説道中停轡日，屢將甘苦問疲民。

雲上東山雨脚生，耳邊長誤認溪聲。誰言逐客渾閒事，一種難忘畎畝情。

瓣香我欲叩蒼天，處處民憂亦可憐。古歙未應愁地坼，三吴無計補天穿。時蘇、松大水，故云。

十詩愁絶寄情深，字字分明道苦心。薄税輕徭眼前事，擬將方寸作甘霖。
東阡南陌語叮寧，旱魃何能抵福星。枯稿半回仍大慰，秋禾連畝翠亭亭。
吟筒來自雨師壇，十里澄溪路淼漫。一爲田翁傳好語，郡侯清德似劉寬。
眼中珠玉未爲多，奈此憂民遺興何？願得天瓢一傾瀉，筆端風雨共雱霈。

辛亥秋社作

一叢茅屋枕潺湲，簫鼓喧闐緑樹間。田社又叨三度飲，鬢絲新入幾莖斑。横秋雁陣來何許？破午雞聲出近山。解綬正堪同擊壤，不妨身載夕陽還。

送徐中行進士并序。

抱病經年客過稀，閒階重疊上苔衣。何緣天上青雲士，來扣林間白石扉。山犬失驚遥吠影，沙鷗才狎便忘機。相逢未煖詩壇約，迢遞寒江一櫂歸。

中行進士之省族長洲也，自南山取道訪于新安山中。空谷足音，方以自喜，而又不能不惜其去之亟也。病後久不作韻語，然於中行之行，烏能噤不一語以道離合之意邪？弘治辛亥秋八月一日留煖道人程敏政書于水南山房。

斷石聯句

瘦石初來斷石遊篁墩，須容吾輩共仙舟廷曙。詩懷浩蕩天留景汝彝，酒令循環客算籌宗器。絶壁雨餘蒼蘚合文耀，澄潭風定碧波收時清。眼前無限登臨興汝器，十幅歸帆已掛秋篁墩。

弘治辛亥秋八月，瘦石徐進士中行來訪篁墩程學士於休寧，六日告別，學士與教諭沈文耀、訓導許宗器、黄汝彝、貢士鄭時清、張廷曙同餞于縣西落石臺，時張令君將以侍御赴召在座，因聯句一首，少見別意。

分得石人峰送徐中行貢士

幾年溪上寄行蹤，天與圖形水墨濃。面冷任教山鳥怪，衣單聊藉石苔封。斷崖名刻摧秋雨，隔岸村居對夕春。攬勝有人頻駐目，恨無佳句抗塵容。

題范良璧贊畫説劍餘情卷

横槊賦詩騷將喜，賦詩退虜老兵嗔。不知閲武場中士，説劍餘情得幾人？

陣法休嗤次律房，茂材曾舉郭汾陽。世間名實真須副，展卷令人憶范郎。

中行既别，以書來，云良璧贊畫堅請説劍餘情詩。病夫退士，忽得此壯觀題目，浩然增氣，然才思衰減，雖作亦竟不能奇也。弘治辛亥中秋前四日書。

夜讀定山與汪循貢士詩有感二絶

晦翁心學在真知，知到真時聖可基。數墨尋行却徒爾，天人相去只豪釐。

平生老友定山君，主静工夫久不群。正義中仁有分别，可將經傳作云云。

九月五日重至萬山觀觀主宗貴兄留宿東明樓上

不到琳宫已十年，小樓吟榻尚依然。雲拖山色横窻下，風送溪聲落枕邊。何處有方堪却老，秋來多病不成眠。眼中幸對純陽子，手撥罏薰講洞玄。

九日將遊古巖寺道中作方君時勉汪君嚴夫偕行

泠水鋪南風葉翻，遥穿一徑似桃源。滿前無暇酬天趣，箇裏那能着市喧？萬疊峰巒真入畫，數家雞犬自成村。古巖一到心方愜，遮莫山童不奈煩。

留題古巖寺時汪州守時夫汪進士仲和及二方生經綸兩次候予不至先歸

十里虹巖走復馴，阿誰知是卧龍身？千年木佛聊同住，五月雷師莫漫嗔。聖水井頭消醉渴，妙峰亭上振衣塵。相期兩度隮遊券，却恐山靈笑俗人。

次周太守石上舊韻

賞緣三日訂，酒禁一朝寬。蘚蝕銘文瘦，山留菊意寒。古泉深注碧，斜日半流丹。更踏金鰲背，危亭獨凭闌。

瑩姬於書室中釀酒一缸予山行歸見大喜以詩求酌不與

曉來閒步入山房，似有新醅隔院香。稍學秋蛩吟几席，忽驚春溜落糟床。急呼東道君難免，笑對西風喜欲狂。德曜有言寧爲子？一尊方擬壽高堂。

海陽周司訓教政遺思卷

緬懷三代士，學以濟物成。惓惓致澤心，豈在口耳精？聖涯去已遠，隨世圖功名。不有奎聚賢，斯道孰主盟？天命凛攸畏，人窮亦堪矜。體用收一原，庶無忝所生。我從歸田來，問入新安城。過從得周君，嶺海人中英。尚友古賢豪，不與流俗争。黌宫受規約，一一知躬行。文章謝葩藻，材器多恢宏。有時奉檄往，署事花封廳。一揮舉錯間，居然得民情。刻覈我何有？迂闊勞譏評。屈指九寒暑，松檜無渝青。孤舟載行李，夾路聞歌聲。惟時秋雨霽，祖道開江亭。屏山翠可飡，練水濯髮明。一盃屬君飲，及此天衢亨。達道須壯年，日月無留停。丈夫志有在，豈爲春花榮？蹇予洛黨裔，煢煢抱遺經。况生紫陽里，半世慚幽貞。習魔固有種，放罪容歸耕。所願天子聖，衆彦登王庭。君行倘有合，鳳鳥一日鳴。治教炳前烈，周道無欹傾。吾黨重遺思，遠大兹發萌。睽違意難極，斜陽下林坰。

海陽周先生司訓歙學九年，中嘗一署知縣事，誘掖之功、子惠之政，直欲盡其所當爲者而後已。故其書滿也，歙人士念之不忍釋，乃形諸詠歌，爲政教遺思之卷以相貽。蓋先生篤于爲己，學有本原，故雖小試一邑而大有所樹立如此。予每過歙，辱相還往，屬以廢斥多病之餘，莫能盡叩所聞爲憾。爰賦古詩二十四韻附卷中，以致區區。然竊聞之，道不遠人，理不外事，政教之説，顧豈可以差殊觀哉？若周先生，則知此矣。

雪篷爲大畈汪君賦

歲寒晚江一棹横，船窻虚白映沙明。坐驚簌簌清人骨，醉愛紛紛打竹聲。湖上更尋疎暗句，山陰誰識去來情？短蓑巨笠吾能辨，他日容分冷淡盟。

兖山圖壽汪令君

兖山當户翠亭亭，解印歸來七十齡。願子長爲林壑主，一尊同閲衛生經。

致政汪令君世行年開七袠，親黨畢賀，其内之姪率口程生祖瑗繪兖山圖致壽意，請予題以相之。予於世行交契厚，且祖瑗予族孫也，故喜爲之執筆。

黄司訓欲到荒園賞菊用韻奉期

黄花香入緑醅新，也有飄蕭漉酒巾。只恐向來歸計拙，花神能笑把盃人。

原上秋晴天日開，可人須共菊花盃。丹楓翠竹清溪岸，遲子長歌緩轡來。

賞菊得裏字

落木號空山，幽花照墟里。有客踏秋來，對酒胡不喜。正色臨前軒，寒香撲書几。醉眼一摩挲，何如畫圖裏？

賞菊與黃倫司訓張旭貢士吴顯儒士聯句

生向東籬耐得秋倫，乾坤高致此爲優旭。芳叢挹露春常在顯，冷艷欺霜老未休程。吟對清樽聊一笑倫，幸逢佳景獲重遊旭。看花琢句情何極顯，佳客還須儘日留程。

二

無限秋光入小園旭，主人邀客倒清樽顯。高當詩品饒佳色程，醉吸河流是雅言倫。風月也知人意好旭，山林能避世情喧顯。繞叢三嗅成新約程，徑有青松可共存倫。

三

名園霜後數枝新顥，觴詠還勞我輩人程。向晚自憐秋有景倫，狂吟誰識句驚神旭。盃深緑醑和香飲顥，枝重金盤帶露陳程。踏月看花能幾許倫，肯容桃李浪争春旭？

四

老圃秋容亦自奇程，晚香和露綴幽枝倫。也知天地留生意旭，故向冰霜挺素姿顥。醉覺南山横眼底程，吟瞻北斗出天涯倫。淵明更有來朝約旭，杖履追陪敢後期顥。

東干晚眺

曠目秋無際，佳晴夜有霜。花寒明𤄶隴，葉落蔽横塘。朔氣山容瘦，斜暉屋影長。一縑真畫本，峰麓下牛羊。

南山十二詠集古

南山平　南山者，先公劍佩所藏。道家有太霄琅書，稱仙去者葬山平之上，宋史謂吴玠破虜殺金平，蓋峻山頂夷者謂之「平」。

陌上行人看石麟劉禹錫，三朝出入紫微臣張籍。桃花塢接啼猿寺趙嘏，直到南山不屬人韓退之。

榆莊聚　先公晚自號榆莊，聚者，村落名。漢書：「程氏世居河南上程聚。」周公所居，亦稱陽人聚、單孤聚。

隔林遥見起人煙劉長卿，林畔鶯聲似管絃張泌。何處貌將歸畫府譚用之，杏花榆莢曉風前賓常。

車田坳　車田村在南山之東北。莊子有「坳堂」，杜詩有「塘坳」。「坳」，韻書與「凹」通，蓋山林詰屈之處。

山屐經過滿徑蹤薛逢，不堪吟罷夕陽鐘韋莊，白沙翠竹江村路杜子美，雲碓無人水自舂白樂天。

漁村步　漁頭村在南山之北。吴人呼水際爲步，柳子有鐵爐步，地志有「瓜步」。蓋「步」、「埠」古字通。

短墻荒圃四無隣唐彦謙，水緑天青不起塵李太白。何處漁樵將遠餉李郢，野航恰受兩三人杜子美。

陳公渴　陳公渴在南山之西。江南遏水拯旱者謂之「堨」，字從土，見酈元水經〔一〕。然柳子有袁家渴，云楚、越間謂水之反流者爲「渴」，音若衣褐之「褐」字，從水。

雨濕菰蒲斜日明李郢，交交戛戛水禽聲李山甫。幽居地僻經過少杜子美，野渡無人舟自横韋應物。

見山垞　南山之東有高原，上可見萬安街、古城巖。韻書：垞，丘名，又作隓。輞川有南垞、北垞。

力上東原欲試耕司空圖，遠山如畫翠眉横韋莊。川原繚繞浮雲外盧綸，野店高低帶古城許渾。

水南養　水南村在南山之南。陸龜蒙樵子詩云：「生自蒼崖邊，能諳白雲養。」注云：「養，讀去聲，山家謂養柴地爲養。」

籜冠新帶步池塘司空圖，一頃湖田一半荒許渾。忽到龐公棲隱處孟浩然，柴門臨水稻花香許渾。

半莊坂　半莊山在南山之東南。韻書：山脅爲坂，亦作阪。朱子云新安人誤呼「坂」爲「富」，若今遐富、澤富、隆富、大富營之類，皆當更「坂」爲是。

清江一曲抱村流杜子美，水物輕明澹似秋皮日休。村徑遶山松葉暗許渾，人家多住竹棚頭張籍。

華果柴　華果園在南山之西北。莊子有柴柵，柴讀去聲。輞川有鹿柴、木蘭柴。蓋居之有藩落者，後世轉爲「寨」。

傍巖依樹結簷楹吴融，五月榴花照眼明韓退之。地僻尋常來客少張籍，偶逢樵者問山名盧綸。

眠弓汫 南山前有土阜，田水灣環，堪輿家謂之眠弓岸。韻書：水涯曰汫，與泮通。輞川有芙蓉汫〔二〕。

西巖一徑不通樵許渾，扶病呼兒斸翠苕陸龜蒙。一水暗回閒繞澗宋邕，霏霏拂拂又迢迢吴融。

楊林干 楊林原在南山之西南，韻書水旁曰干，古詩亦多稱江干。

偶因行樂到村前陸龜蒙，地濕莎青雨後天薛能。日暮長堤更回首許渾，緑楊花撲一溪煙張泌。

墓祠寮 南山庵在水南村之北，先祠在焉。韻書：寮，從穴從尞。後世僧舍稱寮。黄山谷有稿木寮，楊鐵崖有七者寮。

杖藜巾褐稱閒情李後主，客至從嗔不出迎杜子美。金磬泠泠水南寺李郢，願爲閒客此閒行杜牧之。

寄題少華山

歙人黄文敬自德興來，手少華山録一編，云是山主王永禖所寄者。發卷視之，乃知天地間有此奇觀，恨病夫退士，不得一往遊之爲快也，先賦律詩二十八句奉寄，用訂山中之盟，豈可謂塵踪凡骨不可以踐福地而拒之也邪？

山房一日啓雲緘，此地分明隔聖凡。玄石似當天狗墮，玉峰元出鬼工劖。珠簾直下千尋瀑，翠錦齊張九疊巖。砂拂澗毛紅歛歛，露垂仙掌碧巉巉。橋横羽蓋留真蹟，室貯丹經鎖秘函。蜃氣半空浮殿閣，鑾聲終夕度英、咸。十洲暖霧薰瑶草，萬壑天風響雪杉。封禪可無群后集？往來疑有百靈監。蛟龍在下今猶蟄，蘿蔦盤空古未芟。攬勝誰飛王令舄，憑高時見浙江帆。微生愧乏神仙骨，邇歲容拋學士銜。林下每回思却老，人間何許更憂讒？吟筇漫踏新芒屩，野服仍裁短葛衫。幽谷紫芝應最盛，便期明日荷長鑱。

十一月偶至南山黄落頗甚夜宿聞雨作

清溪淺可涉，朔氣動原野。數日與山别，殘菊不盈把。多病恒鮮歡，新篘謝盃斝。夜寒夢屢續，涼雨忽鳴瓦。俯仰天地中，流光疾於馬。紛紛歲將晏，稍幸世緣寡。上想雲谷仙，幽懷浩難寫。

蘆塘山莊今歲始一克到其境實清邃爲留竟日忘返他日略加修闢可以佚老因賦一詩

隔塢嵐深路欲迷，石田遥帶白沙溪。臨塘便擬觀瀾閣，遶舍仍添種藥畦。此地居然堪佚老，幾年空爾擇幽棲。寒梅一樹柴門下，直與盤桓到日西。

楊村道中

幾處炊煙認水村，數聲山犬吠籬門。寒天日落明鴉背，荒歲田空剩草根。垂澗石如牛馬飲，排雲山似節旄屯。眼中無限詩情在，欲對沙鷗了一尊。

題爲師魯姪所作梅竹圖

皎皎冰肌瘦，翛翛鳳尾清。衆芳揺落後，同保歲寒盟。

校勘記

〔一〕見酈元水經　「元」，四庫本作「注」。

〔二〕輞川有芙蓉泬　「芙蓉」，四庫本作「茱萸」。

篁墩程先生文集卷八十六

詩

長至前二日聞李錦衣士敬自南陽掃墓取道訪予新安奉迓楊山寺是日相傳皇子誕生有赦將到

九地一陽今漸回，道傍山寺獨徘徊。拾薪煮茗消餘日，刻竹題詩試老才。黄紙正懸天下望，錦衣遥爲故人來。一時歡動滄洲客，潦倒江亭白酒盃。

十一月十四日飲流塘詹存中家晚歸時李錦衣士敬公便過縣同行

五里青山下夕暉，一林松影罥宫衣。主人遠送到溪返，衆客相隨乘月歸。詩壘笑予非巨敵，酒兵須子突重圍。他時莫忘漁樵會，南國西風候雁飛。

下紋溪過渡調士敬

肩輿出山星已繁，寒月墮影金波翻。鐘聲木杪寺門遠，燈火渡頭人語喧。淺灘閣舟弄水戲，曲塢問路隨鄉言。人生此樂亦不易，風景何如君故園？

送周長嵩

書院當時借榻眠，壯遊曾賦宛陵篇。因君忽記乘軺日，來往悠悠十四年。

寧國周長嵩氏來休寧請予文，其歸也，求一言之贈。因記成化戊戌歲奉詔乘傳還鄉過宣城，於宛陵書院一宿，話舊之餘，草草賦此。

題李錦衣士敬寫真

七尺堂堂美丈夫，幾年官拜執金吾。藍田價重連城璧，丹穴文騰五色雛。長侯八鑾隨聖主，曾將三矢破狂胡。等閑莫負封侯相，看續麒麟閣上圖。

弘治辛亥歲仲冬念五日在萬山觀作

城頭霧歛青天開，平地忽見雙蓬萊。捲簾下瞰白雲起，拂手近招黄鵠回。一龍拏石樹根古，萬弩射潮風壑哀。鍊師縱爾能謝客，容我到城須一來。

題宗貴道紀族兄清忠世家卷

相國家聲重歙城，耳孫遺跡半蓬、瀛。猶餘一紙奎文在，夜夜虹光燭太清。

書二張真人詩文後

西壁澹然俱已矣，詞章儘可入吾曹。挑燈夜讀不成寢，寒水一谿霜月高。

飲樂山閣留别張慎隱君

偶憑高閣寄閒情，白鳥寒空野望平。三徑疊雲通後塢，一峰飛翠落前楹。樵人向晚長過嶺，地主經旬不到城。與客醉來仍借宿，夜談重理舊詩盟。

送李錦衣士敬

骨肉情深近所無，野人争看執金吾。如君亦是簪纓胄，白髮蒼顔愧老夫。
太師新廟萬人看，庭下雙松翠色寒。台輔幾人應祀法，休休心事古今難。
僞學鄉人洛黨孫，正宜耕釣水雲村。詩書久廢仍多病，只禱豐年答至尊。

一尊何許慰離顔，寒日江亭送北還。草草短篇君莫怪，頗愁貽累到溪山。

李錦衣士敬奉詔歸拜先太師文達公祠墓于鄧州，取道新安，過訪山中，賦七言四絶以贈。短章寂寥，不足言詩，少見至親繾綣不能自已之意云爾。

十一月廿七日送士敬至浦口别後賦此

一尊傾盡下江樓，帶郭晴嵐午未收。樹杪天長圍石嶺，竹根溪淺露沙洲。隔林煙火三家市，下水風帆一葉舟。相送遠遊驚歲晚，不禁離思逐東流。

和提學王侍御明仲遊茅山詩韻

翠壁分明鬼斧裁，蕋宫亦自化城來。寰中雨罷龍歸穴，海上風生鶴唳臺。葛令丹罏今寂寞，陶君仙骨此胚胎。病來欲作尋真客，三洞閒披鳥篆猜。

和吊梅宛陵詩韻

詩壘猶傳草木馨，煙雲長鎖舊池亭。魂遊宛下空秋月，客散河陽幾曙星。崑體戰降孤幟赤，都官名重一衫青。晚生欲附宣州派，慚愧牛轅逐鳳軿。

十二月三日早下紋溪待渡不至步過橋行南山中

欲濟長川乏葦航，屐痕初試板橋霜。舉頭日馭回南陸，縮手寒威似北方。斜壓石梁松骨瘦，細攢沙隴麥芽長。十年再走朱村道，消得浮生幾度忙。

過會里遐富渡宗孫希周來迎

借得樵夫杓，中流一棹開。嵐消還荏苒，溪淺亦縈迴。困欲憑烏几，寒思問緑醅。阿咸真外我，猶道玉堂來。

家畜一犬甚馴每出入必隨至山斗宗姪希達家戲作

掉尾長隨竹轎行，深山窮谷了無驚。似知騶從都星散，終日栖栖管送迎。

四日大雪過新嶺時山斗夢吉姪孫侍行

老天開異境，瓊島落塵寰。鳥没黄雲外，人行玉樹間。石陘翻齒齒，冰溜激潺潺。賸得新詩料，奇觀慰往還。

下扶車嶺山行飯三寶寺

複道蛇盤百丈岑，石間流水亂鳴琴。僕夫戒險時相詈，學士逢奇只自吟。溪雪磵風清病骨，野猿山鳥絶機心。嶺南古寺今重到，一飯匆匆及歲陰。

成化壬寅冒雪至大畈今兹之來雪有加而興不孤夜談及山陰故事因賦此贈諸眷長

平生頗怪山陰客，中道何緣興便灰。可爲倡酬慳酒量？還因嘲詠乏詩才。一時猿鶴勞相迓，百里溪山笑獨回。我病雖衰心却健，冒寒今是兩番來。

五日宿浯村明日飲大畈

畈上重來有所思，水風山雪似當時。壺觴夜話春坊宅，香火晨瞻御史祠。魚出小塘供饌屢，雞鳴深巷報炊遲。病慚兩日淹留地，才薄難勝畫裏詩。

贈文公八世孫上舍楨特授婺源訓導

博士承恩領故鄉，自應徽國慶源長。黌宮百世詩書富，闕里三時俎豆香。社下廪人來繼粟，門前童子候升堂。知君不負維桑託，霄漢巍巍見紫陽。

七日與浯村大畈諸眷家别

親戚情深别醖濃，藍輿揺兀兩三峰。酒醒已過扶車嶺，猶問前山第幾重。

塔坑鋪

一村雞犬塔坑前，老我山行暫息肩。路轉嶺陰殘雪在，峰迴林杪夕陽偏。渡鶩削木通危徑，春愛機槽響暗泉。曠目此回真得意，數聲寒鵲遶吟邊。

重拜山斗世忠廟

先祠高占水雲村，十載重來叩廟門。一抹凍嵐消木杪，半規寒日下松根。情深暖族新盃面，手拂題名舊墨痕。俎豆巍巍風烈在，濟時才劣愧聞孫。

八日遊雙門寺入山觀石門及龍潭愛其奇勝賦短歌以畀寺僧時山斗汝耆文真夢吉德吉守道諸宗彦偕行

詩翁遠愛山峭拔，興奇不憂霜逕滑。揞溪獨木掉手過，勢落顛厓幾七八。翩然直到石門下，鬼斧劈山如劈瓦。中分一道白虹來，直薄巉岩速於馬。岩口潭深杳難測，下有千年伏龍宅。自今泉石吾可專，世外何人空物色。山僧導前野老後，寒日四山風木吼。振衣長嘯匝溪行，遥揖山靈盡三斗。

過五城懷黄世瑞亡友

落日五城道，懷人思不禁。村酤澆恨短，鄰笛寄愁深。好古韓公辨，憂時賈傅心。百年公論在，吾道未消沈。

施秋官彥器公務至休寧汝彝黄司訓過予請同登齊雲岩中道值雨少飲陽山寺作時立春前五日

冒雨追隨出郭人，蕭蕭寒吹逼車裀。喜看赤地塵埃淨，轉覺青山面目真。多病此時心便足，奇觀三匝句方新。廣文須辦重來約，五日東風又報春。

限韻一首

路轉東溪雨脚催，行窩聊駐白雲隈。機春堰水翻晴雪，梵起潮音激暗雷。遥看省郎雙節過，暫爲山主一尊陪。詩成却恐陰、何笑，撥盡紛紛石鼎灰。

庭梅盛開與施秋官黄司訓聯句三首

先春元是百花魁_{粲}，歷盡冰霜暖自回_{倫}。冷艷不虞蜂見妬_{政}，清標應許鶴相陪_{粲}。心中夙負調羹具倫，眼底終慚作賦才政。願與松筠結三友槃，羅浮山月待重來倫。
幾年京國夢梅花倫，香影真宜退士家政。興動巡簷頻索笑槃，吟成煮雪一烹茶倫。向來紅紫渾無賴政，此去孤高詎有涯槃。頗覺逋仙心太苦倫，相看羸得鬢雙華政。
一日花神遇賞音政，歲寒於此見天心槃。閣盃且論閑邊易倫，對雪誰聲譜外琴政。佳實終爲商鼎用槃，暗香不許漢宮吟倫。山堂從尔增高價政，杜老何須策蹇尋槃。

冬夜燒筍供茶教子弟聯句

坐擁寒爐夜氣清篁墩，烹茶燒筍散閑情敏亨。品從雀舌分佳味壎，價許龍孫得貴名塏。七碗喜催詩興竦塏，百壺真謝酒權輕壎。疎窗已上梅花月敏亨，更取瑶琴鼓再行篁墩。

壬子元日試筆四首

春到山城曉色鮮，放臣羸得病軀全。田廬拙似安巢鳥，歲月忙于下水船。爆竹已驚殘臘盡，屠蘇猶在幾人前。天公一霽開佳兆，稍卜豐年勝去年。右喜晴。

漸及知非感二毛，履端佳慶遍江皐。八方共喜前星耀，萬里遥瞻北斗高。蜜甕釀春先試醉，短衣鋤月敢辭勞。餘生已負酬恩地，慚愧君王舊賜袍。右縣中隨班行禮。

眼見增崇企德祠，重來不覺鬢成絲。陽和一轉當今日，文運中興仰盛時。誰起鄒郎新換律，我慚洛黨舊分支。寒堦草色無人會，竚立東風有所思。右拜兩夫子祠。

童穉歡迎伯仲陪，沿城一餉可遲回。到門不用投新刺，煖歲翻勞潑凍醅。日落鼓聲還雜遝，雨晴山色轉崔嵬。春来第一詩成處，野老庭中得甕梅。右答慶禮晚歸飲方盛氏觀盆梅。

李太守誕日

恭審太守濟南李公名重專城，年開五袠。春回人日，正當華誕之期；星麗神霄，顯示遐齡之兆；歡騰闔郡，慶本高閎。矧是陳人每承優遇，遥瞻壽域，豈無下里之詞？遠藉詩郵，共上南山之祝。竚期英晤，幸鑒芹忱。

五十年光刺史身，却當人日慶生申。松筠飽歷冰霜久，金紫霑榮雨露頻。曲度鸞笙隨律轉，酒開銀甕潑醅新。憑將方寸長生地，散作山城一路春。

春社謡

我家社公耕鑿主，求晴得晴雨得雨。今春作社神更歡，值我一年新病愈。墻下小桃紅滿枝，塘東弱柳垂金絲。社飯炊香出茅屋，臘酒一傾連數巵。土鼓逢逢過林際，醉插山花共神戲。隔隣雞犬喜欲狂，接席兒童相笑詈。滿爇爐香焚紙錢，大家再拜祈豐年。放臣敢道金馬客？明日扶犁同下田。

和答莊定山年兄

江外千峰劇九疑，夢回真見定山時。翠交草色春常在，活遍魚苗水不知。素履只安持敬法，丹心都入願豐詩。停雲極目溪亭上，小圃群芳正陸離。

壽榆村宗人宗本

青山如畫酒如泉，高會分明十載前。錦軸爲君題壽句，便驚春色滿榆川。

豐城涂處士夫婦哀輓長子壽，旌孝行；次子疇，爲御史。

百世家聲出豫章，縈垣喬木幾斜陽。豸冠重寫丰神偉，蠹簡猶存手澤香。些曲漫成蒿里怨，吟筇閒倚菊籬荒。季方風節元方孝，身後誰能有二郎？

母儀真足重臺端，聯德應無愧伯鸞。白日雨寒神劒合，華堂春暖壽巵殘。夢陪鶴馭身難返，恩寵龍章姓不刊。塚上誰題慈孝碣，淳風留與後人看。孝子病没，其母驚悸亦卒，故詩及之。

約汪仲温過南山

春遶南山花正開，一尊專待可人來。不辭共作尋芳客，預遣樵青掃徑苔。

和答福建提學憲副羅明仲舊寅長

蕉鹿當年亦漫驚，肯將家學負平生？六經藥我蒼顔在，萬古行天白日明。多病一廛初去國，幾人三館舊同盟。春風桃李閩南路，誰道黄金不可成？

二月廿八日呂侍御惠新曆

春風疑不到山城，兩月陰無幾日晴。玉曆初分試披檢，已驚時節近清明。

題黄文敬杏林卷文敬素善勒銘鍥梓。

青囊一卷鬢成絲，鐵筆當年更得師。我已廢書仍抱病，爲君聊續杏林詩。

清明日喜壎子至自南山

四度清明節，今年覺更輕。杏花春雨後，喜爾到山城。

上巳日修禊南山溪上限韻

一瓢春酒勝雕胡，聊與山陰續舊圖。臨水坐分盤石淨，倚天吟望玉峰孤。風飄花片隨芒屩，火引松枝沸竹爐。待取日斜觴詠足，錦囊收拾付奚奴。

三月九日南山小酌限韻

幾客東來踏晚春，桃花零落菜花新。情知策蹇尋芳好，不奈鳴鳩喚雨頻。歲稔已能占社主，我愚真可辱溪神。他時記取桑榆約，交誼惟應此最親。

壎子與塏姪採松花作餅供茶喜而成詠

何物山房可薦茶，小兒特意採松花。回風隨粉霑衣袖，宿露分甘入齒牙。却老異方傳藥圃，動人清味落詩家。墻根玉筍堪同調，公餗侯鯖莫浪誇。

望夜獨坐書院有懷時承之還歙天爵入城敬之還汊口師魯還率口逸清訪彦夫于祁門

月上前山久，懷人坐夜深。亂蛙鳴暗浦，一猰叫空林。野屐東西慣，塵編歲月侵。獨餘窗下竹，能識箇中心。

新得北山别墅志喜

幾年儲却草堂貲，一日溪行偶得之。種竹何人先爲我？見山隨處總宜詩。松林便取斜開徑，石瀨仍分曲度池。塵鞅自今應不到，往來樵牧是心知。

南山夜酌分題限韻得爇清香

夜榻沈沈竹院西，小童添火試金猊。幾回濃抹書燈暗，一縷輕縈紙帳低。自覺餘香來楚畹，誰分新味出曹溪。山居忽記芸臺上，賨篆曾容滿袖攜。

贈世醫詹宗惠

抱疾經年體漸平，喜君醫社得尋盟。參苓屢奏千金效，桑梓能敦百世情。先老衣冠誇種德，尚方供奉待知名。早衰愧乏河東筆，佳傳無由紀宋清。

休寧詹氏世以醫授官，至宗惠君益修其業，持善輕利，人以爲良。顧與予往還甚稔，予病，君藥之屢奏功。近壎子病足，君復來鍼之而痛立愈。予方德君，君乃欲予之詩。予詩豈足當君之惠哉！

早行過岳廟聞鐘

子規啼徹曙光分，岳廟鐘聲隔隝聞。白髮願隨鴻慶主，雲中一候武夷君。

刑部郎中柳陽何君審刑江南過新安贈别

當宁憂深及草萊，西曹經歲走塵埃。欽哉法意尊虞典，籍甚文名冠楚材。一路馬隨明月去，九天恩逐惠風來。清時壯節誰同調？側耳聽君上省臺。

三月廿一日約人遊松蘿往返得詩八篇。

一晴山與水争奇，莫道春殘賞約遲。正待落紅飛絮後，松風蘿月澹相宜。

早過石羊干

穠緑連村麥氣殷，野塘春水更潺潺。桐花似雪明深塢，松骨如龍起半山。鳥勸惰農飛谷口，犬驚生客譟林間。石羊廢壠兼懷古，消得浮生幾醉顔。

涉溪作

飛瀨淙淙觸澗流，十年重到北山遊。林花過眼堆紅雪，泉石迎人笑白頭。迴隔世緣千嶂合，盡收風景一亭幽。纓塵此日無堪濯，隨處滄浪看飲牛。

松蘿庵視田作

百畝田廬未就荒，隨緣仍得舊僧房。斸苓擬結千年社，養竹同分五月涼。奔走半生今尚健，登臨長嘯古誰狂？東風似識遊人意，忽送幽蘭幾陣香。

登山聯句司訓黃倫，貢士張旭，布衣詹貴、胡昭，族人正思。

山腰同坐看雲生敏政，袖拂長松醉眼明倫。天地有情客我輩旭，古今無計避詩名昭。丁丁隔壠聞樵斧正思，默默何人對石枰貴。多病不禁空翠濕敏政，振衣猶自履崢嶸倫。

席上限韻

野寺重來跡未陳，一尊同此惜餘春。煙中杵臼蓬壺近，雨後溪山罨畫新。客縱好懷催令急，天分奇料入詩頻。晚歸無帶堪留鎮，却愧當年玉署人。

飲汪氏亭子調黄司訓汝彝

攬勝歸來日未晡，汪家亭子更開壺。老人土味留賓客，博士山装累僕夫。半醉擬憑溪上石，一餐思摘澗中蒲。相攜欲借龍眠手，繪作春風野宴圖。

歸路

盡日長松亂石間，不知身帶夕陽還。耳邊何用閙絲竹，一路谿聲送出山。

餘興

半日登遊興未闌，晚山凝緑更宜看。少年突馬春沙細，老子呼牛夕照殘。今我却能銷酒券，幾人猶未了詩丸。笑談一任漁樵怪，此樂平生亦自難。

與謝子期閒步至北山莊作

與客尋源過石梁，水車遥認北山莊。鷗邊一陣東風起，吹落桐花滿澗香。

歙溪道中

秈稻青青小麥黄，一村茅屋枕方塘。家家緝苧車聲響，不道豳風在故鄉。

送甘同守入賀聖節兼有考績之行

敬祝堯年上帝州，凌晨振鼓發官舟。沿谿雪漲經梅雨，壓壠雲黄動麥秋。漢史久應書上考，渭城何必換新謳。西風屈指迎歸旆，竹馬歡聲郭外樓。

四月六日遊水西喚渡時太愚都綱騎馬徑涉意氣甚都戲作一絶

與客呼舟立水涯，小童輕檝下灘遲。他時有約來山寺，只問支郎借馬騎。

水西寺與鄭寧時清鄭鵬萬里二上舍聯句三首

十年重到水西遊篁墩，碎月灘深泛小舟寧。擔重乾坤肩少息鵬，盟全鷗鷺社初投篁墩。

紗籠舊日題詩壁寧，壺注薰風勸酒籌鵬。庭下木蘭花未老篁墩，儘拚佳景付賡酬寧。

追陪冠蓋訪招提寧，隔斷紅塵水一溪鵬。青草散遥支遁馬篁墩，緑苔深護謫仙題寧。

簷前鳥奏笙簧巧鵬，天外峰攢劍戟齊篁墩。景物自淹行樂地寧，嘯歌須待日沉西鵬。酒爲傷多苦憶茶鵬，一時乘興到僧家篁墩。竹雞唱午炊烟起寧，草履梯雲石徑斜鵬。入坐好山如舊識篁墩，漲溪新水走長蛇寧。包收天地雙眸裏鵬，憑仗畊牛與釣槎篁墩。

郡守李公請宴譙樓上四首

畫棟翬飛練水潯，郡侯相約此登臨。烟雲變態吾詩壯，田野薰風俗化深。緑酒難醫雙鬢改，青山不受一塵侵。危闌倚遍渾忘倦，白日悠悠下嶺岑。

白苧衣輕雨乍收，偶來乘興一登樓。不知身在空中坐，但覺雲從脚下流。附郭誰開新緑野？隔溪人指舊丹丘。謫仙詩墨今何在？想像騎鯨汗漫遊。

城頭高閣俯塵囂，勝會真輸此一朝。上瀨數帆時隱顯，倚天孤塔自岧嶢。詩緣闘景如相避，酒爲傷多不肯消。何物道人吹道曲？便疑笙鶴下青霄。

向晚軒窗面面開，要貪空翠入詩來。乾坤俯仰斯文會，江漢風流不世才。燈下矢聲嚴細柳，雲中烟火認蓬萊。主人意洽忘歸去，聽報更籖第一回。

過鄭村訪鄭上舍萬里觀伊川晦庵南軒東萊四先生手帖

冒雨出城郭，沿谿到林坰。窅然竹扉下，容我雙屐停。偘偘鄭公孫，老大横一經。笑言有宿約，雞黍羅中庭。家藏古賢帖，往往飛晶熒。呼童拂淨几，出示驚繁星。我家龍門翁，手澤餘丹青。鄉先紫陽老，心畫流風霆。廣漢與金華，同然發天馨。錯落數十言，俛仰三百齡。感兹道德師，羞彼月露形。與客再拜觀，虹光薄巖扃。桑海幾更變？幸不隨飄零。無乃希世珍，保護煩六丁。我欲勸工人，勒石垂新銘。斂卷付錦囊，入坐開銀缾。霏談雜今古，高詠慚和鈴。好風自南來，吹我醉面醒。歸心浩難遏，返照明臯亭。衆賓起相送，曠目凌高冥。黟峰遠矗矗，沙溪下泠泠。典刑未緜邈，題詩慰山靈。

宋理宗賜福王與芮雪景爲鄭村汪宗裕題

瑶峰玉樹瑪瑙披，寶祐墨本來宣和。天山瓶乳紇干雀，此景此意將如何？御筆中題福王字，生綃上遺龍圖志。鳳山日永萬機輕，廊廟幾人同受賜。天人想像冰雪顔，好文亦自非等閑。詔書屢表濂、洛輩，詞翰却在陳、隋間。三百年來驚物换，散落塵寰充一玩。摩挲爲賦懷古篇，安得虹光射霄漢？

謝致政汪世行令君惠塘魚山蕨

蕨鱗相餽若爲酬，正值嗷嗷麥未秋。一飯等爲林下客，寸心空切廟堂憂。

車田村見摘紅花者時汪九珸侍行書以畀之

獨樹村中石徑斜，杖藜閒叩野人家。臨風忽作東籬興，錯認紅花是菊花。

題扇贈智亨鄭隱君

紅杏飄香過水村，路人争識鄭公孫。年來抱病無虚日，請藥翻嫌數叩門。

和答李太守禱祈十日晴有驗

夜壇祈罷曉開晴，似與天公有宿盟。驚道一句回白日，可知方寸爲蒼生。新秧蒔處期秋稔，殘麥收來足歲耕。喜極載賡循吏句，田翁相慰不勝情。

題溪南吴本忠小景

竹裏柴門傍水開，了無人跡破蒼苔。延陵有客溪南住，時挈春醪問字來。

四景樂道辭浪陶沙。

春雨夜如何。花靨紅多。窗前黄鳥數聲過。斜掛鼇衣初睡起，日上庭柯。

人世苦奔波。兩鬢霜皤。争如溪上理漁蓑。笑問東風來幾陣，酒滿香螺。

竹院好風涼。洗盡炎光。呼童閒試水沈香。數卷南華看未了，且困藤床。

官道暗塵黄。四體流漿。可能知有翠寒堂。儘日茶瓜留客坐，一調滄浪。
秋意到郊亭。水褪沙汀。金莖香瀉甕頭青。柱杖西疇看稻了，細檢丹經。
蒲柳最先零。羲馭難停。舊時交友似晨星。惟有黄花開更好，多謝園丁。
庭滿凍苔斑。農事都閒。尖風不到水雲間。曝背茅簷調鶴舞，一任疎頑。
名利幾人還。雪擁關山。金丹留我鏡中顔。起索梅花同一笑，緊閉柴關。

堂前梅樹忽一枝生入厨簷

金丸無數綴烟稍，調鼎何緣列上肴？似便主人虀菜腹，一枝低趁入山庖。

篁墩程先生文集卷八十七

詩

謝都憲佀公過訪

喜雀紛紛噪竹枝，果然旌節訪茅茨。同年幾是論心者？未老重驚會面時。梅雨一天陰不定，萍星千里渺何之？閒情且落清尊外，共倒奚囊説近詩。

送都憲佀公

幾停旄鉞問耕蠶，又過山城拂曙嵐。五月風霜隨遠邇，萬年財賦出東南。臺恩再慰忠賢望，郡澤猶聞父老談。只恐廟堂還柱石，道傍無計綰歸驂。

楊村寺與侶都憲聯句爲別

一尊相餞石溪邊敏政，離思紛紛總悵然。流水門前翻白雪鐘，好峰雲外疊青蓮。威生玉節今初下敏政，情到金蘭古亦便。幸遇心知程學士鍾，不辭傾倒夕陽天敏政。

松崖爲縣人胡昭題

同邑胡君靜夫妙年嗜學，喜從予論詩，有所賦詠，不工不已。嘗題其居曰松崖，請一言。予甚愛其人，故爲賦此。

老鬣踞石幽且貞，喜君卜居若平生。三更繞地星月碎，九夏半空風雨驚。知心晏歲竹連塢，過眼一春花滿城。斸苓有約幸無拒，杖策來尋猿鶴盟。

夢椿卷爲嘉禾金景仁賦

久别音容感夢思，覺來人境悵何之？清宵正及神遊處，白日猶疑面命時。鄉里好題慈孝傳，塋封誰作著存祠。因君無限增悲慨，目盻庭柯與賦詩。

王黄門李推府京華冬夜酌別詩次韻

月上離筵夜停燭，霜滿寒柯鵶競宿。登科曾喜花共簪，待漏終期佩聯玉。一尊莫慰征車早，欲挽銀河助傾倒。直道無憂行路難，暘谷雲開碧天昺。

致政馮憲副佩之自上見訪同到南山竹院

南風驚會舊西臺，扶杖呼童掃逕苔。語到往年惟大噱，酒愁多病亦全開。娱情知爲遊山出，送别兼成看竹來。莫倚路長催早發，畏人炎日滿高槐。

與佩之及黄司訓汝彝聯句六首

弘治壬子六月，致政憲副馮君佩之自淛西登遊至新安，迺十九日，挾一童冒熾暑過休寧，蓋不相見者十年矣。時予以末病謝客，甚殆，然獨喜君之來，談笑竟日，忘其爲病人也。明日，約縣庠黄汝彝司訓同至南山竹院，少暢合并之懷。酒半，汝彝不至，乃相與爲聯句，章成者三，而汝彝走馬涉溪來會，倒尊大噱，更得三章焉。中世以來，士之屏居者類多匿跡，不肯與世伍，予每過之。浮雲軒冕，固不足道，一時毁譽，自有公言，是豈足以病己而爲此局局何也？高情曠識若君者，今豈多見哉！予久病，才氣衰減，筆研都廢，視君之健，瞠乎莫及，而亦不能不爲之振迅，乃題其聯句之首如此。齊雲岩爲吾郡第一勝處，君將拉汝彝同登，予不能從，其所得篇什當别自爲卷云。會之又明日，程敏政克勤引。

想見清儀觸熱來蘭，高懷真是不凡才。一尊傾倒驚頭白敏政，兩日追陪笑口開。動樹好風嵐氣散蘭，繞山斜照鶴初回。相看去住情何極敏政？門外驪駒且莫催蘭。

每誦停雲憶故人敏政，江湖何幸接風神。論文自託平生契蘭，看竹如償未了因。野菜旋挑供午餉敏政，山醅初熟稱時巡。詠歌不減風雩意蘭，坐聽征軺走旱塵敏政。

南山脩竹照深盃蘭，何似蘭亭曲澗隈。敢道人烏今併好敏政？不於奴馬此重來。卜鄰我亦懷王翰蘭，覽勝君能挈辨才。林壑便應添故事敏政，野猿山鶴謾相猜蘭。

山館斜陽客到遲敏政，清風便擬著君詩蘭。移尊竹外晚臨水倫，策馬松陰剛赴期敏政。老眼自應空雁蕩蘭，草書誰復似鵝池倫？玉山我愧蒹葭倚敏政，醉後還歌伐木詞蘭。

二公高興薄秋雲蘭，千里誰來此會文倫？多病頓從今日減敏政，清風應許故人分蘭。
片時遲到悔終古倫，百首易成酬此君敏政。安得齊雲岩上去蘭，放開道眼掃塵氛倫。
德星高照草堂明倫，詩社新開竹院盟敏政。白苧晚涼湍走石蘭，清風時至翠連楹倫。
不妨野老來争席敏政，還着山童去洗觥蘭。欲向中宵看月色倫，試同吟榻聽溪聲敏政。

次佩之汝彝登齊雲岩聯句詩韻

倚天青孱顔，萬古一幻化。斗參將可捫，雷雨或在下。龍潭深叵測，虬木怪相亞。兩崖神斧斷，危壑鬼工駕。峰筍拔地出，石髓臬空瀉。名争武當勝，德可祝融婭。劍鋒秋發鉶，寶氣夕騰價。真祠故起宋，禹蹟漏書夏。帝遊雙鳳驂，仙來五羊跨。心慳孫綽賦，目窘李成畫。雲深鷄戒晨，風急虎司夜。磅礴莫兹土，陰晴憫予稼。延生丹幾熟，保境旗載禡。憑虚疑蜕骨，逃暑如拜赦。輿論小吳、粤，誰詩敵衡、華。我病慚二疏，君才薄三謝。共此樂谿山，陋彼事田舍。争席從雅俗，掉鞅笑荼蔗。文旆驚忽淹，朝簪久同卸。登陟吾屢嘗，厭飫子今乍。倚徙誠多奇，應接恐難暇。守洞沙鹿嬉，獻果野猸迓。便當隨所之，那復俟休假？醉招獨鶴俱，吟遣六丁詫。作銘鑴薤書，削壁補苔罅。千里渺雙矚，萬竅同一喈。

留宿分霧幌，歸袖揖風榭。喜有黄庭堅，鷄壇正堪藉。

别佩之用其韻

才看一笑同林下，不奈餘年總病中。雲路脱銜容棄馬，雪泥留爪憶飛鴻。隨身劍在君猶壯，擊節詩成我未雄。今夜緑筠堂上月，便應分彩照西東。

萬壽聖節隨班行禮後廷貢壎子倡和有詩因次其韻

鸞旂交匝錦雲飛，嵩祝聲中暑氣微。萬里北辰遥在望，一星南極正流輝。閒身再入新陪位，病骨深慚舊賜衣。聖學日增天下慶，餘生此外更何祈？

古朴行

祁南古朴大十圍，樹身奇壯識者稀。日光亭午不到地，遠望一幂青巍巍。汪家世來住此下，萬緑叢中連大廈。往來喬木認朱門，賓客如雲繫車馬。撫樹生男幾百春，有老一生今逸民。性資古朴如此樹，高卧自謂羲皇人。六十年來頭未白，對樹稱觴春拍拍。名園紅紫易銷沉，何羡長安五侯宅。搆材堅比檀木良，結子甘若胡麻香。知君食實更怡老，坐使百年筋骨强。我翻古朴行，長歌祝君壽。安期、羡門亦何有？願言盡返古朴風，與君同作康衢翁。

祁門汪處士以望世居縣南朴樹下，爲名族。相傳傍有古朴一株，甚大，今其樹之子孫益茂，而族益蕃。迨處士尤性朴好文，爲一鄉善人，年甫六十，而歲之六月廿九日，其誕辰也。予與處士之子儒學生機相往還甚厚，且聞朴樹其本類檀而堅，其實類麻而甘，蓋嘉種也。因賦詩一篇壽處士而寄情于朴如此云。

有客餽予奇石置庭前盆池意甚愛之一夕被人竊去悵然賦詩且以自慰

何人瞰我碧玲瓏？舁去潛隨五夜風。石髮尚餘粘甕口，雲根無復寄墻東。愛山正爾清非盜，撫景何妨色是空。王屋、太行今在否？欲題新札問愚公。

題歸隱卷

載將風月滿船歸，多少田園誓自違？夾路漁樵驚識面，入門兒女笑牽衣。家山勝似黄泥坂，村酒香於采石磯。老向太平吾與子，却因佳句憶玄暉。

此商山吴君士愷歸隱卷也。卷中作者若宗堯侍講、華伯郎中、公綬侍御、子静隐君多已下世，漫讀一過，不勝黯然。因用公綬舊韻賦一律歸之。

贈輪老

江樓高處月明時，大地山河渺一絲。天上水中誰是幻？倚闌須問法輪師。

汪進之爲予言圓通寺有水月樓甚奇勝，寺主法輪上人亦高潔能詩，可謂人境兩得矣。上人嘗見予，予不知其能此也。别後作一轉語問訊，他日徑造，乘月登樓，上人當何以語我？

許生孝感卷

績溪許欽廷恭以孝事其親而獲三異之應，人多稱之，蓋其獲乎植物者再，獲乎動物者一，事雖微，所以爲悖親者戒，則有大焉。此予詩之不能已也。

籬下黄花識孝廉，薰風佳色爲誰添？相看亦有貞心在，已耐寒霜復耐炎。

右菊開五月。

玉實纍纍帶露繁，兩岐佳兆厭名園。時新一薦玄臺下，何必三牲慰九原？

右芋秀兩岐。

黄犬何來寂不譁，撫時堪笑亦堪嗟。莫將偶爾輕人者，無限街頭肉食家。

右隣犬自馴。

寄方軫隱君

徽書聞不到丘園，我亦年來厭世諠。何日與君同杖策，張公山下看江源。聞有司罷冠帶之招，故首句及之，發一笑。

八月六日至南山悵然興懷因就葺整書册賦此

秋來久不到東阡，獨坐虛堂思杳然。隨處粟田仍望雨，滿墻詩板忽經年。解牛未悟偷生妙，辟蠹聊持討罪權。□□□□□□□，□□預掃竹床眠。

與廷貢汰萬夢吉步至新竹園

卜居何許最心降？十畝蒼雲繞石矼。遠響暗中聞絶壑，茂林疎處見澄江。凌風擬着亭當逕，攬翠時分榻近窗。瓦缶一醅秋正熟，計誰來訪鹿門龐？

雨中自郡城歸至巖鎮承謝廷懋廷彝廷馨昆仲款留夜與壎子聯句置屋壁用酬雅意且紀歲月云

十里青山冒雨來老人，謝家留宿一樽開。舉頭忽見雲穿月壎，側耳遥驚水激雷。坐久燭花如慰客老人，飲餘詩草愧非才。夜深侍寢秋堂上壎，笑記窮途又一回老人。

中秋夜

一片清光不世情，故鄉寧弱宦鄉明？風前欲動金波影，雲外疑聞玉臼聲。多病暫開新酒禁，古人都落幾詩評。陰晴向爾難相料，不惜留連到五更。

早過山下有感

春花秋月兩相淩，隨處青山興便乘。卷裏好詩圖上景，半歸丘隴半歸僧。

題吴世良遜齋卷

終身讓步不枉百，一忿忘親真大惑。眼中能遜屬伊誰，萬古讓王稱至德。三吴故地多王孫，新安亦數延陵村。君家分住雁溪上，隱然喬木當高門。大字濃書作齋扁，祖德遥遥日星顯。賈舶商車聲利場，無競爲心似君鮮。軒堂處處嘉名新，華實相符今幾人？當仁不讓豈終遜？學海茫茫須問津。

雁塘吴君世良以遜齋卷求一言。予方抱病，遜謝不能，而卷留山房頗久。兹因徵急，隨筆爲賦此詩，然亦不過老生常談耳，豈足以副求益之意哉？

輓程母項孺人閔川程杲之母。

遥聞埋玉向青山，塵夢那知更不還。西母宴成身未老，北堂機冷鬓初斑。銘幽擬勒瑩前石，寫照空存鏡裏顔。落日閔川悲令子，朔風吹淚共潸潸。

和答侣都憲

行臺喜讀眉山稿，秀句來從建業城。豸筆似争蓮社樂，驪珠頻燭草堂明。高懷便足降餘子，多病真輸老半生。徙倚石闌遥送目，停雲無限别來情。

向聞愛看坡詩，近覩來篇，格律大進，且妙得長公三昧，然非具眼者，莫識也。健羡之餘，得五十六字，少見意云。

竹園宴集分得築亭限韻

十畝篔簹翠作堆，箇中宜著小亭開。坐間正挹雙溪水，行處中分一逕苔。清愛四圍鳴劍筑，貴嘶平地起樓臺。願言長作林泉主，一任諸公載酒來。

秋日雜興二十首

溪堂客散後，敗葉鳴秋雨。幽人讀易罷，孤坐妙無語。紛紛雀争叢，嗷嗷雁投渚。羲馭何停機，新涼忽如許。掩關一欣然，驚心向來暑。

矮屋南山下，喜與客分眠。就中二三子，去住長依然。爲别忽云久，見我驚華顛。李生閲兩載，程郎踰十年。呼童下塵榻，共讀招隱篇。喜極欲忘寐，明月窺前川。

偶誦壁間詩，歲月如過鳥。故人幾離合？使我心杳杳。今年病稍寬，逸思凌八表。澄江翠成帶，遠岫青未了。平生行樂地，孰謂知音少？落日漁樵人，長歌出林杪。

吾友汪豸史，昔以忠見尤。遠謫天萬里，攜家上黄牛。十年始相面，未覺霜毛秋。兒女百世緣，畹晚三日留。離筵酒一巵，坐俯寒江流。去住意難極，聽我歌遠遊。我雖税塵鞅，敢謝蒼生憂？

雜住縣南郭，懷抱長不開。晝厭市井喧，夜苦更漏催。所以溪上村，欣然自裴迴。起居得静安，好客時一來。開門俯脩竹，移石坐古苔。嘯歌待山月，猿鳥無驚猜。幽栖老亦足，擾擾胡爲哉？

去年黄叔度，賞我霜中春。對酒得佳詠，和者三四人。居然考槃樂，宛若桑榆親。嘉會亦難偶，相望如隔晨。西風忽夜作，感此白髮親。幽花不相負，采采清溪濱。

客有宋逸清，瘦勁如立鶴。醉唱青天歌，勢欲上寥廓。邇來絶葷飲，語我以静樂。俯仰天地間，相期在林壑。朝看沙草青，暮嘆巖花落。人生幾何時？朱顔不如昨。行當啓瑶壇，分我九還藥。

斷石鎖上遊，古城當外屏。我屋居其間，上下得幽境。當時結吟社，長日領詩景。就中張文昌，才情更苕穎。

南山古蘭若，正據清溪潯。墻東有嘉木，下蔽一畝陰。每當三伏來，涼吹如秋深。餘年復多病，固彼炎熇侵。野僧相後先，時來滌煩心。金飈動地至，蕭蕭但空林。炎涼亦偶爾，倚樹成孤吟。

我愛向子平，所志畢婚嫁。放志遊名山，觸目窺大化。此公亦高人，孰可攀逸駕？世緣幸粗了，農事更多暇。周覽須及時，胡爲草堂下。

矗矗張公山，下有淛溪水。東流匯桐江，到海清且駛。我欲窮其源，洗此雙聵耳。一斟毛骨寒，再酌沉痾起。跫然俯空翠，坐弄石齒齒。不有仁峰生，同誰擷芳芷。

偶開溪上園，中有竹萬箇。誅茅蒼翠間，永日成獨坐。涼飔何翛翛，流水松下過。幽人期不來，新詩聽誰和？

在昔黃古林，不作近代語。印我梅臯篇，直欲諧鼎吕。平生更寡合，所至恒獨處。侶侶憂世心，戚戚老覊旅。空持菊花尊，宿草今幾許？有懷無與言，西風動林墅。

率口幽絶處，風光似斜川。上有數椽屋，下有百畝蓮。阿咸頗知道，閉户攻遺編。我欲往共之，乘秋弄清漣。預買一葉舟，擊節相洄沿。靜窺魚鳥樂，庶以窮吾年。

往者欝不樂，駕言作郊遊。蘿山若老龍，一尾蟠荒陬。蕭蕭佛舍古，隐隐溪亭幽。引躅日西下，與客仍淹留。邇來得嘉墅，竹樹環清流。此山適當門，周覽無外求。乃知天與奇，坐享非人謀。眼中漸黃落，曠野來高秋。折簡麈外侶，相隨豁吟眸。

吾宗有貞君，尚友千載士。我方直承明，相督返桑梓。至人炳幾先，達者貴知止。悵望溪上雲，卑歌念君子。

戴生少也敏，汪生壯而贍。適兹丹桂秋，所挾堪一薦。老懷豈足此，古學宜不勸。春花寧非榮？紅紫競相絢。碙松青入雲，不受雪霜變。勖哉尔同人，歲月若驚電。仰只紫陽峰，巍巍望中見。

曉入水南道，老翁泣且行。撫膺向客言，病與貧相仍。前夏麥告荒，今秋粟無成。里胥劇星火，追呼責官征。感之三嘆息，竚立難爲情。我食日幾許，憫此嗷嗷聲。皇天視聽遠，孰與安其生。

雲巖一萬仞，上有玄帝宮。洞穴何硆砑，疑與天墀通。神輦向夜出，肅肅來陰風。下土蟣蝨臣，稽首空濛中。願闡赫赫威，四顧悲人窮。偃旗作雷雨，比劍行龜龍。我當頌帝力，擊壤歌年豐。

平生兩畏友，高風邈難攀。浩浩張東白，巍巍莊定山。連枉尺素書，遠到溪堂間。欲上軒轅峰，更俯硃砂灣。盡日騁南望，呼童候柴關。安得命車至，一覩冰雪顔。臨風重延佇，目送江雲還。

和氣致祥卷爲黄州劉太守敬之賦次其韻

長養無煩九夏風，瑞榴寧與野芳同。根涵勺水凝烟碧，花映窗紗濯露紅。郡客屢聞開盛賞，園丁何敢策新功？玄都再入非虚兆，名節班資看兩崇。

右折榴開花。

鈴齋傳盛事，春意著寒餅。瑞牒徵劉寵，詩郵到管寧。老枝疎綴白，佳實亂垂青。多少閑花木，勾萌待迅霆。

右折梅結實。

追輓故少保贈太傅于肅愍公夢中作

太息于公不可追，曾因多難拯邦危。斗間忠義精難泯，地下權奸骨已萎。公議到頭聞卹典，世情翻手似圍棋。不知誰撰新祠記，可比當時岳廟碑。

壬子歲八月晦夜不能寐，至三鼓始就寢。頃之，夢作一詩，哀故少保于公。又頃之，寤而記其全篇，不遺一字，即呼室人語之故，蓋不知其何感也。予以公之忠憤未白，屢語其子京兆君景瞻，俾陳于朝，不果。暨予歸田，始克有請，獲贈謚廟食之典，以書報予山中。豈予心恒惻惻于是，故不忘于夢寐之間因遂有此作邪？予平生夢中詩既寤即忘，而此詩獨了了不遺，是誠可謂異矣。將書以遺京兆君而特記其事如此。

九日斷石登高

何處登高把一盃，青山磯上舊溪臺。半崖薜荔詩龕在，兩岸芙蓉畫幛開。隨地更尋佳菊賞，野人争喜病夫來。西風落帽身長健，短髮蕭蕭亦快哉。

自斷石與司訓黃倫汝彝及親契汪錠克成族孫乙汰萬並載竹筏沿溪泛至流塘飲詹貴存中家道中聯句五首

一樽溪上作重陽篁墩，醉舞伊誰似我狂倫。石面風來頻正帽貴，崖前露滴細沾裳乙。尋幽學士詩如畫錠，借渡樵人筏勝航篁墩。千古牛山堪一笑倫，登高何必嘆流光貴？

天將翠竹載青山倫，秋興都歸嘯詠間乙。隔岸漁歌來欸乃錠，出城遊客愛孱顔篁墩。乾坤真景森然到倫，水石閒心偶爾關貴。醉倚斜陽歸未得乙，隱居思近落星灣篁墩。重陽多雨喜今晴貴，遠渡人從鏡裏行乙。一路青山如送客錠，幾家黄菊待尋盟篁墩。眼中誰有登高賦倫，雲外時聞伐木聲乙。無酒淵明偏愛飲貴，四郊香秫正秋成篁墩。九日來登落石臺乙，山開罨畫水縈迴錠。一尊何待白衣送篁墩？兩屐新淩翠巘回倫。鷗鳥有情閒對席貴，詩題無數半封苔乙。滄浪一曲悠然去錠，不數悲秋宋玉才篁墩。我愛重陽菊盛開錠，水村隨處踏秋來篁墩。峰高萬仞堪遊目倫，石湧雙拳可送盃乙。危磴斷雲粘屐齒貴，老松圓露滴珠胎錠。便須重作溪亭主篁墩，分席慚無入社才倫。

九日宿存中家明日與汝彝汰萬同登其屋南感鐘山

唐人有詩記端六，我今十日來登高。江山如此不爲樂，正使達士譏吾曹。青天無風亦無雨，處處黄花照江渚。花開一日未便休，日日重陽豈虚語。人生良會不可常，謫仙痛飲非真狂。願言勝會自今始，踏遍秋風千仞崗。

雙鷹圖次韻

爽然神俊立秋風，曾入鷹師百購中。一出便能驚雉兔，並遊誰解識雌雄？黄雲塞遠呼聲急，碧海霜來照影空。總道上林新罷獵，寰區贏得謝絛籠。

和答河間李主事旦旦以言事除名家居。

伏臘年來儘可支，雞栖豚栅擁茅茨。病魔却苦無虚日，酒量那能及往時？一任野翁閑競席，幾將衰鬢笑臨池。飲情只有看山約，百遍相招總不辭。

欲返瀛東力未支，天涯相望一茅茨。逢人話到桑麻後，羨子書言社稷時。開逕不當馳馬地，濯纓誰共狎鷗池？他年徑造非生客，寄語山童莫漫辭。

林泉清趣卷爲古林黄思復題

散髮長林下，洗耳清泉中。黄君亦佳士，不霑遊冶叢。得句寫松雨，呼酒翻荷風。未覺白日晚，正喜紅塵空。人生穹壤間，所樂恒不同。擾擾雞鶩場，伊誰識冥鴻。我方駕黄犢，世網不受籠。渼渺寒溪灣，上有一畝宫。掬水飫真味，種樹歌新功。君當入吾社，漁牧隨西東。

九月廿八日黄司訓汝彝雨中留宿聯句二首

雨爲留人作意長程，尊前吟思正飛揚。先生百中真常事黄，博士高歌豈大狂？銀燭有花如獻捷程，玉堂無地不生香。一時未定千年論黄，起聽山城漏未央程。

景行自是百年心黄，我亦逢君語便深。客去共聽秋夜雨程，坐來獨怯暮天砧。文章價在何時定黄？山水情多逐處尋。斗室初成先下榻程，愧非徐孺汗沾襟黄。

小齋初成喜承之彦夫天爵敬之師魯踵至值冬霖累日不止舉酒相屬以來雨名吾齋分得蓬字

背起茅堂曲逕通，故人連喜一尊同。閉門十日驚新雨，下榻千年愧古風。芸几近窗山翠濕，竹籬遮院市塵空。巢居莫忘論心處，多少泥塗嘆轉蓬？

十月十三日雨中飲長汀寺

古寺今來感慨多，更禁寒雨下庭柯。屋經野火餘金象，簾捲山嵐出翠螺。問訊禅床僧已老，摩挲詩案客重過。茅堂祇隔青溪外，莫厭時時到薜蘿。

仆碑行

貞觀仆碑緣入譖，元祐仆碑讒更甚。太平再致伊誰功？後有温公前鄭公。平生富貴若土苴，貶秩停昏何啬豐？懲惰納忠真力假，紹述遑譏綴旒者。遼東兵敗金人來，口碑一日高崔嵬。

寄墨與淳安新舉子族孫文楷

玄霜新品出杉蘿，馳贈名郎寄意多。聽取染毫丹陛下，龍蛇飛影試如何？

南山精舍理書一月得三萬餘卷喜而有作寄王宗植

敢道勳名似鄴侯？牙籤三萬偶同儔。古人可作惟香蠹，坐客相驚欲汗牛。宦海本無經濟策，硯田聊爲子孫謀。老天玉我成書癖，莫怪從今不下樓。

慶宣和行住坐卧卷

銀屏金屋逞驕奢。利鎖堪嗟。杏花村落酒中賒。行些，行些。
三邊玉帳擁雕戈。汗馬奔波。竹籬茅舍小行窩。住麽，住麽。
香車寶馬洛陽街。滿面塵埃。芙蓉秋水釣魚臺。坐來，坐來。
五更風雪候趨朝。玉漏迢迢。紙窗明月上梅梢。睡着，睡着。

人月圓爲人寄壽錢塘王嘉瑞故孔目天與之孫。

錢塘江繞吴山翠，相望隔天涯。鎮海奇觀，泛溯佳興，盡屬誰家。

聞説王郎，翰林孫子，四十年華。遥想同人，一回相壽，幾醉流霞。

孫閣風竹爲師魯題

孫郎寫竹有天趣，落筆蕭蕭一兩枝。六月相看北窗下，滿身毛骨動涼飂。

訥軒爲富溪宗人道宣賦

白圭重三復，金人亦三緘。如何嗇夫輩，利口矜詀諵？多君素淳樸，玉立青巉巉。以訥署齋扁，豈爲憂讒讒？非法炳明訓，琅琅若英咸。慎哉一言出，謹爾六轡銜。進德匪自此，云胡分聖凡？軒居北山下，天籟多風杉。安得寡尤者，爲子銘高巖。

和答吉安顧天錫太守同年

籬菊新黄百草枯，天涯相憶共朝晡。一緘秀句題鈴閣，千里虹光射鏡湖。致主有才淹老守，全身無策笑庸夫。喜聞述職行將近，幾日風帆過直沽。

雪後至南山精舍

爲貪奇賞到山齋，玉樹琪花擁斷崖。瀹茗半宵勤瓦鼎，採梅今日試芒鞋。來年沃衍占豐歲，塵土清空愜素懷。白戰舊盟誰願續，一尊同此繫詩牌。

一剪梅慶鄭君存良七十壽

喬木江村映錦沙。尚義人家。積善生涯。畫堂開宴鼓頻撾。砌擁蘭芽。鬢點霜華。輝輝晴日上簷牙。詞吐天葩。酒泛流霞。百年冰玉兩無瑕。醉眼生花。仙棗如瓜。

月波樓爲吴孟實題

遥天無片雲，溪水蔭清樾。誰開溪上樓，早見溪上月。恍然冰壺中，湧此爛銀闕。主人時獨來，水鳥聲乍歇。橘林晚霜過，荷浒微風發。晴峰遠相帶，隱隱青一髮。水天蕩無垠，斗柄正高揭。憑闌擊唾壺，神爽已飛越。我欲往從之，乘夜泛漁筏。一笑捲疎簾，促席共薇蕨。酒力清易醒，詩懷浩難竭。入眼竹洲寒，何時解塵襪？

椿萱圖爲祁門方鋏賦

堂前椿樹盤根久，千歲常期大人壽。春風蝶夢早匆匆，一事無憑漆園叟。堂北紫萱娱白頭，對花日日思忘憂。宜男已壯母何在？贏得臨風雙淚流。方家郎君湖海客，春雨秋霜心惻惻。憑誰貌入丹青中，猶似升堂候顔色。我觀椿萱圖，爲作椿萱歌，夭桃穠李空復多。寫生縱有黄荃筆，風教無關知奈何。

篁墩程先生文集卷八十八

詩

十二月廿一日得旨昭雪復官感激賦此

紫鳳銜書下九霄，君王還念舊宫僚[一]。春回大地陽初動，日轉陰崖雪盡消。犬馬有情終戀主，山林無分又趨朝。旁人欲問酬恩事，洛黨塵編未寂寥。

耕讀遺民爲富溪宗人彦旻賦

雞峰渺河許，下有衡門翁。朝耕事拮据，夜讀如顓蒙。不慕萬鍾禄，安此一畝宫。逍遥斯世間，綽有先民風。北顧仰莘野，南征憶隆中。躬稼樂古道，致主成元功。聖賢今已遠，出處孰可同？潔身愛徐君，遺安得龐公。毛髮久云變，兒孫亦成叢。代耕復勝讀，世態從污隆。恒産蔚有秋，陳編浩無窮。何當挾册往？一與歌年豐。

富溪宗人彦旻君力學好古，自號耕讀遺民。其子正思從予遊，嘗請予一言，予病未能也。今年秋病愈，始克賦古詩一章以寄之，且將挾青編駕黄犢訪君于雞峰之下，而召命遄至，將不免于北山之移，有愧君矣。雖然，宦轍無憑，岩壑在望，則與君訂晏歲之盟，固未晚也。

題臨川曹庭瑞愛蘭卷

口談禄命似君平，相見無勞問姓名。手弄國香詩滿把，已應人識愛蘭生。

紫蕤燁燁翠莖長，不是當年九畹香。願子佩時須拭目，野花山草正芬芳。

臨川曹庭瑞奉其父宗器談禄命于休寧，多奇中。宗器預言予退，庭瑞預言予進，皆其驗者。庭瑞以愛蘭自名，求一言。值予方被召入朝，爲賦二絶。朱子注楚詞謂蘭即零陵香也，今人説蘭，殊與此異，因并之。

除夜家燕聽壚子鼓琴

山鄉明日是新年，壽母情深夜不眠。耳畔莫嫌無管籥，小兒初解拂冰絃。

南山梅盛開以將北行不得賞立春日始克至精舍與客夜飲聽逸清歌上清詞有作

許時不到山中來，今日賞春兼賞梅。苦於日落未成句，直到燈前方舉盃。投閒得忙博一笑，北去南來經幾回。道人爲歌白雪曲，塵累擾擾何時開。

壽績溪宗人景貴八十

雙瞳如水雪垂肩，才及非熊應兆年。上世黑頭曾入相，平生丹訣笑求仙。東風送暖開仁里，南極流輝落壽筵。從十到千應可數，爲君先賦大椿篇。

績溪仁里程氏出宋丞相文清公後，多賢子孫，若今處士景貴君，尤賢。有子曰康，績學待用，而其姪傅以令尹致政家居，來告曰：「景貴壽八十伊始，正月十二日誕辰也，敢請一言。」予與君族兄弟，嘗識君，方被命入朝，行李介道，不得舉一觴爲歡，迺賦此致壽意云。

題殷氏東溪泛舟卷

雨過東溪好放船，四山如黛水如烟。風前細檢逋詩卷，撫景悠悠十二年。

蠏潭風物定如何，南北驅馳歲月多。此日又從塵裏去，幾時來賦濯纓歌。

項里殷君時雍當成化壬寅歲以東溪泛舟卷求詩，時予方起復北上，居京師七年，被放南歸，家居五年，予不暇作，君亦不暇取也。兹予又將奉召北上，點檢詩逋，計終不可無一言，乃賦二絶歸之。稽緩太甚，既以自咎，亦以自笑云。

題吴氏知止卷

大江風息好收船，莫待巍巍浪拍天。戒險不慚三讓裔，爲君思詠卜居篇。

隆阜吴君九雲以「知止」自名，實有取于老氏「不殆」之義。説者多反之，蓋將以聖賢大學之道勖君也。予竊以爲不然，老氏此語，亦可爲進不知退、得不知喪者之戒，未可深非也。君子不以人廢言，故賦此詩，以不失君之初意焉。

題公明姪江湖覽勝卷

江湖風景最宜人，北去南來不厭頻。長遣一身安素舸，肯將雙足涴黄塵？鷗邊芳草詩城遠，鳥外青山畫障新。收卷付君還自哂，又隨徵節上征輪。

李白問月圖爲巡按吴天弘侍御賦

山東李白真王孫，天才逸若天馬奔。醉中雙眼俯八極，弄月似扣玻璨盆。安得長江化春酒，詩成百篇供一斗。拔取蟾宫玉兔毫，爲副金鑾草麻手。江月空明山月高，停盃一問歌聲豪。賀監歸湖郭令遠，寂寞當時宫錦袍。文章萬古光不歇，過首清光幾圓缺。世間欲訪謫仙人，煜煜長庚皎如月。

膽缾梅爲邵用珍賦

雪後山窗讀易時，膽缾清曉見冰澌。老人坐悟先天理，無限春光在一枝。

題虎圖

一嘯風生百草枯，陰霾消處見於菟。眼中頗覺妖狐静，不道相看是畫圖。

廿五日北上留别鄉友

吾道行藏貴有名，分甘丘壑了餘生。世臣恩重須仍出，廷議公多久更明。東壁圖書客再閲，北山猿鶴愧初盟。非才何力勝君召？館閣江湖只寸誠。

壽岩寺方彦仁

高年從昔數方瞳，近識多君一笑中。六十健來堪走馬，百千人裏羡冥鴻。靈椿影蔭庭心緑，辣桂香傳盞面紅。壽算不須盤甲子，古岩家世漢仙翁。

題宋王晉卿畫鵝

獵獵風吹蘆葉黄，瑶鷹如雪點江鄉。鈎簾素壁看摹本，想見當時寶繪堂。

登歙學歲寒亭和舊韻録寄巖鎮汪君士和子曜，歙學生。

隱隱長松帶石屏，小亭仍揭歲寒名。古碑字滅苔争繡，曲徑人稀草亂生。松老不隨霜雪變，景多真比畫圖清。憑闌小立斜陽裏，春鳥初聞第一聲。

訪進士何斯復于歙北黃荆渡不值時斯復方以養親告歸

問路尋君徑出城，過橋自得繞溪行。小翻翠柳東風軟，返射青山夕照明。爲就江魚長供母，暫容沙鳥一尋盟。前村種藥歸應晚，欲話心期恐未成。

過淳安拜大司空胡公于里第別後奉寄

玉立長身海鶴姿，歸來誰得健如斯。了無俗氣侵懷抱，才見青霜點鬢絲。優寵再看綸誥出，高情不改布衣時。朝廷次第收耆舊，擬有人賡慶曆詩。

走往來淳安，進謁大司空先生于里第，每拜益健。今茲之來，適聞特恩賜誥，褒德有加，知嗣聖之眷方隆，而老臣有重徵之典，天下之慶也。謹成鄙詩一章，少致鄉仰之忱萬一云爾。

題致政應文貞典寶山水

出門便見好溪山，却爲丹青一破顔。想是宦途雙足倦，高情長在卧遊間。

題白頭翁

蓮塘十畝動涼飔，水鳥閑忙任所之。對畫主人無一事，功名真到白頭時。

二月六日睦州城東遇雨野泊雜言一首

東風日夕至，倚棹桐江潯。淅淅打蓬雨，渺然動羈心。老夫起讀易，小兒坐鳴琴。相隨二三子，一笑開煩襟。山家隔溪渚，上有青竹林。依依出烟火，閣閣飛沙禽。他鄉忽值此，頗似南山岑。人生若萍梗，況彼霜毛侵？臨流發孤嘯，極目江雲深。

嚴先生祠

光武以子陵不受官，仍命有司供諫議禄終身，子陵亦受之以全其好賢養老之美，皆近古未有也。

不作中興諫議臣，歸來仍許禄終身。要令公相慚台鼎，正爲先生樂釣綸。黄鵠遡風非漫士，赤龍當極是真人。雨中未得供蘋藻，一日乘潮入富春。

赤松山

碧霄千仞赤松山，悵望仙蹤不可攀。直擬御風遊海島，肯來隨俗住人寰。夭桃一樹野烟裏，老鶴數聲空翠間。辟穀有靈應笑我，塵中雙足幾時還。

飯道旁定明寺

竹籬雙户對山開，何代精藍跡未灰？僧苦自爲征税長，地荒誰起曬經臺。匆匆一飯惟青菜，隱隱諸方半緑苔。落日未勝懷古意，聊題塵壁記曾來。

出清波門過淨慈寺飲于京兆先祠庵

一笑逢君似隔晨，相違驚是五回春。青峰湖上不改色，白髮尊前無數新。寢廟陰風瞻大老，梵宮斜日下遊人。繞堤莫放籃輿速，償我山中未了因。

過杭次陸大參同年留别詩韻

風雨紛紛歲月催，不堪行處送君回。自應鷗鳥忘機事，誰識龍媒本異才。周覽試看雙目淨，分攜聊與一尊開。皇恩未謝塵纓在，何日還容入社來。

二月十四日李修撰子陽請飲江北陳家王修撰德輝在座

客裏欣逢兩狀頭，東風三日繫蘭舟。淛西何處春色好，江北舊家池館幽。醉任往來衝細雨，情牽離合付新謳。忽驚巷額題潘閬，愧我無詩紀勝遊。

北上過武林再會竹東劉君雖右手痿痺神采勝常酹别之頃因賦此竹東當倚歌而和之舟中把翫如故人之在眉睫也

誰道相如病不堪？尊前一笑兩俱酣。持螯有趣供豪飲，捫虱無心事劇談。執筆不妨聊任左，奮身何必羨圖南。杖黎穩作湖山主，爲子臨岐祝再三。

王天禄侍御爲玲姪寫山水便面

豸冠趣在丹青表，公子情多山水中。六月高堂不知暑，向人隨手拂清風。

駐船月洲亭下聞佀都憲將至暮雨有懷

艤棹江亭待故人，闔閭城下雨如塵。魚傳尺素來三月，柳繫離情管一春。菜色可憐饑內地，萍蹤難定客中身。半生憂樂當何似，蓬底青燈坐及晨。

鶴山書院兼祀周文襄公今總憲治所

聖門千載鶴山翁，再拜庭前思不窮。老檜尚疑含古雪，殘梅猶自領春風。故鄉西望桑榆遠，敕使南來俎豆豐。入眼何人堪侑食？計臣今數大司空。

小飲承天寺爲沈啓南題林和靖二帖上有謝安撫印記〔二〕

咸平處士骨已稿，尺素誰傳雙鯉魚？寶藏尚有安撫印，遺稿元無封禪書。人清併遺烏亦好，字勁宛得梅之餘。東風古寺拭卷日，想像西湖雲水居。

謁范文正公祠二首〔三〕

廣庭端拜一塵無，門外清溪點緑蕪。三代偉人生慶曆，千年遺廟託姑蘇。淺夫敢竊先憂號？盛德還徵後系圖。徽國陋儒空仰止，海峰高絶倚天孤。

范家園脚步春風，皎日英標在眼中。銀杏十圍家廟古，玉粳千頃義莊豐。身當文正無雙士，手授中庸第一功。却走畫廊看翠碣，朱絃三嘆憶歐公。先祠前有銀杏數株，甚巨，蓋宋物也。

走奉詔北上，道出吴門，伏謁文正祠下，得閲忠宣、恭獻諸遺像，緬想高風，敬賦二律，寫貽公世孫從規，用致鄉仰之萬一云。

巡按趙侍御招飲憲臺清風亭

百舌聲中春意深，小亭隨步晚登臨。千年勝地姑蘇志，一代清風御史箴。傲歲花如圖上見，樂池魚向鏡中沉。論文雅會匡時語，不覺殘陽轉樹陰。

侶都憲華誕和韻

栢府恩光錫命三，蒼髯相對凛鬖鬖。軍聲舊遺戎王伏，詩律高令漢吏慚。泰岳炳靈分鄆上，法星流彩映狐南。一宵晤語如公瑾，不待醇醪亦自酣。

弘治癸丑春二月廿八日，承都憲侶公招飲書院，語間，始知是日爲公華誕之辰，因舉酒相屬，且用公自壽詩韻成詩一章，少助頌聲萬一云。

題倪氏子可竹卷

畢竟君可竹，還應竹可君？恨無醫俗句，與子播清芬。

崔孝婦葑門朱存理求賦

紛紛勃磎者，驚此孝姑名。刲股和羹進，捐釵卜地成。清河垂世範，吴郡有鄉評。撫卷三興嘆，周王化已行。

虎頭記

豸角昔爲吴郡守，虎頭長贈長康孫。居人一日知名字，請藥紛紛出葑門。

都憲劉公汝器守吳郡時嘗得疾，值郡醫顧良貴而愈，因以虎頭贈之。予時自新安入朝，目擊其事，今十四年矣。重會吳下，爲賦此詩，用道其實云。

題陸氏子終身之思卷

春色還青壠上枝，春風難染鏡中絲。只應孝子羹墻意，一日長縈十二時。撫卷令人重陸郎，思親情共海波長。知君不是徒思者，手葺芸編幾架香。下塘陸君鉞因予所善沈石田先生以終身之思卷求題，先生蓋亟稱其孝，予諾之，而匆匆未暇也。鉞請以一人尾舟相候，至毘陵始克爲二絶畀之，且引其意，用相勉云。

題華氏嚴埭舊業卷

先業淪他姓，前當野水斜。緑塍還舊物，白稻長新花。有共義民里，無慚孝子家。莫因心便得，詩禮足生涯。

予與守正別幾十餘年矣，今歲始克會于閶門，尾舟相送，過惠山，舟中夜話，出其嚴埭復業卷，曰：「此我五世祖所業，因兵燹廢去，而予幸復之，願賜一言。」予曰：「是誠可謂孝子不匱者矣。」惜予不工詩，無以聲君之美，聊具一律爲群玉之倡云。

上巳日秦廷韶方伯與施彦清盛舜臣迓餞至惠山

倚棹尋源到薜蘿，任催斜日下林柯。遊人不減吴莊盛，題字還疑宋刻多。萬樹野紅真絢畫，一泓寒渌未盈科。石牀他日如堪借，來聽松風和醉歌。

别君謙

萬卷芸香手自删，知予能撥冗中閒。吴門七日心難了，直與殷勤過錫山。

趙式畫芙蓉爲鎮江高克明同知賦

霜葉紛紛醉不知，名花全未覺開遲。眼中何物丹青手，解出秋江一段奇。

狠石行今在閲武場内。

北固山前兩拳石，野花茫茫土花碧。大如昂犬三尺强，小似伏羔才一尺。云當漢末風塵紅，老瞞勢欲吞江東。桓桓帝胄孫討虜，並坐此石論雌雄。想像時危屏人語，慘澹風雲眇蛇鼠。赤壁成功指顧中，石上誰賓復誰主？烏林一捷荆州分，同獎王室收奇勛。小兒好緣敗盟好，舞智蹶我髯將軍。漢鼎分明淪異姓，質子封侯甘僞命。可惜稜稜不解言，恨入江聲寄餘興。今逢一統天下王，鐵甕城中開閲場。將軍中峙列萬壘，此君却在城東方。我來適過城下路，停車摩挲日將暮。欲從故老借圖經，爲爾臨風寫長賦。

永慕卷爲鎮江鄭太守賦。

百齡將近委天和，累歲猶傳薤露歌。譜在正分通德里，名高宜入孝廉科。蘋空南澗身刑遠，蘭茁東風慶積多。看取玉峰山下石，貤封新表待重磨。

飲趙夢麟郎中滄江別墅

瀟灑郎官住京口，天性愛山如愛酒。長浮一斗與山盟，所不愛山如此斗。别墅正據滄江灣，四望宛在丹青間。虹月船空米老去，悠悠世代空塵寰。郎官作詩亦清好，不遇酣歌不揮掃。題遍山坳與水涯，與客江頭幾傾倒。我登滄江亭，爲賦滄江篇，呼童更吸中濡泉。臨風欲洗雙倦目，他時來結山中緣。

夢麟地官自號愛山子，又號滄江别墅，其懷抱清曠如此。今獲解官鞅于壯年，人固惜之，而夢麟則可謂之自遂矣。予北行，得過别墅，共飲甚樂，因賦此詩而行。

古詩三十六句寄君謙儀部奉寓懷思雲山迢遥不我遐棄春鴻在望用傒好音

艤舟閶門下，攬衣涉南濠。居人愛楊子，力任細書勞。手校日弗給，續晷焚其膏。坐令書滿家，一一排干旄。麗藻并奇字，史、漢兼莊、騷。剖擊無終窮，人徒識儀曹。焉知漆雕意，古學非時髦。有如萬里鴻，妙與江雲高。又如幽蘭芳，嫣然媚衡臯。恭惟聖所傳，慎此義利操。明明君子心，道體求絲毛。憂違樂乃行，不負人中豪。巨艦乘安流，向爾空飛濤。芸編亦自幸，非君孰吾遭？豈若夸毗子，悻然立蓬蒿。相去日已遠，令我心鬱陶。故人頗諧寡，聊飲玉色醪。題詩寄濠上，臨風愧投桃。

題吴天弘侍御畫菜

桔槔晝閑春雨足，采采新苗出畦緑。就中一握晚菘香，何許長安夸食肉。栢臺清節世見希，花鳥不愛丹青揮。向來斷虀本同調，下筯亦喜霜根肥。此味分明吾所羡，此色寧堪上人面。船窗撫景一題詩，憂樂終歸濟時彦。

高郵湖阻風時雖開夾湖，未能行舟。

一陣狂飈入地根，客舟如葉浪如輪。憑誰上訴由風伯，任爾抛香拜水神。阿岸稍卑思躍馬，夾湖雖好未通人。南來北去皆行役，篷底從容莫漫嗔。

都憲張公淮上所獲四印歌

予被召北行，道出淮陰，巡撫都憲張公汝器觴予，言往歲奉敕濬漕河，得古印四枚于楊子橋水中，已上進矣。其一曰壽亭侯印，其一曰鎮江府御前駐札都統制印，其一曰鄂州管内觀察使印，其一曰都巡檢使之印。惟壽亭侯印爲漢物，人知之，其餘莫之考也。予因言壽亭侯印據傳記凡三四見于宋、元間，蓋後人追鑄以奉神者，此恐其一也。史稱韓世忠嘗爲鎮江府御前駐札都統制，岳飛嘗爲鄂州管内觀察使，此二印，殆宋物歟？都巡檢使亦宋官，主捕盜賊，以守臣兼領，今不註其職守所在，莫知爲誰矣。語次，得長詩一篇贈公，用紀其事。公與予同出河間，進士同年，予兄事之。

行臺使者清河公，濬川來往長淮東。役夫走告得四印，不知何代淪淵中。盤螭結紐各異狀，蘚包玉嚙傷青銅。自應神物不可閟，月夕往往虛晴虹。一朝舁出馮夷宫，寶氣盡發清泠空。行臺得之三嘆息，謂尔古器遭沙虫。亂磨再使篆文出，拂拭不遺纖塵蒙。題緘頓首獻天子，護以黄袱馱青驄。近臣奉入歸御府，想像白日回重瞳。我來艤棹淮水上，十年相見驚秋蓬。坐間傾倒忽語此，便覺異代還英風。憶昔中山啓炎祚，絶世義勇稱髯翁。蘄王、鄂王總人傑，南渡百戰勳猷同。當時遣使各賫賜，尚方新鑄憑良工。繫之尺組表異眷，副以大纛兼彤弓。豈知變故生肘腋，斬地敗此中興功。孫權心久附漢賊，秦檜力主和金戎。兩人伏劍徇王室，霜飛六月愁蒼穹。一人湖上跨長耳，漫勞矰繳窺冥鴻。都巡歲遠失姓字，無乃亦是千夫雄？撫時感事數百載，令人扼腕悲三忠。行臺於我同榜士，呼酒更酌開蓮筒。桑榆誼深談麈洽，菘韭味潔冰盤豐。春風吹花助客醉，解舟北去方匆匆。海天回首推雙蓬，淮流浩蕩山巃嵸。爲公高歌重懷古，城樓一抹斜陽紅。

過淮

清流如澱濁流黄，有意交流不自妨。斜月倚蓬看水色，薰蕕誰道可同藏？

百步洪次吴原博同寅韻贈馮主事

彭城西上一舟來，柳岸春濤畫障開。蘇墨在亭留琬琰，梵宫當户出樓臺。風前艤棹生羈思，洪上分司屬俊才。欲借圖經詢古蹟，河妨今日費删裁。

沽頭閘下歌

閘河無人節新水，處處船頭閣船尾。人生自古行路難，咫尺直須論萬里。去秋不雨今復春，無麥無禾愁殺人。朝來不忍倚蓬看，扶攜拍岸皆流民。行河郎官不輕出，舟困閘河無了日。我舟雖困終須行，奈此白日嗷嗷聲？

留别濟寧周同守

憶在城都硯席同，天涯相望幾秋鴻。君生向我五年長，行色困人三月中。宦海積薪隨下上，客途飄梗定西東。艤舟不盡牽情處，太白樓前柳絮風。

先少保襄毅公在蜀藩時，於庠序間最愛周君用中，俾與予同學，蓋三十餘年矣。予被召北上，值君自地官謫濟寧，始獲胥會，一叙疇昔，恍然不知離合之久也。爰賦一詩，用紀歲月，兼致別意云。

題英雄奪錦圖

天外蒼鷹決雲下，山麓玄熊亦驚咤。錦雞勢落雙轂中，草偃風回不容罅。五羊趙王工羽毛，水墨孰與林良高？閒中作此有深意，不用千錢歸水曹。水曹世家原古歙，三試場中三奏捷，英雄奪錦人争誇，斯士斯圖正相協。呼童啓軸懸中堂，青春白日生輝光。郢人燕説亦有道，遠大相期君莫忘。

予北上過濟寧，水部主事程君廷臣以此畫索題。君之先實自新安遷上饒者，譜牒具在，可考也。匆匆爲賦此詩，亦將以訂宗盟云爾。

八里灣復會亞卿同行至開河驛始别

客路重逢喜倍增，幾人相好是心朋。愛君才似雞群鶴，笑我船同驥尾蠅。别思漸濃頻喚酒，和章難續更挑燈。薰風有約陪鴛序，忠告時時得敬承。

朱憲副恩壽堂

一堂曾記壽兼恩，八載相聞齒更尊。不叩仙方延歲月，只將公廩奉晨昏。推封日下登三品，衍慶年來見十孫。大手特書應未了，緑槐如幄蔭高門。

山東憲副朱君朝用爲侍御時，予嘗記其恩壽堂，今十年矣。再會東昌，出閱是卷，則知其具慶無恙，樂有十孫，而君方預憲使之選，恩與壽偕，不日有也。君請再賦一詩以申其説，因輒附此，致期望之意云。

管太僕同年出示往年登樓之作别後次韻奉寄

留題高閣四周星，詩味那能敵韭萍？驅我不情塵滚滚，向人無恙柳青青。弹棋敗却心仍喜，讀易精來體自醒。夜倚船窗憶故友，不知風雨透虚櫺。

舟中病請醫者劉宗祐與俱至德州贈别

臨清河下識劉郎，脉理名家本鳳陽。語次愛君醫術正，行邊寬我客愁長。丹溪自喜傳新學，金匱何須説異方。坐想到門應幾日，薰風吹滿杏林香。

李源十景

祁門李生彦夫所居李源，最幽勝，嘗析其景爲十，求予詩，數年矣，病未能賦也。北上道中阻風，連窗塊坐無事，因各爲五言一絶以寄之。雖短章寂寥不足以盡景之萬一，而其大致亦不出此矣。

天井龍痕

潛龍卧空山，爪印非斧琢。一日風雷生，終當露頭角。

軍灘馬跡

義兵昔來過，石上馬蹄在。遺響寄灘聲，英風凛何代？

鑑塘活水

一鏡含天光，源頭自何許？悠悠川上心，臨流共誰語？

斗峽迴瀾

兩崖忽中分，驚浪凡幾折。相期避暑來，薰風洒飛雪。

蓮亭小雨

雨落芙蓉塘，一陣香冉冉。瀟灑亭中人，紅塵不相染。

竹逕清風

夾道千琅玕，森森出墻外。有時一輪秋，平空發天籟。

筆架凌雲

三峰上排雲，競秀如筆格。千古兆人文，知非草玄宅。

誥軸横空

一峰如誥身，隱隱當户見。山靈知主人，終爲漢庭彦。

溪流晚棹

閒登溪上樓，返照射溪水。何處榜聲來，前灘白鷗起。

山磵朝春

雲碓倚東隴，遠響一洲隔。空林烟火生，晨炊待香白。

壽汪文好

當年開社向南山，曾共從容一日閒。老我半生頭已白，喜君五十鬢無斑。衣翻晴彩生春意，酒瀉秋莖動醉顔。正欲登堂陪賀客，又隨丹詔上朝班。

天津提督兵備劉天祐憲副留飲席上聯句三首

尊酒初逢海上城敏政，真須傾耳聽韶、英。陰雲釀雨窗含暝福，曲岸留人柳颺晴。兵衛夜聞談塵洽敏政，官河風便去帆輕。玉堂新寵金蓮炬福，供奉無能愧此行敏政。

三十年前飲令名福，天涯離合漫相驚。喜君憲節新開府敏政，愧我詩壇始結盟。蘭麝清風薰滿座福，秔䆉美俗動諸營。倚闌更有淹留地敏政，明日登樓一送行福。

燈前談笑客忘歸敏政，分付奚奴爲掩扉。好句每從沈醉後福，離情偏惜故交稀。月明坐嘯潮生浦敏政，漏盡驚看酒濕衣。邏卒隔墻喧警柝福，旅懷臨别更依依敏政。

拱北樓在天津城上，劉憲副所建。

危樓突兀中天起，雄峙高城壓諸壘。登樓北望空濛間，正距皇都三百里。直沽東去當海門，九河下瀉鯨濤奔。一道科徵比州縣，十連虎豹分營屯。天子端居不忘武，敕遣提刑此開府。眼中壯觀忽巋然，緩帶時來閲干櫓。四方玉帛趨神京，千車萬舶無留行。題品休歌太行路，麗譙却數天津城。憶昔文皇曾駐蹕，父老相傳至今日。憲臣初下新條章，宿將誰諳舊軍律？城頭大旆翻晴紅，城邊細柳摇薰風。我來徙倚不能去，宸居宛在紅雲中。畫角悠揚鼓聲壯，雉堞嵯峨日初上。掀髯聽講陰符篇，誰道儒生不堪將？檻外滔滔河水流，酒酣擊節歌新樓。盛年相與赤心在，范公敢謝蒼生憂？

與林泉

岐路塵埃滿髮絲，坐憐沙柳緑參差。停舟奉箄延佳興，不道林郎亦愛詩。

杭州林泉爲漕舟什五長，隨予入京，至河西務，忽奉紙拜乞一言，因賦此絶。

四月初六日楊村道中遇暴風野泊入夜尤甚舟人大恐皆不寐待旦燈下有感

黄沙如霧晝冥冥，一夜狂飈吼不停。何物陽侯翻地軸，有時風伯畏天刑。盜窺客舫懸孤注，神忌吾書走六丁。篷底故鄉應入夢，清溪脩竹舊岩扃。

都城道中憩永明寺次壁上留題韻

箇箇僧房密，真如百鳥窩。經翻胡語亂，詩掩壁塵多。渴吻思清供，憂心苦旱魔。誰銘堂下石，聊爲一摩挲。

與劉舍〔四〕

憲府封章入奏頻，春風隨路畫船新。將家子弟能將命，多少三吳待哺人。

一舟同日發姑蘇，千里相隨達帝都。情重汪倫能送我，我詩還似謫仙無？

吴下歲侵，都憲侶公遣劉舍人賫奏入朝，適予方被召北上，因相予行。一路勤慎可喜，拜辭之際，求一言，草草賦此。

校勘記

〔一〕君王還念舊宫僚　「宫」，原作「官」，據四庫本改。

〔二〕緑陰亭集卷上此詩尾有跋云：「石田沈君請飯寶幢教院，出和靖貼見示，因賦此詩。時手瘡未愈，寫作皆不工，真猕此卷矣。弘治癸丑二月廿六日程敏政識。」

〔三〕范文正公集補編卷三此詩附記署：「時弘治六年歲次癸丑春二月廿七日新安後學程敏政謹識。」

〔四〕與劉舍　「舍」下，嘉靖本、四庫本有「人」字。

篁墩程先生文集卷八十九

詩

五月一日復經筵日講簡廉伯賓之二學士

隨鑾復入殿東門，淺薄將何答異恩？去國不知三載過。傳家猶幸一經存。聖顔屢顧驚華髮，尚食仍饔醉緑尊。詞苑故人天下士，别來佳話得重論。

送門生江寧徐夢麟赴會稽教諭

教鐸分持客棹輕，青年文采屬徐生。會稽山水占鵬運，建業衣冠起鹿鳴。殷序暫爲丁祭主，漢庭終擬甲科名。我來子去匆匆裏，不盡沙頭酒一行。

送涂邦祥修撰省親還南海

彩舟遥指尉佗城，一路恩光送客行。憲廟紀成勞太史，禮闈文出羡諸生。鵝黄酒熟承顔好，獸錦袍新絢目明。回首五雲歸及早，衣冠相約候延英。

送武選徐仲山郎中赴廣東參政專理餉事

長才真合佐名藩，一日金緋荷主恩。遥奉璽書專餉饋，久持銓法試櫜鞬。嶺南父老先知姓，吴下山川正過門。兵後瘡痍應未復，聽君膏澤慰黎元

五月十二日騎馬北城堤上有感

北郭薰風散馬蹄，緑楊千樹水禽啼。蓬萊擁翠承金闕，太液分香繞玉堤。去國不知人老大，臨流還識路東西。紅塵白髮詩情減，緩策吟成日向低。

送司馬公輊赴長洲訓導

而翁提學久馳聲，之子才華冠後生。幾葉尚傳司馬氏，一官遥向闔閭城。人環上座先開講，績奏南宫再策名。吴下舊遊今歷歷，送君無限客邊情。

吾友副憲通伯之子世經將赴長洲訓導，過予需一言。值初入京師，草草賦此。吴中故人若李貞伯貳卿、文宗儒太僕丞、楊君謙儀部、沈啓南隱君，皆素相厚者，而邢君尤一時賢令尹也。因世經之行，不能不致思焉，故詩及之。

寄用禮汰萬諸宗人

九衢塵漲拂朱顔，日日追趨紫禁班。却憶舊時吟嘯侣，幾迴清夢落溪山。

自六月來屢賜楊梅枇杷及鰣魚諸鮮

素餐無補愧朝簪，殿左分鮮感聖心。觸熱到來舡似馬，退朝擎出價兼金。高堂上獻貽親喜，講席重遭覺歲深。犬馬未勝驅策意，酬恩期不負官箴。

送張叔亨侍御巡按雲南二首

才整朝簪拂嶺嵐，又騎驄馬出滇南。足輕萬里心何壯，法本三章老正諳。金齒兒童迎憲節，碧溪山水落詩函。歸來便作經年約，遠大功名是美談。

花擁長安惜共看，人生離合最無端。明時再幸陪鴛序，正學多聞祖豸冠。笑我少年今亦老，重君清節世應難。題詩贈別薰風裏，白首相期保歲寒。

侍御張君叔亨與予同舉丙戌進士，幾三十年矣，君以家艱居廣中久之，而予亦放還江南。邇者被召入朝，始獲後先北上，方幸接風采、聆教言，而君又受命出按雲南，行有日矣。因賦律詩二章，用見别意，兼致我私如右。君嘗提調學事于畿北，故詩及之，俾讀者有徵焉。

送程忠顯進士江西公幹便道還新安

金榜題名愜壯圖，便承天語向洪都。人環斗極瞻宸扆，使接星軺候省符。恩露染衣過故里，薰風吹棹啓長途。南來北去情何限？不盡離亭酒一酤。

題畫

黄葉山前一浦通，下罾收斧岸西東。催科不到漁樵地，贏得風光入畫中。

送陳瑞卿侍御陞山東憲副提督臨清兵備

河上薰風幕府開，承恩人羡得真才。虎牙今肅東西境，豸角威生内外臺。千里回瞻宸極遠，一方争候使星來。隨車定有翻盆雨，聽取歡聲出草萊。時方旱，故云。

寄錫山秦處士七十進士金之父，誕辰在七夕前一日。

山中誰與樂堯年？白髮新秋作壽筵。禮客情深茶勝酒，起家功重筆爲田。鵲橋縱近寧需巧？鶴算能長不叩仙。雛鳳暫歸恩正洽，爲君先賦大椿篇。

送錢與謙修撰歸省

多病慚歸舊從班，却從京邸送君還。情知到日都無恙，樂在雙親一笑間。
南風吹馬旱塵飛，粟種難投麥事非。不忍離亭對尊酒，芸編相贈兩依依。
抱玉頻年未受憐，一魁天下亦恬然。此行更繫詞林望，不爲湖山好放船。
暫去還來隔歲期，山中猿鶴謾相疑。行藏有道乾坤在，敢望攄忠答聖知？

送金宗德還太倉宗德來視其弟上舍祐于京師，未幾復歸省母。

暑沸征塵客少過，聞君歸棹發關河。壽萱堂樹違觴遠，夢草池塘入句多。憫旱莫論新舊雨，傷離難續短長歌。勸分有詔知能副，賑乏還應到幾何？

閏五月十八夜始得雨枕上作

旱魃爲妖數月過，一宵甘雨足滂沱。九重側席憂民切，百辟匡時入諫多。滿地禾苗回積稿，幾家牀簀起沈疴。腐儒不寐聽簷溜，雲漢詩成擬載歌。

南京工部尚書常熟程公哀輓

敻異尋常士，蜚揚四十春。群鷗方狎座，一鵬遽當辰。勇見辭榮早，勞因按節頻。盛名知不朽，遺奠出恩綸。

都下相過日，于今似隔年。家傳從歙徙，譜擬會吴編。舊業寒江上，新墳夕照前。臨風歌楚些，南望一潸然。

送進士王恂省親還毘陵

喜君衣錦還鄉日，正是皇州得雨時。新水拍河催畫鷁，祖筵呼酒繫青絲。恩榮早入瓊林燕，丰采誰當玉樹枝？雙珮趨朝人屈指，不須重調渭城詞。

送刑部馬金員外赴謫廬州通判

法署才名久擅廳，詞林家學重趨庭。謫官遠向濡須塢，候吏還占貫索星。畿甸晚禾看上壠，牐河新水待揚舲。器成遠大當盤錯，歸及鴛班兩鬢青。

聽濤篇

朝聽濤謝公墩，暮聽濤莫愁村。小濤碌碌如鯨翻，大濤殷殷如雷奔。老人來聽日忘倦，坐久不覺苔磯温。旁人借問聽何有？川上之趣不可論。老人本是林宗孫，江東舊業詩書存。朱顏采采映華髮，芙蓉爲珮芝爲飧。管絃那肯浼雙耳？祇來江上清塵煩。六朝遺事渺何許？兩岸石齒餘苔痕。逢人不驚愛沙鳥，向舟忽拜隨江豚。太平行樂輸此老，安得佳致梅花罇？壯哉有子南溟鯤，凌風勢與孤鳳騫。他日鼓鬣登龍門，姓名一日聞天閽。老人聽此應更喜，壽與江水同沄沄。

江東郭處士永昂自號聽濤，年七十有三矣。其子蒙，實予校藝所得士，將入南雍。以處士誕辰在歲晏，求一言歸壽，遂賦此篇。

半間爲武進周處士彦常賦其子塤，予門生也。

終身營營笑俗緣，平分風月到華顛。紅塵未動朝觀槿，白日雖忙夜聽泉。林下賞心能自足，人間清福許誰專？克家有子君無恙，全樂還應享暮年。

送麻城朱正赴唐縣典史正善地理家説。

曉看除目下天曹，蓮幕如君未二毛。民俗共誇唐邑好，故山遥望楚雲高。相逢喜説堪輿事，此去方酬案牘勞。領牒之官應不滯，南風吹雨送輕舠。

潛川汪惟悦父母雙壽

一堂偕老重潛川，丹頰明明未白顛。岩下送香春泛斝，弧南騰彩夜當筵。尋常花甲增高算，遠近租丁服上田。養志有人誇令子，鶴筒遥寄壽生篇。

送劉生還遼東

曉日都門動別顔，河橋新霽水潺潺。濯纓不負平生志，問學初升太學班。奮跡幾時來桂苑，計程三日過榆關。東藩幕府今何似？目斷孤雲送子還。

劉生瑾新入太學謁告還遼東，拜求一言。憶先少保尚書襄毅公天順中撫師于東，生父迪實在麾下，今三十年矣。故於其行，悵然有感而贈此詩，且致期勉之意云。

題王約鈎勒竹上有子昂題。

王猷孫子興超群，閒搦雙鈎畫此君。撫景試酬松雪句，一簾秋景動湘雲。

送楊憲副志仁之任山東鏡川學士之子。

學聲無忝鏡川公，曉日金緋拜命東。官舫遡風川漲急，祖筵經雨市塵空。芝顔定出群英表，菜色應回百計中。蹇我班行惟拭目，看君名績到宸聰。

送中書舍人歐陽子履僉憲廣東提調學政子履兄子相，先以御史僉憲雲南提調學政。

高衙並列新臺憲，盛事争誇好弟兄。染翰鳳池常稱旨，傳家麟史更知名。一番尊酒都門道，幾處弦歌嶺外城。聞説梅花千樹在，歲寒心緒待君盟。

墨竹

北都舊日原無竹，近歲蕭蕭緑滿城。上苑數竿尤得地，東風頭角看崢嶸。

進士婺源潘君玉汝得墨竹曰帝苑春風，出令蘄水，攜以自隨。既而以考績至京，索賦詩其上。玉汝嘗予從游，因致意焉。

東莊逸興卷爲衍聖孔公弘泰題

一莊遥在杏壇東，勝地相傳魯泮宫。魚鹿性貪林壑美，樓臺清出市塵空。攜壺客訪看花處，步屧詩成問稼中。蔬水解忘人爵貴，舞雩千古自春風。

竹間凍雀圖

凍羽飛鳴下筆難，坐疑聲遶竹枝寒。良工趣在芭蕉雪，莫向筼簹作意看。

踏雪尋梅圖

驣鞍回首欲相呼，不忍輕抛萬玉圖。詩骨與花争勝絶，灞橋還似六橋無？

壽蔣封君

博聞高譽重南都，晴雪絲絲未滿顱。恩露遠分新賜詔，壽星光射舊懸弧。登龍志已輸强子，奠雁心無愧義夫。遐算不須誇降嶽，蔣山高姓恰相符。

潤齋蔣君宗玉世居金陵，爲耆儒，年四十，不再偶，甚見重于士林。明年壽週一甲，適其子吏部主事浤以考績獲勑封之命。於其歸壽也，特求予詩，故與賦此。

主一齋爲都憲常熟徐公賦

行臺徐公公肅字，作宦屢更天下事。顧名思守父師言，主一題齋遠相示。聖人立教先敬身，大賢受訓仍書紳。嚮晦燕息毋敢肆，云誰有志希先民？主一開端子程子，基聖功成此終始。敬夫銘與晦翁箴，石本空餘墨盈紙。願公勖哉持寸心，端居儼若神明臨。緝熙問學不但已，海虞山高吴水深。

汪希顔親家拜貴州憲使有詩奉賀

持憲終歸老法官，除書先報鵲聲歡。衣冠正數汪家盛，山水休歌蜀道難。塵裏鬢毛驚漸白，古來風節炳如丹。送君只有中天月，夜夜清輝兩地看。

希顔之兄太守文燦、從子寺副守貞、憲僉從仁與其餘佐州縣、教庠序、登科名者六七人，皆出一族，可謂盛矣。部使者嘗立聚英坊以表之，求予記，久未能復也。故詩及之，以逭責云。

題扇寄大衍聖公

半規明月影沉沉，持贈秋來意轉深。料得王孫不輕棄，清風常繫故人心。

送編修劉可大還廣東省母

慈母年高雪滿簪，綵衣歸侍促歸驂。鸞封特降雲霞爛，鶴醞遥分雨露覃。東莞壽徵占婺女，北堂花事到宜男。詞林孝義如君少，幾日恩光過嶺南？

壽致仕學諭松坡王先生子御史鼎，出按二廣，有過家之便。

青氈歸老白頭新，六十于今又七春。手摘晚蔬供斗酒，坐臨秋水濯纓塵。三時適意松坡稿，百歲論文蔗境人。光動鯉庭增燕喜，豸冠持節正過閩。

畫蘭

故教授彭城馬君嘗以蘭題其齋，且號其集，蓋一時名流也。其子暾，今守潞州，托善繪者爲圖以著其思親之意。來京師，求一言。予素重潞州，故爲之賦云。

九畹風來春晝長，深林馥馥聞幽香。紫莚數莖葉劍緑，耻與百卉争妍妝。廣文愛蘭如愛友，繞誦離騷不停口。一朝乘化去弗還，寂寞芳叢委榛莠。過庭有子專城居，生綃貌得真璠璵。修篁奇石相映帶，高潔宛露冰霜餘。罔極情深花自好，名筆何須雪窗老？兒孫願比謝家郎，白日高堂鎮相保。

送劉仁仲修撰還蜀

豸冠投老住江鄉，之子歸寧下玉堂。路指白鹽諭萬里，史成金匱重三長。壽尊滿注郫筒酒，舞袖遥分漢殿香。還闕有期應暫别，不須開宴奏清商。

題吴氏樂義卷

南涉江淮北到燕，東風嘗送估人船。黄塵赤日相逢地，驚見吴家樂義編。

商山深處一齋居，遠客歸時樂有餘。教子義方開義塾，牙籤重理竹洲書。

休寧商山吴君貫之，宋竹洲先生之裔也，以貿易往來南北，而題其齋曰樂義，其亦不忘先訓而有警于後來者歟？

八月二十一日飲城東夏氏園

城東全不覺秋來，小飲新亭罨畫開。池躍一丸驚弄水，雲隨雙屐笑登臺。園争洛下誰當勝？曲愧巴中我未才。斜日尚牽餘興在，馬蹄沿路踏莓苔。

送俞濬之侍御赴四川憲副飭兵備于綿安濬之季父欽，嘗以兵部郎中從先公征南。

倚劍休歌蜀道難，提刑風采重臺端。新袍刺豸緋偏稱，御敕盤龍墨未乾。人困瘡痍思按節，家傳韜略試登壇。祖筵正及黄花候，珍重離觴一共看。

壽致政謝都憲子廷柱舉人求賦，誕辰在三月五日。

都臺清譽重三巴，解綬歸來閱歲華。雪後松筠同壽域，山中泉石富生涯。一宵共覩長庚瑞，兩日才看上巳花。遥望閩南歌戲綵，芝蘭原出舊名家。

太白騎鯨圖

長庚何罪謫九天，墮地亦作人中仙。吐詞如神醉不死，江山落魄驚無前。采石磯頭弄明月，醉眼渾疑爛銀闕。翻身却入馮夷宫，鐵網珊瑚任攀揭。陽侯知此太白精，奉歸帝所無留行。青冥風露九萬里，掉尾獨跨横山鯨。花鳥紛紛渺塵海，千古騷人憶丰采。畫圖想像知有無，贏得旁觀小兒駭。

飲英國公凝眺軒

池閣新開帝苑東，偶來亭上一尊同。彩虹拔地紆高樹，玉筍排雲入半空。晴亟尚霑花下雨，暑殘仍愛柳邊風。隔墻語笑相聞處，只似江南罨畫中。

上公清致出塵凡，幾許雲根疊翠巖。花爲奉親時下幄，酒因留客牘開函。嘉蔬不責新園課，奇石猶鐫舊内銜。周覽未窮歸未得，半簾斜日下庭杉。

送董學士尚矩赴南京禮部侍郎

去國五年驚再見，不堪君去更臨岐。詞林望久先膺薦，講幄功深合受知。南部衣冠今典禮，北河風雪此傷離。貴人白髮從來是，老手調元正未遲。

十月廿六日大雪約廉伯賓之二學士啓昭庶子小飲

新雪滿長安，東城特地寒。少須開賞券，未敢立詩壇。涷蟻先浮盞，河魴亦上盤。便應騎馬到，一笑共清歡。

壽致仕周二令先生先外母大人之弟，所著有澹然稿，壽八十矣。

雙瞳如月鬢如絲，林壑争迎海鶴姿。釀秫仙來長對酒，哦松人老只躭詩。渭濱尚父同高壽，洛下耆英會盛時。一曲長生千歲祝，才情深愧郢中詞。

同年小集得雲字

車馬集深巷，寒飈淨塵氛。肅登君子堂，晤言得交欣。憶在先皇初，奉對慚謏聞。同榜三百餘，一一揚清芬。俛仰三十年，忽忽驚離群。聚散豈足言？零落悲朝曛。攜手僅十人，況有天涯分。幸哉身尚健，無惜盃行勤。我齒后諸公，霜髯倏其殷。茲會寧偶爾？所期在崇文。圖報各勉旃，繼聖真華勛。張燈出新令，促席矜罏薰。禁鼓屢換更，客顔亦霑醺。月上未忍别，悠然賦停雲。

黄少參汝器、談僉憲時英、段郡守以忠之待次及考績來京也，黄京尹士英、林司成亨大、齊太常應璧、倡亞卿大器、陸翰長廉伯及予約爲同年會而飲于廉伯之第。時届都憲朝宗方陛見之明日，亦請入席，晤言甚洽，蓋夜盡一鼓乃散。惟丙戌榜進士三百五十三人，今仕中外者七十一人，茲會又不過十人。而以忠以疾不至，汝器能皆誦其升沉存歿之詳，歷歷可念也。朝宗謂茲會不可無紀，以詩倡而析「渭北江東」之句爲韻，俾各拈其一。予最少，得「雲」字，因口占如右，并識其事云。

小李將軍岳陽樓景

岳陽圖蹟重兼金，尺素何人手更臨？瓦布蛛絲憑錯綜，山呈螺黛欲浮沉。氣蒸波撼中唐句，後樂先憂一范心。閒指畫闌揩病目，卧遊情共楚雲深。

段中貴請賞紅梅

幾多榛棘委寒叢，春意先回紫禁東。仙骨換來砂正伏，玉顔酡處酒微中。風前香觸冰霜冷，天上根涵雨露豐。曾是江南花下客，不辭題賞付詩筒。

輞川圖爲段中貴題段公所居有玩芳亭、滿前生意諸勝處。

右丞家住東南麓，石逕盤雲走川曲。山亭水榭連數村，物色依稀畫難足。右丞一去今幾塵？披圖忽見終南春。水榭山亭渺何許？却道園林都逼真。真耶畫耶兩陳迹，秀句翻成北山樹。當時習静亦少人，詩板寥寥僅裴迪。孟城坳近華子崗，芙蓉花亂辛夷香。青莎濛濛鹿群過，白石齒齒灘聲長。椒園栅鎖山梁右，竹館門開野塘口。幾多幽勝落荒寒，泉石遭逢正非偶。文昌好古居鳳城，胸中丘壑千金輕。宋摹唐本此第一，粉黛碌碌難爲情。玩芳亭與臨湖並，生意滿前春烱烱。我欲顔之小輞川，看盡題詩啜新茗。

壽肅州劉參將景昌七十景昌子爲羽林指揮使，李學士賓之其甥也。

玉關人老得歸來，綺席還從壽旦開。壯歲兒堪飛將選，幾家甥似謫仙才。霜侵短髮猶看劍，春溢酡顔更唤盃。願作延州來季子，不須騎鹿向蓬萊。

賞雪次韻廉伯學士

憶當乘雪來，蕭齋偶然憩。坐令塵慮空，何必春可禊？豪談激清響，小飲失寒厲。我髮日夜改，任爾蔦相綴。老翠森在列，妖紅謝殊麗。前隣續佳盟，再白已更醉。今年告荒甚，遠邇物色悴。大有思特書，粒食感同類。君王視郊牲，肅肅徼帝惠。衣冠獲隨步，耿耿候輿衛。居然得三白，預想蘇萬彙。賞券應不孤，吟筒倏先置。興思潑蟻濃，冷未怯貂敝。尊前作賦手，敢與兔園對？心期洛下徒，不負寸陰歲。弛張姑自解，一笑出公議。此白如未已，入眼四成瑞。東郭留餘歡，西城卜新會。令嚴白戰鐵，價重掃愁篲。行樂及旬休，迂疎愧風致。

西涯學士再和東坡雪韻邀予同作四章

剪水天人萬玉纖，六花隨手辨何嚴。因風不惜泥沾絮，到竹時驚箬裹鹽。曉誤一雞先報寢，饑憐群雀亂投簷。書生眈畝情偏劇，喜瀹新茶試筍尖。

一色遥空點去鴉，小園荒井罷翻車。地堆龍甲成沙陣，風剪鵝毛作罽花。破蔡奇功收制閫，探梅高興屬詩家。南山虎迹年來盡，冷落平原獵士叉。

滕六行空勢太纖，一陽才復氣仍嚴。苦憐漢節羈青海，快想巴流下白鹽。呈瑞半鋪金殿瓦，妬粧偏綴玉堂簷。擁爐細讀梁園賦，頗覺南朝語更尖。

霏霏乘曙及昏鴉，河上冰堅欲度車。幾處疲癃愁乞米，滿城兒女笑團花。踵門共喜來雙士，郢曲新聞得數家。起答故人揮凍筆，印泥鴻爪任交叉。

和吴亞卿道本得孫之作

凍雷驚起籜龍兒，老節俄添玉一枝。兆叶仙禽來夢日，喜聽英物試啼時。門隨北俗長拖錦，宴出閶看半雜飴。書種有人公意足，霜髯促爾遍方頤。道本豐頤美髯，故云。

十二月十九日南郊視牲作

帝城南下淨無塵，夜漏初嚴第一巡。禁衛護行分虎旅，牲房傳號立犧人。出門尚覺雲隨履，歸路俄驚月在身。明日仗前當奏御，坐聽金鑰待雞晨。

立春前一日約江文瀾侍讀李子陽修撰小飲

卜居欣得侶，咫尺巷西東。老馬能知道，新詩合注筒。鞭庭春不遠，掃徑雪初融。凍潑家醅在，先期一笑同。

喜同年屠朝宗都憲卜居正得賓之舊宅次韻

幾年離合誦停雲，此日叨隨燕賀群。名重柏臺同鮑隸，壽期椿府似茅君。舊堂主尚多情在，新曲誰當善頌聞。譚笑不妨清漏促，帝城春色喜初分。

廉伯學士家賞盆梅限韻

幾點寒香綴一枝，隴頭人遠寄何時？冰容不受緇塵涴，玉種長疑白露滋。尺榦便能經歲虐，群芳隨爾競春私。何緣老相心如鐵，却對花神吐麗詞？

江南勝賞欲殘枝，冀北初看木後時。月色有情長遺照，春光無迹暗相滋。盟期竹友心方稱，譜作花魁譽豈私？繞匝願聽三弄闋，朱絃誰續舊歌詞。

篁墩程先生文集卷九十

詩

甲寅元日齋居次韻倪舜咨宗伯

五十悠悠白髮新，北來俄及帝城春。天人有慶占豐歲，郊廟相仍卜上旬。客刺暫勞停左顧，頌聲長耻勸東巡。明時事業夔、龍在，願守遺經候紫宸。

四日早聽郊戒復陪廟享次韻李賓之學士

衣冠晨立陛西東，有詔齋明對竹宫。鵷序復從陪祼享，鑾旂早已動靈風。五門晝下銅壺轉，九廟春回玉輅通。聖敬未遑先飲福，南郊三日待升中時禮官議郊戒免飲福之禮。

五日左順門賜金織雲雁紵絲緋袍

君王將出事郊祈，朝罷金門召賜緋。手奉印緘鵷作序，胸盤雲錦雁交飛。五紽但擬賡周詠，一字何能補舜衣？明日齋宫同入拜，圜丘春日爛相輝。

七日南郊分獻天下神祇壇次賓之韻

漏下齋宫夜未分，長林風起散罏薰。百靈受職扶元化，上帝端居隔朶雲。扈蹕軍容香霧遶，登壇人語半空聞。十牲載俎終三獻，想見明明格異芬。

八日宴奉天殿與亨大祭酒廉伯學士聯席

大廷開宴慶郊成，玉輦來臨自武英。拜注金罍先上壽，坐粘紅紙預題名。仗前舞戚天樞近，墀下鳴鞘午漏平。同榜幾人聯席在？感時圖報若爲情。

題屠元勳大理鏡妝蠟梅

調鼎應須幾弹金，蜜脾先沁玉容深。寒香瘦影無尋處，忽在詩家曉鏡心。

飲林亨大祭酒家觀閩燈

化城誰測暗中機？南粤親工北到稀。蜃市曉乘千疊浪，蟾宫春换六銖衣。弩窺伏道朱旗閃，車簇名園錦障歸。入眼未真先告醉，却疑東壁坐騰輝。

和屠都憲朝宗止酒之作

酒兵一日破重圍，讀罷初筵愧昨非。親近藥爐新病作，生疎芸簡壯心違。衆酣轉覺官宜禁，我戒寧因佛可依？小啜鳳團仍謝客，心旌遥自舞雩歸。

廿八日受命與賓之同教庶吉士于翰林

久塵經幄愧因仍，再領群才力詎勝。命下可能堪士論，年來方欲叩師承。金鑾舊契原秋榜，玉署新齋炯夜燈。振作英髦明主意，願歌周雅贊中興。

朝宗都憲聞予教庶吉士有詩見贈奉和

玉署西瞻尺五天，講帷何敢次高賢。聽君句比芝房篇，笑我才如草舍椽。春館晝長香篆續，午城風起漏聲傳。詩書願附燈窗業，不爲身期食蠹仙。

芸館初開二月天，詩郵來自栢臺賢。人才盛喜鵷成序，歲律忙驚燕寄椽。學海有航思共濟，經畬無本愧家傳。錦囊收拾珠璣在，佳話應留滿集仙。

送徐中行進士赴青州推官

城南芳草路東西，野寺春盃惜解攜。官小暫淹名下士，才高曾賦御前題。手繙案牘仍兼易，句寫山川直到齊。舊館爲誰重下榻？待君他日聽朝雞。

送翰林庶吉士許啓衷南歸

許君青雲彦，進學來玉堂。居然五色毫，掉鞅翰墨場。何緣忽抱恙，荏苒六月强。云有二老親，鬢髮驚滄浪。恨無千里鵠，載我天南翔。瀝懇夜具疏，頓首陳明光。邇來得賜告，暫返閩中鄉。官舟趣行李，禁柳摇初黄。相別城東門，立語春風長。巍巍紫陽山，渺渺雲谷莊。就中吾與子，共致一瓣香。子行日已遠，山川鬱相望。仰止聖蓍在，莫遺心田荒。家慶樂無已，人窮安可忘？芸窗遲子歸，尋源漱其芳。一水繞屋流，雙栢凌空蒼。平生四方志，及此歌明良。

和答朝宗都憲問難之作

寓言媧石本誣天，名教先應罪七賢。吴斧可當新月鑑，秦灰那復故宫椽。鳳簫久慕軒皇奏，雁札曾因漢使傳。紫府列銜吾未敢，官曹無事即神仙。

弭災惟敬莫呼天，牧愛無方首薦賢。未暇王田論畎畝，可憐民爨及榱椽。休論協本箕疇在，異學衰因孔教傳。千古鑄顔真鍛手，紛紛流俗漫師仙。

次韻艾武選奉使朝鮮卷

薰風笳鼓出皇都，争説官曹本上樞。關外兵車迎漢節，海東文物紹箕圖。青宫位正嚴宸左，紫詔光臨絶塞隅。胡越一家覃化久，不須重譯問前途。

使槎行處及芳時，陸海争先覩鳳儀。郵傳直過平壤道，祖筵何必渭城詞。受金使者應慚賈，佐省名郎却重綦。屈指定知歸口近，馬蹄沿路看辛夷。

兵部郎中艾君德潤嘗奉使朝鮮，有留别之作，今三年矣。當時和者已衆，而德潤亦欲得鄙詩，因奉卷以請。予素重德潤之才器遠到，其可詠者，不特奉使一節，因勉和二章如右。宋内翰綦公崇禮嘗爲兵部侍郎，其所建禦金弭盜之策甚偉，因援以入韻，少致期望之意云。

贈僉憲李君宗元赴河南宗元隴州人，副憲□□之孫，嘗巡按遼東。

一官分印佐提刑，祖席遥張郭外亭。豸服家聲推右隴，皂囊風采播東溟。尊前宿靄花爭艷，馬首春風麥正青。河、洛壯遊知練達，不勞隨路問圖經。

題尚書葉公捕魚圖

叢蘆岸側青谿灣，石磯淨掃苔花斑。漁翁有家住何許？風景却如西塞山。昨夜谿頭過新雨，春水漫漫決沙渚。群魚盡逐早潮來，父起收罾子看筥。入市魚租今幾何？歸家尚喜鮮鱗多。近村沽酒了餘日，醉後不妨眠緑莎。古木垂陰斷岸脚，疑與是翁曾訂約。摩挲安得共盤桓，細和江南捕魚樂。

送汪微之縣丞赴官蒲圻故宣德進士户部主事益謙先生之子。

幾年場屋滯賓興，一日銓曹次第升。畫舫官河行處好，青山鄉思望中凝。花間莅政時參尹，松下哦詩不負丞。珍重舊家文獻在，擬從湖北聽佳稱。

林良二畫

青山半壁垂藤陰，南陂水滿菰蒲深。非梟非鷲見雙鳥，上下嘸嘸鳴春音。石飲林棲無繫着，老去畫師那可作。虞人弋子漫多情，豢養能如寫生樂。

斷崖風急鳴枯楊，回谿沙白蘆草黄。羽毛縱横各有適，顧影似愛秋原長。此本誰當百金售？畫堂彷彿聞清咮。老隼蒼鷹不敢窺，疑在洋洋古靈囿。

雪窗蘭

誰將幽韻瀉朱繩，贏得風神寄野僧。澧上國香還幾種？欲鈔花譜問零陵。

送史主事

一年分省近江鄉，不似親庭隔太行。咫尺家書傳溧滸，東南軍食重淮陽。天恩早下金華誥，士論原歸粉署郎。春晚送君頻注目，落花隨棹楚雲長。

地官主事史君文鑑世家溧陽而出總庾事于淮上，有便道省親之樂，言別于予。予受命主考南畿，文鑑實在選中，今九年矣。喜文鑑功名日新，而予之不失士也，賦此贈之。

寄題蔣令君瑞芝亭

槁木中宵紫氣生，天開佳兆動山城。纍纍不止榮三秀，節節真堪配九莖。羽客四求空按譜，豸冠頻謫更知名。洵陽百里甘棠地，徵詔何時出帝京？

同年友蔣君克明以御史言事被謫，三徙而名益著，其後令陝之洵陽，有紫芝産其邑東空樹中，雙幹並出，其蕋突然若指者百有餘朶，視世所見不同，蓋真芝也。邑人咸慶，以爲異政所致。邇者君以考績至京，獲語及之。予意君遠外已久，將有懋恩嘉命以酬宿昔，而此芝實爲之開祥也，因賦詩奉贈，用取驗于異日云。

竹鶴老人山水

谿風吹雲繞山腹，上見青山下茅屋。誰家亭子據潺湲，中隔板橋烟樹緑。野艇悠悠來磵阿，晴沙白石灘聲多。幽人不喜問奇字，扣弦一曲滄浪歌。

沈石田小景

雨晴山麓上莓苔，老木亭前罨畫開。城市愛閒應更少，水邊才見一人來。

畫菜

嫩甲纖纖浥露青，小齋終日候園丁。不知春到先紅紫，幾處争開擇勝亭。

畫鷹當潮獨立。

一瞬青霄萬里風，草間狐兔幾回空。不知斂迹驚濤裡，却是千人百購中。

和答鄭廷綱通政

銀臺名重兩京傳，三載功高翰墨筵。南去地瞻鍾阜近，北來人仰鄭公賢。推恩喜奉回鑾錦，贈別思臨洗句泉。多士只今窺大業，肯從江海計流年？

雙鳳篇

大鳳先飛上丹闕，小鳳隨飛出丹穴。皇家結綱未全疎，入眼平生兩奇絶。春風篞羽驂龍翔，文章五色明朝陽。鵷班共指不易得，舊家似出三槐王。清咮時聞起阿閣，龢氣還應叶韶簫。舜、文有道致祥多，遠陋西京奏神雀。垣竹陴梧高入天，喧啾百鳥空茫然。願加自寶奉明主，聽取人歌雙鳳篇。

濱郡王君朝吉舉丁未進士，歷户科右給事中，以正言履行有聲瑣闈間，其弟朝儀復舉癸丑進士，授官行人，有如昔人所謂二惠競爽者，健羨之餘，爲賦此篇。

西垣對雨有懷羅明仲祭酒用舊韻奉簡

風回午枕夢初驚，雨促苔花繞砌生。墻角鳥喧黄屋静，樹頭人愛綺窗明。紅塵不了真無計，白髮相尋似有盟。忽憶舊遊江海隔，一生知己大司成。

九橋書舍爲京學教授莆田陳君叙疇作

叙疇父嘗作書舍，時司寇彭公父爲塾師，司寇記其圖庄甚詳。

十里莆南竹樹村，九橋精舍太丘孫。衣冠屢報看花捷，水石疑留洗墨痕。聘士高風今入畫，尚書經學久專門。寄言莫墜藏修地，白鹿遺規可重論。

郭熙雪浦待渡圖爲楊孟瑛主事賦

郭生寫山名一代，平遠蕭然有餘態。觸目誰傳雪浦圖，畫苑風神宛如在。飛瓊勢壓凍嵐空，疊出數峰兼粉黛。傍巖古寺隔西崦，鳴玉淙淙得奇愛。聯鞭恐是探梅者，何處山村酒堪貸。石梁欹仄冰在地，躑躅小童如不耐。前行候渡立沙尾，掉手野航呼並載。江空鳥絶樹號風，一色乾坤四無礙。澄谿何必剡中路，高興未孤思訪戴。李成弟子凡幾人？三嘆郭生今不再。湘縑拂拭重懷古，清景無邊句難逮。

送平江伯陳公奉詔治水張秋

薰風鐃吹發連艫，入眼驚濤化坦途。令肅河防新鑄印，功成邦計舊分符。世家不數酇侯傳，幕府長披禹蹟圖。寬取聖憂歸及早，可容旌節滯江湖？

八角雕花旛石一凷餉噎東白善世

雲根誰鑿竪經幢，流落真同客異邦。幾見白蓮馱象馬，却埋蒼蘚混珉矼。三生夢覺詩仍在，八角盤堅意久降。捨贈幸逢東白老，看渠磨拭對禪窗。

泥金蘭蕙圖

一榦一花香出塵，一榦數花香襲人。幽花本出山谷品，國香何似沅、湘春？高潔稜稜石爲偶，清籟蕭蕭竹爲友。草間荆棘短且疎，去取疑非畫工手。云誰愛作泥金披，爲重此本千金宜。谷風習習未見採，古意只有焦桐知。供奉門庭淨於水，圖史如雲集書几。無言相對此同心，粉黛從人寫桃李。

偕大器亞卿約賞葵于北城

聞説薰風會計軒，蜀葵開遍錦雲繁。濃陰更可消炎暑，僻地誰能絶市喧？載酒幾人來北郭，聯鑣一日下西垣。知君無限傾陽意，不羨閑花種滿園。

翰林公署偶作

回廊寂寂鎖齋居，白日都消病曆餘。竊食大官無寸補，緑陰亭上勘醫書。

閲諸吉士會簿，悉注病假，所餘者吾兩人耳。獨坐偶成一絶奉簡西涯寅長先生，聊發一笑，時五月十九日。

送馬謙貢士赴許州知州

中州名勝亦西湖，喜奉新恩領郡符。五鳳久徵循吏傳，八龍誰復聚星圖。白眉異表真才子，緑髮初銜已大夫。聖主憂勤嘗旰食，一方民瘼待君蘇。

衍聖公自曲阜載奇石一山至京相餽詩以謝之

尼山分劈小崑崙，千里航來秀可飧。續譜正堪題雪浪，呼童頻爲洗雲根。摩挲未了平生癖，斧鑿疑存太古痕。荒圃自今增勝概，一詩先謝素王孫。

送釋方策住善權寺

上刹新聞住辯才，一舟南去水如苔。再傳衣鉢詩宗遠，終日溪山畫障開。草没仙人燒藥竈，花明丞相讀書臺。病夫久欲捐葷飲，春焙還能數寄來。

宜興善權寺山水佳勝，號東南巨擘之境，今講録雪厓濟川公嘗居之。邇者其嗣孫方策長老復領札以往，來丐一言。予與雪厓交甚久，凡吟筒往返，皆策任之，而策亦嗜學工書，年少有志，必能爲此山主，無忝厥師。因賦一律，道其行如右云。

題張師夔畫

沙洲閒寄野航輕，山郭遥通石棧平。安得倚笻松下路，共憑高閣聽谿聲。

哀靈椿卷爲徐中行賦

雞絮香殘劍影空，一抔遥隔帝城東。夜深自有招魂些，樹脚川聲樹杪風。墳草青青歲月多，獨餘庭樹影婆娑。他時結綵纏脩榦，重續徐卿二子歌。

謁陵承西涯翰長有詩相餞次韻五篇

道中作

北郭詩筒走置郵，風光長爲客遲留。連村歲稔雞魚賤，故國城荒鹿豕遊。水没斷村鷲舊雨，蟬依高木戰新秋。青山久别今重見，一笑還能識面不？

甲辰歲與子陽太史同行今十年矣感舊作

歲華忙迫似星郵，霜入吟髭不少留。三日倡酬曾滿紙，十年離合幾同遊？方難却老思醫扁，學易隳功感奕秋。佳話不知殘暑退，清風能及故人不？

宿劉諫議祠下作

百歲浮生一傳郵，重公英譽到今留。人間虎榜真多愧，地下龍逢可並遊。孔廟作隣庭檜晚，唐宫何處井梧秋。得開祀典須賢令，能有封章達帝不？

連日憂雨作

黑雲成陣作詩郵，不得荒城半日留。嵐黛有情隨面出，雷車無定繞空遊。道傍喚轉林鳩午，風外飛餘石燕秋。寸寸入山驚雨意，友人還及念予不？

謁陵後喜晴作

來往濃陰若遞郵，晚晴無復片雲留。山呈玉筍凌空出，水幻驪龍抱月遊。奇事我逢三日霽，賞心天賚一林秋。歸途爲問朝陵使，曾有新篇紀勝不？

送王懋倫僉事進表還四川提學

雨露恩通萬里天，喜隨群牧上堯年。文章舊業餘三館，弦誦新聲遍兩川。壯歲幾人先服豸？清秋一路早聞蟬。賈生不久還膺召，爲子長歌解劍篇。

送常州府知事邵智之任

一舟南去渺征鴻，秋意才看到井桐。恩向楓宸分湛露，仕從蓮幕引清風。酒盃餉客驅馳裡，詩券還君邂逅中。喜説晉陵官況好，簿書清簡粟陳紅。

賀徐原一亞卿得雙生子

畫堂俯通逵，佳氣日葱蒨。襁褓忽雙生，彷彿蚌珠見。憑誰分伯仲？婉孌如一面。主人廊廟姿，慷慨濟時彦。及此熊羆祥，那覺鬢絲變。昂昂騏驥種，采采芣苢眷。坐令閥閲家，遠邇一驚羡。紛紜會湯餅，簫管動庭院。未由充賀賓，追逐叨一麵。爲賦瓜瓞篇，迂遲笑衰倦。

承出示兩郎，如玉芝駢秀，令人奇愛不已，因賦小詩二十句奉賀。雖不敢比西涯寅長之高詠善謔，亦姑用續貂，以少見連綿之義云爾。

送通守馬金進表還廬州金侍讀廷用子。

才看謫宦出京畿，早見來朝自合肥。上壽喜隨瞻舜冕，娱親兼得試萊衣。中天雨露常時降，南國山川幾日歸。記取一番新去住，離亭蟬咽井梧飛。

黄子久山水爲陸翰長廉伯題

丹青舊數黄公望，一幅溪山似瀼東。懸瀑自天噴早雪，飛橋臨水駕晴虹。談玄偶接蘇門士，采藥空迷雁蕩翁。安得爲絃招隱操，共憑苔石面松風。

小景便面

水邊芳草緑茸長，石畔新蕉鳳尾香。滿目化機誰解領，掀髯應不爲詩忙。

送唐秀才還曹州

别路驚殘暑，行人發去舟。一經傳載記，千里向曹州。饌會芹宫曉，香分桂殿秋。賓鴻聲漸近，隨處莫登樓。

送王德潤參政進表還河南

朝辭南去及秋晴，萬歲聲齊報禮成。巨鎮帶河中土勝，列星環斗北辰明。久推茂績書循吏，漸擬清班接上卿。嵩嶽正當封域裏，往來多少愛君情。

禮闈親薦出群才，翰苑重看蚌有胎。榜下衣冠今再葉，里中文獻舊三槐。出城催上離亭宴，候館知從覲闕來。多病得譙增壯色，送君斜日下燕臺。河南大參曹邑王君德潤以賀聖壽來京師，其歸也，請一言，因賦此以贈。德潤登己丑進士，時予承乏禮闈，有一日之長。近予奉命教吉士于翰林，德潤之子崇文復與焉。蓋迂鈍之資，實於此無能爲役，而王氏賢父子所以相予，則多矣。

送周文良醫從興王之國

輦下儒醫正數君，城東爲别思紛紛。黄花香入離觴飲，白雁聲隨客棹聞。焚券有名看續傳，曳裾無事好論文。萍蹤落落仍多病，金匱餘方得見分。

題山水障子畫王摩詰「雲裏帝城雙鳳闕，雨中春樹萬人家」二句詩意。

摩詰詩從畫中見，觸處天機自流轉。黄鸝白鷺輞川圖，入眼何須好束絹。多君此圖誰筆之，謂是當年春望詩。緑草烟横輦荎苑，紅蓮雨足昆明池。金闕沉沉半空起，柳暗花明連數里。不嫌車馬踏泥行，城外風光似城裏。太平有象作者難，品題不在丹青間。悠悠致主澤民意，對景令人生汗顏。隱几秋霖玉堂署，渭水黄山渺何處？倦來無力展新圖，時復高吟右丞句。

壽林宜人七十誕辰在正月十五。二子：長塈，湖廣參政，次璧，禮部郎中。

閩海風光説上元，一時佳慶繞魚軒。瑶池屢喜青鸞至，丹穴齊看彩鳳騫。壽羡幾人躋耄耋，教行諸婦謹寒暄。晴霄萬里瞻雲意，併逐春風入故園。

聞績溪高尹被奬勞之典

樂奏新聲彩幣紅，令君名滿練溪東。風行驛路除宵警，雨足山鄉樂歲豐。考績政成花縣久，旌勞人羡栢臺公。題詩欲附循良卷，思繞叢山紫翠中。

和答屠元勳都憲

元勳都憲以賓之院長感秋詩見示，久未能和也。八月廿四日朝退坐翰林東署，雨中有懷，次韻一首。

忽忽滄洲子，京華兩見秋。望塵驚市陌，聽雨憶江樓。白髪欺誰老？黄花慰客留。歸心輕過雁，君寵若爲酬。

甲寅歲八月廿七日過大監戴公城東清適園亭漫成一律

雨後晴沙不作泥，路迴深巷忽聞雞。黄交穲菊栽初盛，緑上新蔬剪未齊。塵外畫緗誰布景，眼前詩槖好分題。主人莫訝難相見，繞屋灘聲似剡溪。

與曹良金吉士

良金吉士能背誦洪範、君奭，終篇一字不遺，喜而有感，因賦一律，時弘治甲寅八月廿八日。

永日吾伊不憚勞，篇篇成誦愛吾曹。九疇一序皇猷遠，二相同心聖見高。孔壁有靈開治本，考亭無斁仰人豪。閒拋歲月成何事？三嗅芸香感二毛。

孤松挺秀圖爲用禮題

天寒地坼萬木凋，何許直榦凌丹霄。凛然夜壑走風雨，老龍怒挾錢唐潮。人言丁公得奇夢，手撫蒼髯欲飛動。良工好取獻明堂，莫向空山委梁棟。

壽慶雲侯母夫人八十

南極流輝徹絳霄，北堂稱慶擁金貂。恩筵味足兼麟脯，壽曲聲清叶鳳簫。生值太平期百歲，教行長樂冠三朝。飲餘試閱瑶池景，慈竹凌寒獨後凋。

送俞凝之赴徽郡照磨亡友侍郎振恭之子。

不見尊公喜見渠，郡中蓮幕奉恩除。一尊把菊難爲别，兩世通家老愧予。行李却隨征雁後，到官應及杪秋餘。因君定作鄉園夢，先到南山水竹居。

次陳白沙太史韻送廣東何貢士赴南京光禄署正何以孝行被旌其門。

世誦何蕃傳，名題孝行門。積誠孚草木，貽訓及兒孫。簪紱新恩重，詩書舊業存。貤封君素志，綸綍待王言。

題泰和吴尹必顯祈雨有感卷

杏園風日早輩英，花縣功名合有成。一雨慰民非偶爾，寸心憂國是平生。帝聞美政酬褒典，人樂豐年起頌聲。此日恤荒頻下詔，爲君題卷不勝情。

九月八日閒步公署西園獨坐亭上有懷

公退聊乘半日閒，小園深徑雨苔斑。紅塵不到幽亭上，白鶴長鳴古樹間。老學簿書空有感，才非供奉久無顔。明朝又及黄花候，何處登高憶故山。

題金太僕本清竹

往年曾識太瘦生，風神如鶴詩有聲。高情雅澹惟愛竹，揮染不讓東吴卿。一竿兩竿已清灑，鳳尾蕭蕭翠堪把。秋空弄影縱復横，宛坐山窗月明下。眼中何得千琅玕，怪石齒齒揚飛瀾。人間六月無寸暑，細看令我霜毛寒。憶在江南白沙渚，十畝新篁舞烟雨。腰鐮斸筍薦松醪，不惜年年自賓主。馬蹄再觸京華塵，夢魂長繞蒼庭筠。偶窺墨本猶昨日，滿耳清風懷故人。謫仙之孫好圖史，風節稜稜重金紫。公餘相對欲忘餐，爲説堅貞似君子。朔氣來時嘘凍雲，千花萬卉無餘芬。憑誰可結歲寒友？雪後青青惟此君。

太卿李君景和早與予同事嘉禾吕文懿公先生，爲窻友三十餘年，嘗以其所藏梅花圖索予賦矣。今又繼之以此墨君，蓋思以歲寒之好相期也。惜予詞翰鄙僕，不足以副公雅意，姑題此以塞白云。

輓劉屯田都憲敷之姪、安尹篪之父。

宰木蕭蕭掩墓場，屯田人去幾星霜？早將禮樂魁南甸，幾出忠言拒左璫。小阮立臺昭世訓，髯劉爲宰冠諸郎。名鐫翠碣青山下，擬共禾川逝水長。

壽錦衣魯宣百户母八十兼受封

禁衛才名羨魯侯，誥頒新軸錦盤虬。恩封不比尋常慶，慈壽將臨八十秋。鶴醞屢嘗春拂面，翟冠初上雪盈頭。顯揚有子身仍健，海屋遥添第幾籌。

送汪廷器艮觀

曾隨南雁住雲中，又出榆關到海東。壯歲儘誇行樂好，太平誰致虜塵空？輪蹄慣比孤舟速，書畫收兼百貨豐。來往莫譏江上客，王孫家世古元戎。

吾鄉汪廷器嘗客大同，又客遼左，有題其行卷曰「東北觀」者。予疑其贅，則笑語之曰：「東北者，艮方，宜易之曰『艮觀』。」本出戲言，廷器亟以爲佳，因更之，且請一詩。廷器，江南人也，乃安遊東北極邊之地不以爲苦而以爲勝，何哉？豈國家承平之久，雖四裔皆爲樂土，而估客遂眷眷于彼乎？抑廷器本出越公之胄，其風聲氣習尚有所承而不泯焉者乎？詩以諗之。

篁墩程先生文集卷九十一

詩

和答屠朝宗都憲見贈之什時予與賓之、廉伯、啓昭同陞。

久幸斯文號一家，我慚學海望中賒。修鱗合附風雷起，朽木那勝雨露加？講幄寸衷看日稿，宦途多病數年華。緇衣可續知公意，不負崇班帝汝嘉。

積書空似鄴侯家，白髮侵尋歲月賒。清世一官無寸補，湛恩三日愧重加十四日徽幸進官，十七日承乏署印。思從尹、謝研家學，敢共盧、王鬭國華？天語不忘供奉輩旨意特書「日講官」三字，涓埃何力稱褒嘉？

詩筒來自大夫家，路轉東城一逕賒。珠玉在緘光照映，龍蛇隨筆影交加。君才入眼真無敵，我屋從今倍有華。擬潑舊醅酬近約，晚秋風日正清嘉。

三鳳高翥，附鷃可慚，承惠佳篇，同一褒與，此過分之愛也。謹用來韻奉酬，語不逮意，遂至三疊，其贅可知，惟大賜改教乃幸。

沈啓南畫障爲張通守題啓南自題楚詞一曲。

石田老人非畫師，胸中丘壑天所私。揮毫便覺真趣發，意到豈借丹青施。通守張君畫成癖，半幅生綃比全璧。望中謂作雲門山，遊人擬辦登山屐。峰迴路轉溪流長，誰向石林開草堂？風簷舉手欲相問，扁舟載客來何方？老人畫出今人上，鄉評未數黄公望。一石俄成斧劈痕，不類群羊更奇壯。石田隱處輕輞川，秀句却似王維傳。吴歌一日變楚語，幽芳懶鬭春花妍。我從胥門八回過，古寺長邀聽經坐。老人不惜與畫山，擊節詩成幾人和。尚方有詔徵遺才，白髮蒼顔能一來？還君此圖意無限，停雲正繞姑蘇臺。

壽樊駙馬母夫人

壽筵風景似丹丘，珠翟輝煌映白頭。女士向來誇鄴郡，帝甥今日數樊侯。庭暉影轉蓂更朔，宫露香分菊戀秋。却指南山問東海，幾時清淺報添籌？

賀屠朝宗進左都憲加太子少保

鳳勑輝煌聽曉頒，鴻恩汪濊屬丹山。江南舊望傳三輔，嶺表新功震百蠻。左轄位當烏府印，東朝官重紫宸班。清時才傑如公少，看立勳名宇宙間。

題小景

黄葉風前守釣磯，石梁沙口負薪歸。輪蹄只在青山外，想見紅塵撲面飛。

贈河間丁襄教諭

頖水芹香襲佩裾，臯比中坐八秋餘。令丞釋菜詢籩豆，子弟傳經候起居。春捷尚期廷試榜，年勞先入考功書。廣文異日推瀛海，只在丁寬衆不如。

送戴廷珍侍郎持節册封魯府

龍節親持下九重，亞卿風采羨儒宗。虞廷訓誥班新册，魯地山川析舊封。還闕使軺期再月，出城吟槖記初冬。孔林咫尺歸途便，一叩宫墻禮聖容。

送江文瀾侍讀持節册封荆府兼有壽母之便

玉節煌煌下紫清，册封初命講臣行。離筵把菊聽歌郢，次國承恩許紹荆。人擁使軺觀盛典，吏隨公牒報嚴程。歸途正及梅花候，春向高堂百倍生。

送戈良玉御史赴四川憲副崇夔保順兵備

栢臺高處歲頻更，奉勑寧辭萬里程。雲擁干旄歸節制，風行山岳聽威聲。攜家遠過金牛嶺，攬轡長臨白帝城。珍重盛時勳業在，好將蘇息問蒼生。

李侍御二畫

縞衣清露濕溥溥，四顧松陰弄影寒。老警自能知夜半，不緣明月下瑶壇。右鶴。

又

啄宿相依葦岸潯，幸離矰繳幾秋深。可因戀稻頻來往，須識隨陽一片心。右雁。

與莊定山司副潘時用待詔同至李賓之學士先塋登古城

看山空負一秋强，出郭來抛半日忙。草没斷堤牽步遠，柳拖斜日送陰長。百年丘壠懷先輩，幾處園林似故鄉？却盡壺觴臨澗水，恨無漁笛和滄浪。

古城高處立殘陽，醉眼憑陵見八荒。木落放教冬嶺瘦，鳥飛横絶暮天長。鐘聲遠認馱經寺，幟影中開閲武場。勝覽未窮吾正健，不愁荆棘罥衣裳。

送表兄林文美上舍赴青州訓導

郡博承恩出上庠，宦途仍喜近家鄉。詩書俗厚稱齊下，兄弟情深憶渭陽。寒月擁裘催去馬，夕亭呼劍引離觴。官中舊識如星聚，不日分光到講堂。

表兄林上舍文美少與予同受學于先少保尚書襄毅公，屢困場屋，今歲始以試授青州司訓，觴别之際，賦此爲贈。惟青州太守潘公有一日之雅，同守李公、推府徐公皆鄉故莫逆，而憲使于公又文美師也，文美固將有所遇而少免于獨冷之嘆哉！

送吴汝德上舍赴澠池司訓

官舟南下逐寒潮，離思難勝郭外橋。仕版姓名初受禄，講堂朱墨細分條。崤、函境接山河勝，秦、趙臺空草木彫。麟史一編君舊業，幾人延頸待甄陶。

休寧吴君汝德以貢上京師，得試授澠池訓導，蓋天官卿知吾新安春秋士之可以與進來學也。於其别也，詩以送之。

題四小景

日日棲空館，呼童掃逕苔。飄然騎鶴侶，時自海東來。

右道院迎仙客。

萬卷芸香裏，蕭齋絶點塵。須知調鼎客，原是斷虀人。

右書堂隱相儒。

琅玕親手種，早見拂雲梢。要叶虞廷管，殷勤待鳳巢。

右庭栽棲鳳竹。

小小儲金鯉，池波一鏡平。不須桃浪暖，頭角亦峥嶸。

右池養化龍魚。

送滿城尹劉象謙同年友孔昭子。

隴西家世偉丰儀，京邸相逢恨見遲。早探杏園馳蹀躞，蹔分花縣撫瘡痍。同年有後能如子，異選無多定屬誰。大器可常淹百里？内臺徵節快相期。

同庚會壽施院使欽

曾向西隣暫卜居，羡君供奉幾年餘。嬰醫素出尋常表，朋壽今當五十初。香愛菊花浮醆面，秀看芝草茁庭除。海籌添屋從今始，借取家傳肘後書。

題罷獵圖

沙磧風高樹鳴葉，馬放平原人罷獵。解裝散出青草間，兩兩胡姬映桃頰。酪漿滿注金叵羅，侑飲似唱陰山歌。雪鷹離絛犬噬肉，穹廬到處皆行窩。大斾揚揚出烟表，不覺殘陽過林杪。健兒自許力未疲，翻身欲射雲中鳥。打圍之樂樂未央，挽弓握矢心茫茫。嶺陰直接賀蘭道，馬上終老單于鄉。當今聖人制諸夏，八方無塵羽書寡。但願胡雛似畫中，莫近三邊古城下。

題田家娶婦圖

逕草如烟柳如幕，日上茅簷鼓聲作。田翁遣女不出村，東舍西隣隔墟落。新婦駕牛兒跨驢，家人後擁翁前驅。兒家舉酒攔道勸，舅甥幾世同桑榆。耳邊阿婆私屬父，肩上嬌嬰肯離祖？歡聲一路到柴關，野伶山歌柘枝舞。兩門彷佛朱與陳，鄉儀簡古民風淳。華筵肆設競珠翠，想見紛紛京洛塵。婦饁男耕罷征戍，安得移家箇中住？長因擊節頌年豐，不作催租打門句。

壽歙義官王富祥

朱顔猶未點霜毛，甲子初周第一遭。丹臼笑人分藥餌，綺筵隨意醉松醪。承恩始覺衣冠勝，閱世寧知歲月勞。喜到賢郎稱壽日，梅花如雪照江臯。

謝方伯輔夫婦輓詩五子。長紘，國學正；次紹，知府；次綬，工部侍郎；次紳；次緝，刑部主事。

薇垣人去幾春冬？曾説賢勞動九重。琬琰有文書大節，衣冠無計返生容。家庭稿在青箱貯，方岳功成紫誥封。餘慶百年流未已，鳳毛誰及謝超宗。

高堂偕老穴同藏，閫職名隨澗水長。家訓不驕親子女，恩封猶愛布衣裳。塵埋婦笄庭萱殞，劫盡仙籌塚樹蒼。撫卷爲君聲薤露，五常真見白眉郎。

題祝黄門金鯉引子朝天圖

滄溟白日吹腥風，桃花浪蹙連春空。一魚金甲忽騰起，頃刻變化雲雷中。四魚雖小亦奇健，鼓鬣偕升尾相貫。蹄涔回首顧凡鱗，咫尺龍門隔霄漢。劉郎寫魚如寫人，鵝溪大幅開天真。臨池揮染不論月，董羽、楊暉争幾塵。番水名流今大諫，頭角峥嶸萬人羡。丹青此意君得知，射策還徵過庭彦。

題周駙馬所藏小景

一舟隨泛水雲中，醉愛高眠仰受風。驚起竹林雙白鶴，背人飛過大溪東。

十二月七日監放官吏俸粮其册云學士程某等共支米二百石初蓋不知當此首選也戲成一律奉寅長西涯先生同一捧腹云

三十年餘翰墨壇，强顔來作計籌官。清朝制古班恩厚，冷局人多卒歲難。吏事不堪詩興敗，公庖無暇晚炊寒。偶披俸曆掀髯笑，淺薄由來首素餐。

題石菊

一峰筆立青琅玕，介若端士何桓桓。託根衹許霜下傑，凛然正色凌秋寒。酡顔相倚爲誰好？仙人自喜朝霞餐。山川入眼盡摇落，百卉豈敢誇鉛丹。石稜蒼苔蔚苒苒，花頭灝露清溥溥。醒時把菊醉憑石，柴桑風致餘江干。好事何人得佳本，嚴陵邑子今郎官。郎官博雅近出色，鼻祖與我同新安。奉圖見過索題品，彈指一春經歲闌。哦詩却憐寫生手，意匠不減揮毫難。玉堂公退塵鞅絶，硯池火燒冰花殘。臨風喚爾金石友，爲增騷譜盟雞壇。

吾宗節之郎中以此圖請題，踰年矣。歲晏齋居，愛是佳菊奇石，爲賦長句，且號曰金石圖而歸之。蓋石以本名，菊以色顯也。

甲寅除夕餞歲有作時元會日，壎子當奉駕之役，因書示之。

朝元先自拭宫袍，守歲仍呼煖腹醪。三品職銜愁不稱，一年詩債幸粗逃。東風暗轉窺蓬户，北雪公添入鬢毛。更屬小兒須早起，扈行仙仗莫辭勞。

弘治乙卯正月十一日郊祀分獻東海壇紀事

瀛東迂拙愧儇才，分奠滄溟此一回。金屋雪消風應律，紫壇塵淨月當臺。享神樂備鈞天奏，扈蹕人壅複道來。願積海籌添聖算，常占雲氣望蓬萊。

送工部傅曰會員外荆州抽分侍郎曰川之弟，公事畢有過家之便。

南望荆門郢樹深，水曹分部稱華簪。一舟破凍催行李，萬木浮江待主臨。吟草便煩京國夢，掃松兼遂故園心。羡餘有獻非君事，江漢清風喜自今。

題墨梅寄陜西巡撫王都憲表倫年兄

暗香飛沁墨池深，幾日春回萬玉林。喜報隴頭消息好，一枝先寄歲寒心。時乙卯正月四日也。

題志遠兩浙巡宣卷

江東才彦夙超群，浙上巡宣更數君。諫院幾陳匡國疏，分司常揭劭農文。名高古亦來深忌，盜息誰堪策茂勳。却幸邦人詩史在，一篇留與四方聞。

予讀志遠此卷，大理夏公之作，所謂「據非所據侈以肆，蔑視典章張氣勢。豕心溪壑屬無厭，人於何誅天必棄」連數十言，凛凛若秋霜不少恕，其意殆有所指也。慨然有感往事而賦一詩，用申其説云。

送庶吉士汪抑之養疾南歸

幾日東風來，河冰已全解。之子將告歸，離情渺江海。念子極英妙，一舉魁南宮。射策動天子，籍許金閨通。選試白玉堂，青萍益增價。倚馬萬言成，觸目五行下。攻文不自已，稍稍疾見侵。經年别桑梓，歸夢西江潯。承恩出都門，戒道以南往。喜有水部兄，圖書接官舫。憶捧育材詔，我愧章句師。群英數請益，空空竟何施？與子今蹔違，完養無自緊。能識舞雩心，行矣當勿藥。子本越公胄，近出文公鄉。至言久相領，敢謂一日長？遄歸定何時，及此答隆遇。病起罷春醪，悠然賦長句。頗聞二千石，視膳亦有期。予言倘印可，一笑誇儒醫。

昔我明道先生謂自古未有因學而致疾者，今抑之頗以學致疾，豈所謂疾者非以學之故耶？抑所謂學者探索過于涵泳而與古人異也？蒙恩蹔歸，義弗忍别，因賦此爲贈。或疑其意繁語贅，非善鳴者。然予方有進于抑之，而抑之亦將有味于予言，豈以是爲祖道之飾而較工拙哉?

題楊克仁鴻臚公車奏牘卷

口傳奇略自先侯,身退常懷致主憂。擊節幾人歌出塞,誦君三策氣横秋。太平制虜寧忘戰?老將成功半伐謀。分取劍囊收疏草,他年西繫月支頭。

予觀楊君此卷,因感其父鎮撫公成化初陳言荆、襄事適相類,然當時猶有臺官剏其功于朝而獲以功名自見也。公論久益不可揜,楊君何患焉?鎮撫公事,予嘗序之,今三十年矣。

題戎王出獵圖

黑山之北青海頭,草木摇落風颼颼。平原一望渺無際,獵騎四踏黄雲秋。戎王小年面如玉,彷佛當時李存勖。錦袍白馬彎琱弧,一箭真應倒蒼鹿。蒼鹿却走青羊奔,沙磧霜中餘血痕。相隨兩兩奉驅策,氊裘辮髮皆羌渾。一犬騰身逐驚兔,後騎韝鷹笑相顧。大家賈勇各忘疲，倒載争多不知暮。健兒獨往先着鞭，自期百發無虛弦。何物霜蹄忽星迸，脱手落地仍欣然。幾輛氈車駐山口，應待歸來勸胡酒。共焵熊掌炙駝峰，敕勒歌長出林藪。歌長晝短樂未央，皂旗閃爍天蒼涼。明朝移帳定何所？擇地還開新獵場。方今聖人居大寶，烽燧無烟罷天討。胡雛長作畫中看，莫近飛狐塞垣道。

送魏黄門秉德延綏盤糧有燎黄之便

聖主憂勤念足兵，近臣特奉璽書行。離筵蹔尔停車騎，外閫遥應識姓名。士飽總先防寇策，虜束須復受降城。傳家貞觀遺忠在，幾日封章達帝京？馬首春風潞水村，掃松先喜到塋園。新開翠碣書慈行，久錫鸞封荷主恩。玉節擁塵驚巷陌，錦衣流彩動川原。此行孝與忠兼得，爲拂谿藤寫贈言。

送張黄門經載兩廣盤糧

手持黄紙下紅雲，祖席東風酒半醺。總道使華當盛選，誰將邊粟付虛文？行程烟火蠻中市，候館旌旗嶺外軍。青瑣再登知隔歲，皂囊頻達九重聞。

請楊貯春太醫爲栽盆蓮

老手栽蓮不衆同，繞闌栽藥未論功。憑君爲致西湖種，添我山棚十丈紅。

胡氏二親南山遥祝卷子節，鄉進士，開塾士欽家。

遥祝南山啓壽徵，木公金母慶相仍。酡顔拍拍春同上，短髮蕭蕭雪半增。漢曆一周開鶴算，禹門三級待蛟騰。舊家歡動零陵郭，綺席松醪盡幾升。

送馬少卿宗勉謁告歸常熟

東風吹柳拂征車，感激恩生謁告餘。幾日從班虛禁苑，一宵歸夢繞丘廬。碑當有道銘誰撰？誥出顔公手自書。蹔去即來天子詔，不勞相念託雙魚。

樗老行

老人有家住吴中，白髮被領雙顴紅。南華一卷常在手，富貴過眼驚塵空。古樗繞舍青童童，婆娑盡日心神融。大株擁腫小拳曲，斧斤自慶逃輪工。爨焦久惜吴山桐，霜落亦任吴江楓，老人與樗兩相契，全身綽有莊周風。兒郎秀出芳桂叢，肯構獨建詩書功。棟梁之需固在此，致身已到明光宫。老人跡比樹屋傭，老人壽似桃源翁。我愚安得往分席？冥冥羡彼雲間鴻。

楊君仲實，吴下之耆而賢者，以樗老自名，蓋有取于蒙叟全身遠害之義也。君有子昇，舉進士入翰林爲庶吉士，從予遊，間道其事。予嘉其爲人，爲賦此篇。

壽李侍御思承母思承出按江南列郡，得便道歸省均州。

寶婺流輝啓壽符，名郎承詔向三吴。萱花堂背春占鵲，栢樹臺端曉集烏。雲繞舊家隣太岳，酒成新味似蓬壺。酡顔百歲知無恙，看取鸞封出帝都。

首夏齋享宿翰林東署作

玉漏沉沉夜下遲，絳河星影動罘罳。忽從枕上聞啼鳥，却似南山獨卧時。

送傅佐還南京

花邊江到石城村，鳥外山圍白下門。川陸自今勞奏事，衣冠他日待承恩。閑居字學黄庭在，幕府家傳露布存。年少壯遊渾得意，不須攀柳薦離尊。

傅佐秉忠，嶺表之彦，予舊識之於閣老瓊山先生丘文莊公家。其爲人好學善書，今被命在南京守備幕府，有進補之階矣。

玩芳亭爲段太監次西涯韻

沿逕入芳園，蕭然覺塵迥。起登罨畫亭，四望如野景。平生漢陰志，俛仰慚掣綆。墻竹來清風，水花破幽洞。主人性愛客，時遣送佳茗。摩挲靈壁峰，孰是仇池境？妙哉泉石趣，蕞爾車徒騁。草色侵簾幃，芸香襲衣領。爲和郢中篇，煩心坐來省。

僕所懸學士牙牌乃文懿公舊物今僕已獲新製者敢用歸之維立寅長侑以一詩用備詞林故事且以著楊氏之盛云

此牌休道閱人多，兄弟懸來得幾何？競爽衣冠誇淛水，承恩先後上鸞坡。我慚白雪歌難續，君愛青氊手重摩。他日階庭看轉付，森森蘭玉待高科。

五月八日翰林前堂坐書所見

公署忙閒不自由，眼中詩料忽相投。草分暗茁攻磚罅，槐出横枝蔭瓦溝。

送楊志仁憲副謫長沙通判

文懿家聲却有光，喜從郊野見孤凰。許身價抵千金重，愛國心隨萬里長。九辯賦存堪侑席，貳車官好勝監倉。當今聖主恩如海，刻日嗚珂入建章。

予荷恩昭雪入朝，志仁憲副有詩寄慰，久未能和也。今志仁有長沙之行矣，情可已乎？握手之餘，得此爲别。

送尹同道還歷城太宰之弟也，太宰孫女出嫁英國公子，同道實主其事。

情切鴒原衆不如，往來無惜走征車。百年子女成姻後，幾日鄉關入望餘。白社已開嘉慶宴，紅鸞遥報上公書。先朝太宰今無恙，爲託殷勤問起居。

蓮沚爲山東周仲瞻參議賦

夜來一沚雨，濯濯明新妝。朝來一沚風，苒苒聞清香。主人霄漢士，系出汝南房。言愛君子花，卓彼草木場。摇摇青玉佩，文采丹霞裳。淨植無纖塵，摩挲共滄浪。豈無若耶舟？過眼矜年芳。亦有泰華井，吐詞落荒唐。君家無極翁，故宅遥相望。敬讀愛蓮文，手澤疑未亡。溪堂白日遠，庭草春風長。倚歌賦蓮沚，却愧通家郎。

内閣賞芍藥次少傅徐先生韻四首

玉堂佳地苑墻陰，紅藥根蟠歲律深。題品正宜宗匠手，栽培那識化工心。香浮御坐堪誰比？價重名園不易尋。前輩賞緣今更續，一編留得鳳池吟。

花神如在鏡中歸，七寶妝成入眼稀。人立嘉名稱近侍，天留奇品殿芳菲。藥芩重此長醫國，詩陣憑誰一解圍。坐對薰風看未足，半簾斜日下龍扉。

宮樹花飛盡緑陰，陸離紅映掖垣深。仙妝露洗羞塗額，國色天成笑捧心。池上紫薇元並植，風前黄蝶敢相尋？錦亭爛熳金尊賞，消得玄暉一句吟。

蕊宫仙子步虚歸，困倚南風午夢稀。寶鼎半薰香苒苒，錦袍穠襯緑菲菲。題慚郢曲歌千數，賞愛胡牀列四圍。莫問揚州三十種，幾多抛擲傍巖扉。

五月十二日公署後園偶步

堂西亭子大於瓢，一雨才晴暑半消。幾日不來亭上坐，擁階蒿梗緑齊腰。

便面題寄秦恭參將

却虜能分北顧憂，齊紈何似掌中籌？一揮聽取清風起，散作邊城六月秋。

送進士李應靈赴宣城知縣應靈，亡友户部郎中炯然之子。

柳絲低蘸水沄沄，百里恩除喜送君。登第向來傳警策，勸農他日看新文。政成擬賦江南樂，才美終空冀北群。忽念李邕今不見，舊遊踪跡負停雲。

題洪克正行樂圖

峽口青松結成屋，雲表蒼崖掛飛瀑。一觀已具四時花，何代雪樵今更續？烏帽朱衣林下行，琴書獨樂輕浮名。須知郡伯有是子，不道侍御難爲兄。竹底奔淙如劍截，此外黄塵任飛滅。磦砢千群翠欲流，離披萬樹紅堪折。石棧丹梯不可攀，望中却似天台山。願君壽比洪厓老，他日相期問九還。

右歙洪君克正，故太守有約之子，今豸史克毅之兄，於予有鄉戚之雅。間出陶成此圖，請予一言。予觀成畫最不易致，而克正得之工且亟如此，豈其仁賢足以服其心、馴其俠而有是哉？克正雖客遊，心恒静逸喜自養，類有道者，故詩及之，因以諗之。

湖廣巡撫韓貫道都憲年兄移治河南有詩見寄次韻奉酬

一緘細讀晚風前，秀句分明壓惠連。别計數年書札少，喜占今夜燭花偏。尋行我負經帷久，换節君承御墨鮮。玉署有懷清不寐，可人明月共遥天。

樸庵先生何公哀輓八章都憲鑑之父。

行比先民老更成，耻隨流俗競浮榮。家山日暮愁雲起，留得庵居樸字名。

曾從江上拾遺金，瓦礫相輕見道深。野史有人應作傳，世人誰是古人心？

飢氓不道食無糧，貧女還應嫁有裝。遥想輀車臨葬日，幾人遮道淚浪浪。

孔墻東畔起高樓，望見宫前泮水流。家訓有勞人共指，都臺聲價重宸旒。

窗下俄生並蔕瓜，可須紅紫鬭繁華。高人已作全歸士，和氣猶傳積善家。

山中逃暑睡方甜，門外於菟識孝廉。壽到古稀仍過七，老天明示吉人占。

曾受清朝御史封，華顛烏帽見真容。墳前更竪蒼崖石，待取鸞書下九重。

勑葬恩深動一時，松楸長繫百年思。几筵況有奎文在，不用人歌薤露詩。

送莊孔暘年兄赴南京吏部郎中

北來南去太匆匆，出處關時道未窮。林下有詩長教我，朝行無力爲留公。韋齋吏署遥相踵，茂叔郎銜亦偶同。一雨洗塵青更好，定山才隔大江東。

桐隱爲龔鳳賦

曾向吴門識大龔，喜君繼隱託孤桐。薦書那復干知己？篆刻争誇似乃翁。竹院隔隣秋興足，葑溪當遥午塵空。君王舊有招賢操，正在南薰幾曲中。

吴龔廷臣博雅能詩，尤精于圖印，予舊識之，且嘗訪之，見其堂扁曰有竹人家，今十二年矣。獲見其子鳳于京師，其於圖印亦工，又緣其名字之義自號桐隱，求予詩，輒賦此。以九成之材藝，當壯歲終隱而無所遇于異日乎？

故禮部侍郎東嘉章公哀輓公諱綸，贈尚書，謚恭毅。

早參儀部識人龍，長荷先生降禮容。林下黄花方采采，墓前芳草忽茸茸。生榮有客同三省，死諫何人犯九重？千載懷賢憂國意，臨風誰説涕無從。

喬烈婦故侍郎喬公毅之妾，殉死旌表，有司爲之立廟。

侍郎家範肅於霜，義動幽閨耻未亡。身絶素幃風黯慘，魂隨丹旐日蒼涼。祠前歲晚松逾勁，隴上春來草亦香。太史爲書佳傳在，千年留激懦夫腸。

許由棄瓢圖爲廷殷姪題

心寂何妨響萬瓢，棄心生處勝狂濤。耳塵蹔滅心塵起，却恐先生見未高。

遊錦衣章千户彦廣園亭

雨後園亭秀逼人，偶來忘却宦遊身。竹林氣爽寧知暑，槐幄陰濃不受塵。酒發舊醅春灩灩，果嘗新摘露津津。晚涼無限濠梁興，獨瞰芳塘數巨鱗。

抗塵松栢翠爲亭，夾路薔薇錦作屏。盤谷人家兼紱冕，輞川風物中丹青。詩囊瀉處真誰壯？屐齒歸時亦自馨。地主分花頻訂約，儘開荒圃候園丁。

彦廣錦衣西園最勝，惜無題品者。予偶過之，爲賦二律，寫置壁間。繼此客當必有倚歌之調，則異時有聞于後者，或自予始。

題大理王卿墨竹

斷縑一幅瀟湘秋，筆趣彷彿文湖州。坐覺清風滿人耳，洒然六月登江樓。主人重是王子猷，琅玕直節非時流。歲寒長共此君約，紅紫紛紛何所求。

送李宗仁太守赴延安

麟符分部歲華多，漢吏誰優政事科。直北朝廷瞻紫極，迤西封域近黄河。憂民屢聽芝泥詔，樂土終傳麥秀歌。珍重范、韓勳業地，舊題崖石待重磨。

送盧文淵進士赴兖州推官

黄甲才人領郡刑，由來欽恤重虞廷。薰風拂棹催登路，甘雨隨車待過廳。萬卷讀來需法令，一方行日按圖經。他時不負功名地，咫尺尼山入望青。

次韻題竹鶴老人畫

林間二客妙無語，溪上一航隨所之。江山偶爾興不淺，誰説丹青老未奇？

行臺春意

巡撫畿北張都憲天瑞寫竹寄巡撫南畿佀都憲大器，題曰行臺春意，大器求予詩。

年年新竹破蒼苔，清拂江南舊栢臺。不道停雲高興發，却從江北寄春來。
紛紛紅緑委黄塵，入眼琅玕秀逼人。勁操不隨霜雪改，行臺長占四時春。
風前無數翠鸞翔，粉籜初翻細細香。公暇留題詩滿籜，後人應比召公棠。
春雷殷殷動江村，頭角崢嶸遍石根。回首一灑溪上路，爲君歸思繞篁墩。

贈工部祝惟貞員外三吴治水還朝

幾年人議白茅塘，此日功歸粉署郎。來往共誇新水利，疏通誰識舊河防？舜廷取次看行賞，吴地從今不奏荒。底用勒銘江畔石，東南遺老頌聲長。

西園作假山成約諸僚友小酌

三年不見青山面，百計荒園小作山。新竹亂栽渾颯爽，秀峰高垛亦孱顔。誰家景出丹青上，終日身當紫翠間。等是太平樗散吏，一尊相約共娱閒。

慕萱

休寧孫君廷秀少而失恃，以慕萱自名，石田老人爲作慕萱圖，聞而詠之者甚衆。予與君同邑人，且重其孝思也，爲賦此篇。

階前五月萱花吐，日日見花如見母。對花不覺雙淚垂，安得花前彩衣舞？人言種花憂可忘，孝子之憂江水長。花殘却有再開日，暮雨蕭蕭空北堂。

雙鶴圖爲汪東曙題

長風劃然起林末，遠近嵐光翠如潑。虬髯倒捲怒濤翻，谷應川鳴海天闊。雙雙忽見青田君，振翮一聲高徹雲。遡風擬先鴻鵠舉，争食寧甘鷄鶩群？手撫玄裳莫飛去，入眼分明有奇趣。丹青定自薛公傳，題品慚非少陵句。

篁墩程先生文集卷九十二

詩

終慕

邢志尹揮使有終慕卷，張靖之郡伯序之詳矣。間日便風以書求益。念亡友之不作，嘉嗣世之有人，俯仰慨然，爲賦長句。

邢侯昔總海上軍，將星一夕沉秋雲。名郎克肖武且文，陟岵之念忘朝曛。幕府新開向西浙，喜乘樓船舊旌節。舉目愁登閱武堂，寄治僧房寸心結。海波東逝無回川，嗣侯之孝人爭憐。移却忠勳報明主，聽取人歌終慕篇。

維則軒

汊川汪君思仁之居親喪也，廬墓三載。既歸，而題其軒曰維則，蓋不敢取足于是而又以望其後之人于無窮也。其子尚文求予詩。予方在哀疚中，一切文事皆已謝絶，而重思仁之孝爲不可及，勉賦此篇。

寒日下喬木，回風動前軒。憶當親在時，於兹奉寒暄。一朝事變作，白玉埋荒園。墓廬忍棲息，三回見正元。瀼瀼春露寒，凛凛秋霜繁。傷哉罔極恩，恨不同九原。歸來過庭處，階草青更蕃。載誦下武篇，感激思聖言。高楣揭華榜，求仁示南轅。勖爾子若孫，永矢當弗諼。雲山高崒嵂，磵水鳴潺湲。相望不可即，淚下空瀾翻。

輓王端之子茂材，爲儒學生。

君來古歙曾過我，寒日松梅話小軒。我到錢塘還訪子，暖風花竹讌名園。笑談追想如三宿，魂夢那知隔九原？哀些慰君君莫恨，紫霄雛鳳待高鶱。

清明拜掃遠祖兵馬府君墓〔一〕

府君都使澐公之子，唐季以一軍鎮休寧，遂居邑陪郭，官至歙州兵馬先鋒銀青光禄大夫左領軍大將軍員外置同正員兼知休寧縣事，卒葬邑東皐，土名知縣突，嘗一見侵于異姓，敏政率族人復之，正其兆域。

亭皐東半匝松杉，百世英靈此秘緘。古蹟未亡知縣突，堅珉猶刻領軍銜。司尊瀉露澆墳土，殉劍飛虹貫石巖。支下聞孫今白首，亢宗無力愧朝衫。

永思爲夏璋賦

親恩誠罔極，子孝在終慕。乾乾奉豆登，戚戚感霜露。炯然一寸心，萬古如旦莫。悖德者誰子，上帝均所賦。多君揭華扁，常目若大寤。顔田耕獻督，川陸市泉布。時時見請益，往往行却顧。此心亦何心，寧以勢迫故？卓哉紫陽翁，美以歙州路。民生多秀良，子得固有素。敬身則天明，保族謹王度。庶焉副所思，芳聲踵前步。

文燦憲長親家將赴任廣東病中無由往拜書此奉別

碧山紅葉路參差，憲節行當九月時。五嶺使軺縈宦轍，一方民瘼重監司。官清豈解持端硯，主聖無煩貢荔枝。多病不堪臨遠別，浮雲空繫故人思。

汪敦善以詹簿弟春草圖索詩强賦一絶不忍復觀也

滿地菲菲緑漲春，多情長踐落花茵。謝家風物依然在，不見臨池染翰人。

望雲思親圖

婺源葉世榮居休寧，有年矣，嘗作望雲思親圖，縣儒胡靜夫記之。而因予所善匄一言，其懇請之篤，甚于市夫之逐利、士人之求官。予憐其志，因爲賦此。

朝看雲出壑，暮見雲歸山。庭闈悵何許，人子傷朱顏。當年遶親舍，千里念行役。今兹遶親塋，三時淚霑臆。里儒爲作記，良工繪新圖。雖知一念性，十室慚非夫。夷之亦何人，亞聖特相勉。老我寧失言，珍重望雲扁。

文夫還婺源

文夫成化中佐予編刻程氏統宗譜二十卷、貽範集三十卷，凡七百餘板，今復佐予編刻新安文獻志一百卷，凡千餘板，志健力勤，殆吾宗所僅有也。春盡夏初，暫還其里，因賦此相贈，且端其再至云爾。

多病劬書感二毛，喜渠同志爲書勞。聊將簡册酧斯世，一任高賢笑我曹。譜協歐、蘇先繡梓，文徵殷、夏幾揮毫。山堂與訂重來約，莫待西風入緼袍。

積慶堂

富溪宗彦道升，里之善人也，年逾七十，有子有孫，里人爲顔其堂曰積慶。論者以其名太腐，難於賦咏。予以爲不然，厭常喜新，士之患也。爲作一律以解嘲，不識觀者以爲何如?

總説堂名太腐生,幾家不愧此堂名?心田墾熟收三倍,義壘功深築九成。揭日片言垂訓足,履霜千古戒人明。吟場莫恨慳詩料,滿耳鄉評即頌聲。

雪林爲巖鎮汪道隆賦

夜下三尺雪,曉起驚塵空。萬木森玉立,平原失西東。有客來騁望,如在瓊田中。名園渺何許?飄蕭競春紅。感之思欲飛,浩浩凌天風。何當拾瑶草,挈我蒼髯翁。

約黄司訓汝彝

和韻小詩送去,訂十八日之約,亮愛我之深,明日早一至,同備山裝也。

數莖白髮感流年,三秀靈芝在目前。何地與君堪一話?雲巖高處絶塵緣。

畫菖蒲爲汪進士乃尊賦

拳峰秀岋岋，清池下泠泠。上有菖歜苗，瘦奪莓苔青。人言九節根，食之制頽齡。云誰染毫素？一登君子庭。琴書浥清氣，几席來餘馨。重此百陰韭，更數千莢蓂。願致安期生，相隨住巖扃。

山臞

宦途長憶舊山薇，名跡無勞問是非。稽古例應吾輩瘠，匡時天遣福人肥。手栽紫朮堪供酒，體稱青荷欲製衣。循吏囑君三十載，却從遺老試松圍。

每在山澤愛儒仙，貌瘦心腴事果然。露飽枯腸塵外客，雪清吟骨匣中賢。羲經筆録三分注，膳譜囊封十字纏。他日浮丘堪問道，一簞容與鶴分田。

饒倅張君自號山臞，名公珠玉之爲卷者，三矣，君猶以不得鄙作爲歉。豈高堂華燕，水陸具陳，而水菹野品亦不可少，姑以備禮而止邪？

寄贈嘉興丞

績溪黄舜政，予族道軒翁之婿也，以太學生授湖州武康丞，專督水利。邇者改任嘉興莅縣事，因書此贈之。

苕、霅頻年水利多，移官新寵向嘉禾。庭當雪後雙松在，路及春前一棹過。久説老成堪佐令，早祈豐稔罷催科。館甥無限馳情處，贈别言萋奈老何？

月桂圖

天風肅庭宇，玉鑑懸清秋。霏霏金粟香，湛湛金波流。郗林亦何常？志士方黑頭。須知漢庭對，卓彼蟾宫遊。

郗詵對策時號「桂林一枝」，後人美登第者，必援以爲比。或者以月中有桂，又號「攀蟾步月」，置桂不言，其展轉之失，非一日也。門生彦夫、師魯各以圖索題，因出此見併致期望之意云。

方侍御到京後寄題梅一絶併咏憲臺梅三律勉和二篇

瘦骨冰容不耐寒，春花開落任悲懽。天留一樹清溪上，正爲山人喜静觀。

勝地清空絶四隣，東皇先報一枝春。愔愔香氣侵衣冷，的的鉛華入鏡勻。誰道廣平非賦手？直應和靖是花神。山園亦有孤芳詠，恰借君爲壓卷人。

壽汉川宗人隆八十

古顔真似澗松蒼，玉立還同野鶴長。當代仲車從耳聵，有時弘景亦瞳方。小宗不愧端明譜，晚境仍題慎德堂。指日詔書優大老，爲君先致九霞觴。

送王濟秀才還建德祖居祁門

草堂初識面，文采重王郎。新稻香炊白，疎桐葉墜黄。家聲出江左，歸夢遶池陽。莫起并州嘆，祁山是故鄉。

送武康郭令

番禺郭君自德興移令武康，考績上京師，予族人文邦客其邑，以嘗受其惠，匄一言爲贈，且予素聞郭君之賢而不及識也，輒爲賦此，情見乎辭。

武康賢令數時髦，坐理朱絃不種桃。六事屢當旌異選，三年何止簿書勞。縉紳有待推華轂，父老無煩擁晝橈。竹馬況聞先業在，看君名蹟重銓曹。

壽葉時顯

葉君時顯隱居歙岑山之麓，年七十矣，歲十二月廿九日，其誕辰也，精力康强，眉壽伊始，因賦此寄贈。葉氏相傳爲唐越國公法善之後，因詩及之。

佳辰開宴水雲居，白髮朱顔七十初。太華嶺頭仙致藕，小焦山下客停車。梅花破玉輪春早，蓂莢留青報歲除。延壽想君家法在，不勞重檢衛生書。

贈陸彦功醫士

親家汪君克成嘗有疾，承陸君彦功藥之而愈，克成深德之，請予一言爲謝。予素多病，其所以德彦功者〔二〕，蓋有甚于克成也，因賦此律，附見鄙意。

林杏飛香擁一廛，往來都羨好心田。譜分歙邑留先業，方自忠州得世傳。醫國有名曾赴召，活人無算不論錢。蹇予多病勞君久，爲客題詩感昔年。

慎德堂

邑雷溪孫君仁賓早失所怙，以慎德名堂，思致其孝也。間持卷索予詩。予以旅獒「慎德」語繹之，正可爲君之字，不獨可以名堂也。因賦此貽之。然予素不善韻語，隨筆所成，頗與平仄互入、雙聲疊韻之體相類，蓋其措辭乖刺不自知其至此也。

孫君仁賓名，一室揭慎德。高堂傷淪亡，恨莫報罔極。時時瞻雲思，往往泣對客。兹焉趨吾廬，啓卷冀教墨。吾觀咸賓言，子字適可摘。名居兼名身，外内兩竭力。中心期無慚，百作詎有忒。爰同書諸紳，庶足示孝則。

寄贈江西段大參同年

皂蓋風行絶點埃，湛恩近自日邊來。除書驛報新薇省，夾路人迎舊栢臺。南郡去思隨處見，西山晴色望中開。九重側席夔、龍選，他日還應簡異才。

年兄段公以忠前在荆州索鄙句，病況交集，久莫能應也。今兹大參江右，顯擢伊始，輒賦一律寄贈，致期勉之私，匪獨以酬吟債而已。

秋林書屋爲汪尚文賦

四時佳致擁山房，却到西風趣更長。日謝故人來舊雨，夜便燈火入新涼。丹楓炫彩揺書几，金桂飄香點筆牀。有待石林霜氣肅，聽君瑶瑟皷清商。

族人抑昏更名詩

富溪族人有名昏，字希遠者，予恒私語之曰：「名以制義，義以成禮，古訓也。『昏』豈可以自署哉？」君請更之。予諾焉。既而思之，君老成人，人之習稱也，久矣，不可以中改，宜用徐無黨、陳去非之例，增其名曰抑昏，仍字希遠。遠者，明之至也。謂當抑其昏而希夫明之遠者，庶於古訓弗舛也。君謝曰：「善。」且請爲詩，以告夫宗族、友朋之未知者。

昏昏勇當抑，明明力當希。顧名一自勖，往哲思同歸。逸士號無黨，賢人稱去非。相望富溪月，旅夕揚清輝。

壽祁門宗彦用仁七十

用仁於所居本善，一作善和，門有五峰，號賓峰五桂。用仁三子，曰吉，治家務；曰啓，儒學生；曰旼，治舉業。故詳及之，兼致勉望之意云。

七十年華鬓未皤，壽觴行處客來多。五峰挺秀鍾仙桂，一里常豐數善禾。世德正分忠壯譜，賢名宜入孝廉科。薰風爲致長生曲，古調深慚擊壤歌。

十月廿六日病以酒下木香散立愈

何處堪尋却老方，等閒只有太和湯。調中即是仙丹母，行血真爲聖藥王。八節寒温都可禦，一時憂喜便相忘。莫將安樂窩中老，錯比南朝達士狂。

守約

西門汪慎氏以守約自名，間擕此册來請一言。居闤闠而有志于進修，士之難也，豈直求美于觀聽而已？

守書作書蟫，守金亦金虜。中有守約人，居然邁凡伍。三省孰知要，一儉更師古。華扁揭軒齋，箴規仰鄒、魯。

方侍御受勑有詩見寄奉酧

金臺方君士華以鄉魁擢上第，召自畿縣，受監察御史，莅職公清，負器遠大，真一時妙選也。三載考績，將有受勑之榮，輒賦近體一律爲行贈。君，故志雲先生元服之從子，先生以詩鳴世，而君實嗣其傳，不獨舉業吏事過人而已。詠嘆不足，申以一詩，併致意焉。

早年文價重燕山，桓鮑心期伯仲間。出按遠提烏府印，侍朝常肅紫宸班。龍墀奏績衣冠擁，鳳勑推封雨露頒。天子聖明先納諫，濟時勳業趁朱顔。

玄英詩骨老雲巖，衣鉢分明付阿咸。寫景尚隨蓮社約，觀風何愧栢臺銜。珠流丙夜光難定，鶴唳清秋韻不凡。健草如能慰衰朽，新篇無惜惠泥緘。

友竹軒

婺源族孫質，字文夫，一名彬隆，嘗從予編校于南山竹院。告曰：「近爲一室，以事藏修，未有號也，敢以爲請。」予爲號之曰友竹軒。古人以君子比竹，而加之友者，視其比德以自輔也。語曰「文質彬彬，然後君子」，子之名字與號，實兼之矣。且爲賦一詩，發其意，觀者尚無以予爲善謔哉。

勁質亭亭迥不群，雨斑晴緑更多文。平生獨立誰知己，一日相期得此君。盟好自甘同晚節，世情從薄似秋雲。南山却望高沙路，已覺清風兩地分。

棣蕚聯輝樓

成化壬寅歲，予會諸程作統宗譜，婺源城東程氏與焉。城東之彦曰士奇，爲邑庠生，爲予言其父處士孟通與其仲孟達、季孟遠極友愛，構樓以居，鄉達故翰林檢討陳克永先生爲題其楣曰棣蕚聯輝，未有記，因請于予。予諾之，未有以復也。久之，士奇不幸物故，事遂中已，然恒往來于心，不能忘。今兹南還，始知孟通之孫柏、孟達之孫柏、孟達之曾孫耀暨檢之從子鰲並爲郡邑儒學生，益相友愛，有先世之風。而檢數來，申其請。顧予憂病之餘，不能執筆爲記，時賦詩三十二句貽之，且以慰士奇于地下云。

東閣有高樓，爲問誰所營？人言蜃湖裔，家聲重蚺城。環居數百指，中有三弟兄。

相將若鼎峙，敦此手足情？朝讀樓上書，塤篪日和鳴。夜宿樓下牀，共被如姜生。坐令鬩墻者，望望慚分荆。賢哉太史氏，華榱揭新名。斯人去已遠，友義垂休貞。子孫襲遺矩，學祖龍門程。感彼棠棣花，春風益敷榮。我昔會宗譜，君家實同盟。荏苒十六年，老大嗟塵纓。蓉峰翠如染，星水涵空明。何時一登眺，攬衣坐前楹。對花説往事，載賦鴒原行。

遠上寒山詩意圖爲汪鎰題

偶爾拈來語更工，景隨天出愛唐風。白雲紅葉寒山句，早被人傳入畫中。

題自寫墨梅

敏亨弟以墨梅相視，乃予八九歲時所作也，悵然賦此。

墨本流傳四十秋，不堪重省少年遊。山堂雪後摩挲處，贏得寒花照白頭。

姪塏本一名字詩

先尚書襄毅公嘗手擬諸孫名字以十數，詹簿弟之子曰塏本一。或疑其義有不相蒙者。塏既冠，以書來京師，請其說。予繹而得之，以告曰：「塏，燥土也。夫燥，爲義爲剛，於性爲陽，在人則幾于所謂秋陽以暴之者矣。然則土必陽剛也斯可建平一之基，人必陽剛也斯可成克一之德。謂塏與本一之義不相蒙者，弗思也。柔者，剛之反；陰者，陽之蝨也。以沮洳之土而望平一之基，必傾；以濆溷之人而求克一之德，必斁。一則純，二三則雜；一則吉，二三則凶。理也。塏尚勉于陽剛而陰柔是戒，使其德之不進于純且吉焉不已，庶幾無負名字之義而焕然有光于吾弟之後哉。」

小阮書來求字說，篁翁屬汝在躬行。雜然爲學聖所戒，洿處作基那得成？立志要同莘上尹，遺書休負洛中程。一緘不盡千里意，珍重先公手命名。

遊黄山約二三知舊

三十六峰天下奇，廿年空爾卜遊期。丹梯欲上捫參處，石罅還尋煉藥池。詩刻定應誰賦好？山靈莫笑我來遲。一尊約與君同去，正及天空木落時。

將發值雨柬同遊者

戒嚴同作看山行，寒雨蕭蕭欲敗盟。肯爲移文回俗駕？直須鐘鼓報新晴。千峰盡洗供開畫，百澗争流待濯纓。奇興不憂霜逕險，促裝先賦一詩成。

予與文遠爲黄山之遊太守王公至古城相餞俾歌工二人侍行衛使又送鼓吹四人蓋恐入山荒寒藉此以破幽寂也道中賦詩用備解嘲

州將來從細柳屯，郡侯同餞古城村。鼓笳直遣充前導，絲竹分隨有賞尊。勾曲勝遊寧此過，軒轅遺跡到今存。半生少慰煙霞癖，王、謝風流敢並論？

潭渡過黃孝子家

路當溪口淨無沙，正及前朝孝子家。石表舊阡存劫火，樹圍新廟鎖煙霞。遺芳焯焯青編在，世事悠悠白日斜。來往客途驚歲晚，臨風無計薦香茶。

沙溪有懷承之亡友

里巷重來似隔春，斯文情重欲霑巾。空階落葉經殘雨，舊壁題名掃暗塵。子弟尚傳三禮學，功名甘負百年身。凄涼最是沙溪水，嗚咽滔滔遠送人。

題延齡橋

水上新橋卧兩虹，延齡題字刻西東。自慚不是題橋手，都入行人指笑中。

王推府許同遊黄山忽至潛口告别

公暇來乘半日閒，却將遊券負青山。剡溪自熟君家例，莫怪中途冒雨還。

陰晴謡

一路肩輿走沙逕，一日陰晴苦難定。等閒一陰復一晴，天公向客非無情。陰催吾詩晴縱目，情景相争兩俱足。天上陰晴那可常，人世匆匆閒亦忙。天晴我忙竟何有？不如隨樂傾巵酒。

宿楊干寺有先公題詩刻

先公曾此駐安車，屈指年光二十餘。老衲屢更新寺主，閒雲長鎖舊巖居。尋緣邂逅山中客，感昔摩挲石上書。寒雨畫廊凝立久，不禁清淚濕衣裾。

聯鑣來過遠公房，一上高樓百慮忘。坐近虚簷同聽雨，匕翻宿火自添香。上人作供時兼酒，學士談禪欲借牀。爲報登臨須早發，呼童乘夜理山裝。

將入黄山，冒雨至楊干寺，獲覩先襄毅公舊遊詩刻，感愴久之。住持文賢呈祥請飯新樓，遂與二三親舊同宿，得律詩二章，留寘壁間，用備山中故事。時弘治丁巳十一月七日也。

石壁嶺有感王推府之去

石梯危磴遶羊腸，千仞峰頭一線長。自遣吟身來試險，回車先見數王陽。

聞彦夫言有作

擬出黄山路，遠圖湘嶺遊。客言何如清？風景絶相侔。怪石凌空起，飛泉噴雪流。山靈莫相競，一郡兩瀛州。

宿芳村謝氏追和先公留題韻

樹遶芳村路，山行復此過。人來傷舊雨，書法想元和。軒蓋慚先世，林泉負宿痾。庭蘭諸謝在，能誦昔時歌。

先襄毅公往歲遊黄山，宿芳村謝氏，值雨留題，今二十三年矣。賤子繼至，亦在雨中。謝氏諸郎能誦舊詩，不勝感懷，步韻一首，以識歲月云。

黄山觀湯泉及龍池小憩祥符寺

天教微雨淨纖埃，重我登臨一度來。山姓尚隨軒帝號，詩龕誰繼謫仙才？雲扶絳節中天起，地拔青蓮四面開。鰲禁半生真浪跡，不知鄉國是蓬萊。

四山回合駕飛橋，似隔雲間萬里遥。蜃氣半天浮海市，龍雷平地起風潮。雲中鶴叟春鋤藥，月下青童夜弄簫。碌碌塵寰成底事？却將奇絶付漁樵。

怪石如屯虎豹關，仙家真在白雲間。九州圖蹟誇誰勝，萬古乾坤只此山。丹臼半餘香冉冉，永泉分出水潺潺。手摩蒼蘚看題刻，先正高風不可攀。因貪高絶口難名，變態分明是化城。巨木幾年經魏、晉，片雲隨刻送陰晴。林開忽見僧堂古，嶺盡時逢石棧平。山上雪飛山下雨，始疑身世半空行。

黄山遊券既償古詩一章與文遠萬里彦夫别

郡推即告去，州將亦辭還。勇哉三丈夫，追隨入深山。屢衝溪雨寒，不畏泥途艱。行行抵峰麓，劃爾非人寰。淼淼硃沙泉，六六芙蓉鬟。塵中五十載，一笑開心顔。知己正不多，同服同鄉關。會當謝纓冕，結屋霜林間。與子分淨社，覽勝同躋攀。相看歲云暮，乘此三日閑。停盃戒明發，解袂清溪灣。

輓富溪族人西疇處士

西疇一夕夢南柯，長嘆浮生若逝波。龐老定歸耆舊傳，漢庭誰入孝廉科？薦新有子悲鮮稻，擊壤何人續舊歌。聞説富溪埋玉處，才栽松樹已婆娑。

帕一方爲汪廷器母陳孺人八袠之賀物雖甚薄然其中有福壽字共三十數祝望之意則有在也

轉枝花裏織文多，持捧高堂愧綺羅。福壽共成三十字，憑人添入慶生歌。

贈喬尹

寧波喬君以名進士知婺源縣事，考績還任，過我山堂，蔬酌之餘，晤言甚洽。而君之尊甫迎養在邑，不可留也。別後賦此奉寄，少見鄙意云。

沙隄學啓青雲彦，闕里人迎墨綬郎。竹葉上堂供上最初書荷寵光，盛年政事古循良。拜壽，梅花沿路照歸裝。烏臺清切儲名久，幾日徵書出建章？

李侯新作秋水亭可望松蘿諸山客有遺之沈石田畫者正會此意

驀地蘿山爲寫真，石田毫素妙通神。閒來秋水亭中坐，便是丹青箇裏人。

題吴季良所藏戴文進山水

丹青價重錢塘戴，一幅湖山寫更工。高閣倚空凌夜斗，長橋分水架晴虹。勝遊地接呼猿洞，舊隱人思放鶴翁。彷佛畫船春載酒，緑陰啼鳥路西東。

古賢圖四絶爲臨塘婿范禕題

伊尹

三聘幡然出有莘，畫圖千載見風神。南巢革夏桐宫放，豈是臨期促辦人？

召平

金貂併與世塵空，老圃餘情寄郭東。莫笑種瓜生計拙，此心原慕采薇翁。

買臣

雪林樵擔壓雙肩，士有窮通節自堅。贏得馬前愚婦駭，快心堪笑亦堪憐。

嚴光

一竿名重子陵灘，風景真宜入畫看。却恐禄多歸計好，羊裘零落釣磯寒。

輓汪道全

媚黨論交二十秋，布衣無競雪盈頭。諸生久奉詩書教，幾族能同翰墨儔？夢拂梨雲歸海島，字摹松雪遍鄉州。哀歌一曲無由致，情逐鳙溪水共流。

尤美山房

新築幽居掃翠嵐，望中林壑勝西南。題名借得歐公語，留與漁樵作美談。

覽翠亭

孤絶東峰一草亭，偶來登眺俯巖扃。不知眼界寬多少？天外芙蓉萬仞青。

葆真軒

白雲深處小開軒，手閲南華養太元。静坐不關身外事，任他車馬市塵喧。

慕椿爲孫文模賦

一樹靈椿大十圍，秋風回首嘆人非。繁陰翠匝行歌地，不忍重看舊舞衣。雨飄風射八千春，一日丹青見樹身。何事人生不如樹〔三〕，百年腸斷倚廬人。

臘月望日至南山治裝北上梅花盛開獨酌花前悵然有作

手種寒香十八年，盛開長是得春先。江天幾放尊前醉，水月從教畫裏傳。正色向予無冷暖，繁花隨爾競丹鉛。莫言頭白輕相棄，冰雪交情晚更堅。

校勘記

〔一〕程氏所見詩卷六此詩題作「壬子清明拜掃遠祖兵馬府君墓」。

〔二〕其所以德彦功者　「功」，原作「恭」，據詩題改。

〔三〕何事人生不如樹　「生」，底本原闕，據四庫本補。

篁墩程先生文集卷九十三

詩

奉詔北上留别諸鄉舊

山堂三載病夫身，簡冊長餘未了因。恩重有勞催北上，才非那克贊東巡。蕭蕭院竹難離我，的的江梅欲笑人。珍重友朋相餞意，不辭傾倒渭城春。

别鄉友

山下郵亭半掩門，故人迎餞一開尊。東風别路遥相指，隔岸人間是鄭村。

宿水西寺

匆匆行李欲趨朝，更向山中住一宵。野衲似驚來舊雨，舟人相慶得新潮。行分曉色鐘初動，睡足春風酒半消。前路不堪爲別處，浦雲江樹隔河橋。

世禄堂爲績溪仁里程佐時賦

重對青山起畫堂，義兼君父兩難忘。槐塘業在清風遠，花縣人歸白晝長。聚族久題仁作里，傳家真守墨爲莊。百年肯構還相勉，世牒無慚洛下房。

弘治戊午春正月十三日舟次淳安春霖不止進士維揚張君鳳舉方知縣事以燈節燕予酒後賦此紀事兼致謝意

令尹相招作上元，連朝春雨客心煩。遥看漁火乘村暗，不見星毬照市繁。宦轍未須驚節候，人情猶喜近鄉園。太平風物揚州盛，贏得清宵一晤言。

具慶禄壽堂

一周花甲到生時，春溢庭闈髮未絲。爨舍雨晴鸜送喜，蓬壺風便鶴傳辭。問安長擁摳衣士，調膳仍多潤筆資。儘釀泮宫池下水，年年增入九霞巵。

爲文模題西坡卷

青山一路繞青溪，别墅分明似瀼西。何日杖藜尋北阮，手摩新竹更留題。

東田

泮隣有居東有田，田上結屋窮遺編。水雲四擁足漁樂，更闢小圃臨回川。可漁可圃未宜稻，傍人莫訝非東阡。租魚課蔬亦田爾，何必銍艾求豐年。鳳池猶子遠大器，雅志伊、葛非徒然。一朝射策取上第，高才萬選如青錢。分符早帶勸農字，牛刀小試青溪邊。廊廟大用多自此，窮達肯爲時情牽。行人三日坐春雨，筆青膾玉勞相延。官箴民瘼幾傾倒，故鄉此地猶拳拳。應知異縣簿書暇，時遣舊樂歸鳴絃。官舟斜日重君意，不惜爲賦東田篇

張君鳳舉世居泰興，亡友中舍世璉之從子也。所居學宫之傍，其東有田數畝，君嘗構書屋其上，四周多水，可漁，有小圃，可蔬，因以東田居士自署，求志之時也。今君舉進士高第，兹作縣淳安，達道伊始，向眷念故居，窮達不易者之所爲也。予北上，道出青溪，阻雨，君語及之，且請一言，因輒賦此。而蓬窗䠇㞦，人事倥偬，疾行善步，惡可得乎？其不足爲群玉之倡，可知矣。

弔劉竹東後賦此

春泥半擁蓬扉開，蕭蕭翠竹如新栽。百年老友不復見，舊雨故人空一來。南郢歌工罷瑶瑟，西湖詩板生青苔。感懷欲去重回首，黄柳白鴉增暮哀。

南京户部主事王君彦奇作浮橋于上新河之鈔關

上新河畔結新梁，南國争誇粉署郎。涉險不勞憂競渡，行人何止便征商。凌風畫鷁銜艫近，鎖岸晴虹亘水長。有志濟川身更壯，遠期功業重鵷行。

塘西行樂詞二首

斗山族孫秀榮鬻木浙之塘西，十五寒暑矣。予夜過焉，小飲舟中，因有此作。

春雨横江夜繫船，阿咸相語亦欣然。太平隨地堪行樂，一住塘西十五年。

主榷官清樂事多，歙州山木蔽官河。憑誰爲譜新吴調，翻作塘西估客歌。

贈都憲彭公

笳鼓東風擁使槎，三吴隨處建高牙。璽書帝付新臺命，宦譜人傳舊相家。令肅官曹羞篚篋，心懸農事樂桑麻。文襄況是西江彦，及取功名鬢未華。安城彭公彦恭自少司空易都憲巡撫江南諸郡兼總餉事，蓋廷議之公，聖天子之特命也。東南受福，將自此始。僕有一廛之寄于屬部，而通家契分，慶慰尤深。相遇姑蘇，無以爲禮，勉賦鄙律一章奉贈，致愛助之意于萬一云。

司馬司訓延至閶門裏劉氏園亭夜酌席上有作贈石田先生

舟行一月濺春泥，偶到城西似瀼西。客裏正難祛俗累，市中何意得幽棲。亭當竹外疑曾到，路繞花間步欲迷。却喜石田同夜話，每容新絹買鵝溪。

送太守文君赴温州

幾年南國事攻駒，一日容乘五馬車。管轄文移先到海，登臨詩刻尚留滁。同官燁燁多新契，行李蕭蕭只舊書。萬里壯圖應有待，清霜纔入鬢毛初。

出守温州羨此行，永嘉賢宰舊知名。山川不待披圖閲，老稺從教夾路迎。車畔雨催農事足，筆端風掃簿書清。春來定續西堂夢，爲遣詩郵入鄆城。

長洲文君宗儒初舉進士，宰永嘉，以政績卓異召丞太僕于南京，既而值家艱，不出者久之。永嘉之人思君不置，而公論亦恒在君，遂有温州之命。君猶遲遲，如不屑浼于世故者，其視汲汲宦途惟恐後人者，相去遠矣。會予被命北上，道出吴門，乃賦二詩勉其行。君弟宗嚴，亦舉進士，予考秋闈所得士也，今宰鄆城，故詩及之。

郝侍御作餞惠山

曉入青山十里遥，夜分晴雪未經消。身猥午火猶生粟，面拂春醅稍帶潮。苔石句留泉上刻，竹爐香沸木間寮。豸冠鄉曲情如海，不奈東風促畫橈。

題畫

緑陰橋下水潺湲，手弄春盃卧看山。北渡又從塵裏去，披圖真羡野翁閒。

次韻贈象謙侍御

舊譽分明重六廉，豸冠新望士初厭。關河雨足千艘快，海國風清萬竈嚴。九澤有防先節費，三邊無積正需鹽。長淮南北巡行地，聽數匡時策幾添。

遠別相望路幾何，重逢驚閲歲華多。老予再入圖書府，羡子長優政事科。兩岸顛風吹驛柳，一帆新雨下官河。留題正寫忘年契，敢向詩壇鬬伏波？

象謙，予同年友孔昭地官之子，舉進士知浦城，有異政。甲寅歲相見京邸，嘗賦詩期之，五年矣。今以侍御受命巡鹽南淮，兼督河事，值予北上，得會廣陵。酒罷，出應寧憲副之作相視，請繼一言，因步韻二章爲贈，兼致别意。應寧句險語妙，而鄙作差次其後不稱，可愧哉。

桃源行爲揚州王彦平太守題畫

前村雞鳴後村應，四山如城石無磴。男耕女織自春秋，不許世塵通一徑。繞溪種桃無雜花，十里五里明朝霞。穿花作路記來往，秦虐不到山人家。捕魚深入者誰子？嗚榔忽過青山趾。溪亭老翁疑且驚，失路何人誤來此？小問市朝經幾主，客云有晉今太康。邀歸戀戀作雞黍，屈指悠悠悲海桑。異事流傳寧復再，神仙已遠丹青在。昌黎有作誠得之，餘子雖工亦何逮？我嘗三復柴桑吟，桃源楚地幽且深。楚人讎秦不相屈，忠義誰明千載心？竹鶴老人年九十，點染生綃墨猶濕。楚江山水晉風神，却似身曾到原隰。維揚太守開別筵，披圖細玩春風前。興酣一訂武陵史，爲君改賦逃秦篇。

題郭總戎畫卷

林霏山色有無間，展卷聊乘幕府閒。一笑對君指病目，恰如歐老在平山。

諸公詩案一圖間，十六年來似等閒。天子聖明公力健，早將名字勒燕山。

被召北上，與總戎郭公重會淮上，再閱是卷，不勝惘然，賦二絶以紀歲月。

古椿絳桃圖

百丈靈柯立青鐵，一簇仙花綴紅雪。天然異種如二難，故向人間鬬奇絶。緑陰下掃黄塵空，花氣入水香冥濛。等閒閲世動千百，萬木幾許驚秋風。行臺作壽淮南道，堂上争看畫圖好。稱觴正得汾陽孫，下筆還歸石田老。大夫六袠心炳丹，腰帶横犀峩豸冠。仙李分桃作春色，栢臺與椿同歲寒。歲寒春色交無已，甲子重添一籌起。樹腹長隨壯節堅，花容似助酡顔喜。西垣諫草應不磨，南國甘棠遺愛多。活民有功天所與，綺筵不用還丹歌。

總戎郭公請石田沈君繪古栢絳桃以壽都憲李公，而學士西涯先生爲賦長詩，情景俱盡。秋官分司主事李君復索予言。予言豈足以步郢曲之後哉？然都憲公與予同出南畿，素重其人，情有不能已者，倚玉之笑，固不暇計也。

船窗新糊喜晴偶得一絶柬鄭萬里

新紙船窗似雪蓬，晚晴初上夕陽紅。披圖爲客題詩句，稍類南山竹院中。

次原博少宰詩韻

渡江已半月，終日勞賓餞。夜夢江上山，恍若浮盞面。覺來啓蓬閲，千里横一衍。遥青出緑髻，忽爾天外見。明明詩券落，隱隱畫屏獻。安得一往登，趁我雙足健。漁樵日來去，過眼不知羡。珍重瓠庵人，偕此泉石願。

予每過江，即以山少爲憾，故有「去我青山如避俗」及「只從圖上看青山」之句。今觀原博少宰詩，適會此意。水部來君伯韶以是卷見閲，因和一篇。

輓襄陽何太守原其子徐州守宗禮索賦。

故山埋玉幾朝昏，何武雖亡美譽存。八袠鶴齡開上壽，兩回鸞誥沐殊恩。政聲獨步儒兼吏，經學相傳子又孫。定有史官增立傳，莫緣哀些爲銷魂。

題雪洲卷

船窗手披雪洲卷，王子作圖滕子篆。殘編亦有賦兼詩，入眼平生驚一見。澄江叔度真高人，曠視百世非常倫。浮槎獨抱江海志，草屨不霑京洛塵。漁翁笛裏歌聲闋，春到梅花幾愁絕。諸公久作地中仙，一洲慢存圖上雪。分司使者都水郎，舊物所寶非青箱。撫時懷古三嘆息，彭城北去春流長。

江陰夏君如山以冬曹主事分司徐州，予過之，出其曾大父雪洲卷相閲，嘉嘆之餘賦此。

贈夏主事

迎養紛馳水部書，行庖仍載武昌魚。推封指日來光寵，過客長時問起居。白首愛看陶母傳，春風頻試老萊裾。後園多種忘憂草，歲歲看花奉板輿。

別良佐學士

臨清河下，遇學士良佐先生赴南京視篆。舟中少叙，殊不盡久闊之懷也。次韻玉汝大理一篇。明日來別，良佐下東昌，而予則入瀛海、滄州之境矣。

相逢初慰別來情，無奈君南我北行。猶似一燈分禁直，不知雙棹艤臨清。江山此日歸題品，臺閣他時待踐更。莫爲話長憐夜短，明朝岐路隔滄、瀛。

夜泊河西務京兆楊君恒叔携酒見過別後賦一律奉寄不棄衰散和教爲佳

驛舟見訪開春酤，促席論詩清夜徂。閩中舊數十才子，池上今看孤鳳雛。花分燭灺落銅剪，聲沸茶香聞竹爐。推蓬送客得奇賞，一天明月窺平蕪。

贈侍郎鄭公

户部侍郎鄭先生考績還南京，適敏政北上，解后潞河之滸，晤言甚洽。而先生乞歸之疏，一路相傳，欽羨無已。謹賦近體一律奉贈，少寓三十四年詞苑末契之萬一云。

東風吹緑漲平蕪，彩鷁乘春向舊都。禮學共推周柱史，家聲無忝鄭司徒。三年獻績承優寵，兩疏求歸激懦夫。老大相逢愁遽别，欲將宫錦博離酤。

贈方太守士華

侍御方君士華之擢守淮安也，值予被召北上，得會潞河之滸，輒賦一律奉贈。念君往歲嘗按南畿，枉顧南山竹院，觴詠終日，其情好至今不忘也，因詩及之。

北望紅雲半日程，我來君去不勝情。一麾命下初分寵，三尺臺端久得名。春雨緑蕪新别意，南山脩竹舊詩盟。遥知不負疲癃望，淮水東流足頌聲。

送張庭毓赴南京大理評事

一尊撾鼓發官舟，千里薰風屬壯遊。恩拜兩京同雨露，法操三尺自春秋。離情轉盼蒼龍闕，勝覽遥經白鷺洲。遠業共期君聽取，江東原日重名流。

吾郡張君庭毓以麟經舉進士第，擢大理左評事，赴官南京。遠器宏施，實昉于此。然維桑之誼，有不能遽别者，因賦詩贈之。

篁墩程先生文集拾遺

考 序 記 墓誌銘 跋 贊

聖裔考

先聖之後，凡嗣爵奉祀者謂之大宗子。宗法，在禮不可不慎重，而考諸史籍，則因襲之間，尚有可議。

蓋自先聖一傳而泗水侯，再傳爲沂國公。沂國五傳生順，仕魏，以孔子後，封魯國文信君。蓋聖裔之受封始此。順生三子。長曰鮒，秦封魯國文通君，又爲陳王博士。次曰騰，爲漢長沙王太傅。次曰樹。而鮒、騰之後，分爲兩宗。鮒六世生何齊，成帝時梅福上書言孔子殷人，宜封其後，以奉湯祀，遂封何齊爲殷紹嘉侯，尋進爵爲公，地滿百里，此一宗也。騰四世生霸，元帝時賜號褒成君，奉孔子祀，此一宗也。然則紹嘉公乃大宗，褒成君乃小宗。何齊生安，光武時嗣爵，又進封宋公，爲漢賓，位諸侯上。霸三世生均，平帝元始初進封褒成侯。均再世生損，和帝永光中徙封褒尊侯，至獻帝初國絶。蓋兩宗至于漢亡俱失傳矣。

魏文帝黄初中，復求先聖之後，得議郎羡，賜爵宗聖侯。傳再世生震，晉武帝太始初改封奉聖亭侯。震再世生懿，隨元帝南渡，居會稽。孔氏自此復分南北兩宗。懿生鮮，宋文帝元嘉八年以罪奪爵，十九年以隱之嗣。隱之復以子不道失爵，二十八年以惠雲嗣，又以重疾失爵。孝武大明二年，以邁嗣。邁傳其子莽，亦以罪失爵。此南宗也。後魏時，求先聖之後得二十七世孫乘，以爲崇聖大夫。孝文太和中，改封其子珍爲崇聖侯。珍三世生渠，北齊文宣帝改封恭聖侯，入後周，宣帝進封鄒國公。渠再世生嗣哲，隋煬帝時改封紹聖侯。此北宗也。然則從元帝南渡者爲大宗，受北魏所封者爲小宗，南北兩宗至于隋亡又并失傳矣。

唐太宗貞觀十一年，始得先聖之後德倫，賜爵褒聖侯。德倫再世生燧之，玄宗開元中進封文宣公。傳七世生光，遭五季之亂，失爵，爲泗水令，有灑掃户孔末欲冒襲封，盡殺諸孔氏。光妻生子仁玉，方九月，遂秘養之，後周時，乃得嗣爵，入宋而卒。至太平興國中，復召仁玉之子宜嗣封。宜再世生聖祐，無子，以弟宗願嗣。仁宗嘉祐中，以祖謚不可加後人，改封衍聖公。宗願傳若蒙，哲宗元祐初改封奉聖公。若蒙坐事廢，以弟若愚嗣，復爲衍聖公。若愚傳其子端友，從高宗南渡，居衢州。孔氏自此又分南北兩宗。端友傳四世生洙，以宋亡失爵。此南宗也。僞齊劉豫自濟南僭位，得先聖四十九代孫璠，賜爵衍聖公。豫廢，金因之。璠三傳生元措，金末崔立作亂降元，遂并俘元措以去。此北宗也。然則從高宗南渡者爲大宗，受劉豫所封者爲小宗矣。元措入元而卒，無子，乃召洙，俾嗣爵，固讓，歸衢州。仁宗延祐四年，召中書定議先聖五十三世孫當嗣封者，遂得元措宗人思晦以聞。思晦受爵以卒，因子貴，追封魯郡公。蓋今之爲大宗子者，皆思晦之後矣。

夫宗禮，先王之所制，蓋以正天下之大倫而絶争端者也。先聖定禮樂以爲萬世法，而況其後人奉世祀，可不慎乎？夫以魏、唐之初其所封者，史既不載其世次，而凡在北宗者，又皆出于一時之訪求，乃以當大宗子之責，亦異乎先聖之禮矣。必不得已，則南宗猶爲近之。蓋南宗出于當時嗣爵之人，而北宗則其疎且遠者。或乃以去宗國爲南宗之罪，以守林廟爲北宗之賢，則又有大不然者焉。以史考之，凡出于北宗者，實皆逃難四出流落民間，非真有仗義守禮之心效死而不去者也。然則取此去彼，又豈大公至正之道哉？矧北宗祖璠始受逆豫之命而終于胡元之朝，所謂因襲之間，尚有可議者。凡以此而已，作聖裔考。

蘇氏檮杌序

人皆知宋有王安石者，其學術邪謬，足以亡人之國，而不知有眉山蘇洵及其二子軾、轍之罪，浮于安石倍蓰也。夫其罪之所以浮于安石者，何哉？安石尚知三代爲可法，而蘇氏以湯、武爲篡弑；安石尚知莽、操爲可罪，而蘇氏以荀彧爲聖人；安石尚知以明道爲忠信，而蘇氏以伊川爲姦邪，必欲殺之而後已。諸如此類，皆儒者所不敢言，亦不忍言，而蘇氏偃然自聖，不復顧忌，其絶天理、壞人心，罪不可勝誅矣。蓋安石之禍禍一時，蘇氏之禍禍萬世。子朱子生蘇氏之後，其知之特深，故凡見于言語文字之間者，斷斷乎辭而闢之不少假借，其言比于抑洪水、驅猛獸、却戎狄。蓋好惡之正出于天理之公，爲後學者，所當世守也。

今去子朱子之後益遠，而爲蘇學者益盛。竊不自揆，謹取子朱子平日所黜蘇氏之言，萃爲一編，凡近世諸賢其議論有合于此者，悉附其後，題曰蘇氏檮杌，以寓除惡務本之義。嗚呼！後孔子而生者，若孟子之距楊、墨，韓子之闢佛、老，朱子之黜蘇氏，其功蓋同。而世有未之知者。楊、墨、佛、老之禍顯而易見，蘇氏之禍深而難測。要之，則皆叛聖人之道者也。故常以謂楊、墨、佛、老之學如劇盜，蘇氏之學如美色，其禍皆足以殺人。然劇盜之禍，人得而避之；美色之禍，則陷其術中而不悟者也。繕寫成并僭爲之序，以告學者，而首以安石爲言，非恕安石也，所以甚蘇氏之惡云爾。

天順五年龍集辛巳長至日書。

送吴君肅清知臨川縣序

董子曰：「守令者，民之師帥。」夫帥所以治民，師所以教民也。我朝垂示守令，每郡縣輒爲兩亭于門外，大署其榜曰「申明」、曰「旌善」，人多忽之，而莫知其所以名者。夫申明，講畫舊章，政之本也。旌善，使人興行，教之所由生也。今之言政者乃指任教爲迂闊，言教者亦指任政爲俗吏，之二者，皆非也。政、教者，輔車之勢，烏可廢其一哉！

予友吴肅清將赴臨川令，諸常所往還者相與餞之都門外，而推予爲之詞。嗚呼！政、教之説，夫人能知之，而況吾肅清？其必有不言而契者矣。獨以臨川在古爲巨郡，則請尚論其世以與肅清商確之。

臨川先賢，莫盛于荆國王氏、象山陸氏。然王氏之治以利爲先，非吾之所謂政也；陸氏之學以禪爲宗，非吾之所謂教也。王氏當國，廢春秋而不以設科；陸氏早年詆朱子而與之立敵，類非後學所敢輕議者。今肅清以春秋取上第，而又生於朱子之鄉，茲之往也，能不嚴所趨而慎所擇哉？草廬吴氏亦出臨川，然其論政則先義後利，爲學則尊孔黜墨，雖間與陸氏相出入，而其畔道者寡矣。肅清尚求其遺書而讀之，庸以施諸有政而迪其士民，務與古之儒吏同科以不負列聖垂示之明訓，庶幾諸君子贈言之意乎！若夫報政而來旌異之典、臺諫之擢，皆肅清所宜有者，不預道之以爲諂也。

成化十年甲午中秋節假日。

翕樂堂辭序

祁閶邑南康處士志高之年七十也，凡親疎之族、老壯之友、内外之戚稱觴祝壽，遠邇畢至，有請予記其翕樂之堂以致慶者矣。在邑之善和程氏曰儒學生啓復以文爲需，予固辭曰：「言不可若是其贅也。」而其請益堅，曰：「處士與啓之父用仁、叔用亨相友四十年，故啓兄弟亦得與處士之子佑、從子价輩篤世講之好甚久，宗長宜無靳一言。」予不獲已而思之，得其説以告曰：

在詩有之：「俾爾昌而熾，俾爾壽而富。黄髮台背，壽胥與試。」所以祝其人者，至矣。而又曰：「俾爾昌而大，俾爾耆而艾。萬有千歲，眉壽無有害。」其言之諄復不厭，其祝之再三不已，誠以其人之賢也宜壽，故詩人美之不一而足焉。如此則予於康處士之壽，雖欲已於言，豈可得乎？然處士孝友之德、淑慎之行，所以增輝先人、垂裕後昆、揚芳里閈者，予前已述之，雖更僕不出此矣。所以壽處士者，其賓從之都、讌集之豐、禮意之勤惓，亦可謂極一時之盛矣。若然，則予於處士之壽，亦何煩於嘐嘐而後爲快哉？顧先民有云：「情動於中而於言之不足，故咏歌之，於是乎諧聲而播之於樂。」今去古遠矣，大音既散，詞曲繼興，奏之閭巷之間以爲善人吉士之勸，亦有不可盡廢者焉。

處士誕辰在五月二日，有嘉令筵，核殽維旅。長者奉盃酌而升，少者操几杖而侍，心豫體休，洩洩融融，益介壽祺，自今伊始。乃爲辭一章畀啓，俾稱壽之際，付歌童調之以侑觴，處士能樂聽之而罄一日之歡于翕樂之堂，則吾宗之所願望于處士者，亦庶其少副哉。詞曰：

翕樂堂中七十春。松喜津津。鶴喜津津。薰風開讌慶生申。主也精神。客也精神。角黍蒲觴漸及辰。節又更新。曲又更新。願期遐算比靈椿。不是堯人。誰是堯人。

逸庵行樂詩序

歙吴氏雖多，以向杲爲望；向杲之吴雖盛，以宋校書友堂先生爲望。友堂者，晦庵夫子之高足弟子也。友堂傳十二世爲逸庵君廷馨，端偉碩裕，能奉其父之遺訓而睦其弟昆，納交一時知名士，爲鄉閭所禮重。間以輸粟賑饑，荷恩例，有冠服之榮而無職守之責，乃以「逸」名庵。有子曰鎧，能克家。其女之夫曰方岩，將規所以壽君者，乃請石田沈氏作逸庵行樂之圖，且乞縉紳士夫詩以副之，奉以請予序。予讀之竟，則爲之憮然曰：

世降俗偷，人之去道也益遠，故有逸於其身而勞其心者，有勞於其身而逸其心者。身心之逸勞相乘，而人之德僞繫之矣。若逸庵君，則因勞其身以逸其心者歟！予觀諸君子之詩，皆徒知其逸，而不知其有不逸者存焉爾。周武王受丹書之戒，退而銘諸几席，諄諄乎敬怠義欲之間；衛武公作抑戒之詩以自箴，而尤致力於慎出話、敬威儀之頃。考之當時，二武皆年九十餘，而不自暇逸者如此，此其卒皆以聖稱。而記禮編詩者，謹取之以垂訓後世者也。

逸庵君生文獻之後，淵源考亭，誦法詩、禮，今年週一甲而力善不倦，其有慕於斯乎！夫既以承其先、施其家，其心休休，其體愉愉，脱江湖之險而享溪山之樂，擊壤于豐年，正位于鄉射，優悠太平，將自兹始。宜乎聞之者有取於其人而詠歌之也。彼利趨而欲征，以求逸其身而勞其心者，讀行樂之詩，考逸庵之行，其不慨然有感於是乎？

惜予被召入朝，行李載道，不得舉一觴于庵中以求君之所以爲逸樂者，姑序之云爾。

慈壽堂記

女婦之德，莫大于慈，而其福亦莫先於壽。修其德而不獲乎福者，理之變；叨其福而不本乎德者，事之倖。值理之變不能慊諸己，得事之倖不見齒諸人，二者一由於天，一繫於人。然繫于人者，其本也，然則人其可不力其本以聽乎天也哉？苟盡其在己而不獲諸天，在女婦固不失爲賢淑，在丈夫亦不愧爲君子。然所以爲可慶之地，胥無矣。求其德與福兼、人與天符若汉川孫母程孺人，豈非其人乎？其以慈壽名堂而耒士林之歌咏，有以也。

孺人出富溪碩宗，歸汉川孫君以善，爲士和處士之介婦。孫氏鼎盛，日漸以隆，孺人協諸娣姒内勤職業，豐甘旨、瀿瀡以孝事其舅姑，故以善君兄弟得畢力於外，致貲充業隆，以豐碩孝友名其鄉，孺人不爲無所助。以善君中道而逝，孺人撫三子深、茂、森，胥底于成。時茂未授室，督教之甚力，遣入儒學，畀習舉子業，曰：「此汝父之志也，宜勖之。」於入試，必送之門，喜願其捷。反室，又憂念甚苦。及不偶而歸，則加慰勞，但曰：「在己者不可不勉，在人者不足計也。」三子者奉訓唯謹，居庠泮則爲佳士，遊江湖則爲良賈，宗姻稱之，鄉黨榮之。歲時萃會于堂，承顔順志，唯恐失其懽。慈孝之真，天倫之至，未易一言語形容者。諸君之聲詩，或託興以寓其頌祝，或婉言以簸揚其盛美，蔚乎粲然，視古詩人之擬岡陵頌壽母者，誠不多讓。

孺人壽將六十，予族姪師魯于茂有麗澤之益，間集諸詩章成卷，請予記其事，致之茂以壽孺人。予以壽期尚數歲，雖諾之，未暇爲也。時服闋赴召命，師魯舟餞于浙之青溪，復申請曰：「孫孺人之壽期誠遠，然預致以罄吾情，宜無不可者。」於是乃述慈之出於孺人者，有自然之懿；壽之獲于天者，有必然之徵。其視值理之變、得事之倖而無可慶之地者，相去何啻霄壤？然則三子者之力學、幹蠱，異日所以爲慈壽之榮者，亦可以前卜矣，則宗工鉅儒，且將有不一之書以爲斯堂重，予言特爲之兆爾。是爲記。

雲溪程氏宗賢祠記

雲溪程氏宗賢祠之將建也，其族之彦曰用高、奇壚、志弘倡議于族老士新、孟高等，既而相與詣南山，請質於予，予是之。繼具其事白于縣，時三山李君文暉以前監察御史知休寧，又嘉許之，且給帖坐名任事以急其成功，乃弘治丁巳夏六月也。於是士忠、用高、奇壚鳩金裒材以經營之，而真亨、德昭、奇珏、奇瑋、廷芳等率衆爲之佐。閱明年春正月而工訖，儒學生天錫嘗從予游，且以予同出唐都使公後，持譜列狀來請記焉。

值予服闋促裝赴召命，雖諾之，未及爲也。水途遇暇，始克取狀而締閱之，以始遷祖唐御史中丞都使公澐主祀其中，其列祀自宋歷元以及國朝凡八十人。其諸宗賢，生雖異世，出則同宗，或發身科第，或舉自賢良，或典兵柄而盡節義，或居要位而竭忠誠，或官郡邑而福澤黎民，或主師席而克成士類，或肥遯丘園而孝友昭聞，要其出處雖有不同，而其功業德善之有光于前、裕于後者，又豈有異乎哉？是宜子孫立祠倫其世次、第其行名以列祀之也。

雖然，是祠之建，固足以見其崇德敦本之心。李君之與人爲善，尤足以見其化民成俗之意。後之人誠能酌幽香而起敬，覩遐躅而興思，處則善其道於己，出則推其道於人，而於斯祠之立，豈不煒然爲之有光哉？否則，雖日陳籩豆、時事駿奔，不過按常典、叙昭穆而已，其於所以立祠之意，幾何其不孤邪？詩曰：「是究是圖，亶其然乎。」後之志於繼述者，宜有味於斯言。其宗賢名之列以行不以時爲先後者，叙昭穆也，悉列于左方，故此得以略云。

臨淄縣儒學訓導程天爵墓碣銘

天爵既葬若干年，其子奇壚始以其族人逸民所爲狀來南山請銘其墓上之碣。予抱病倚廬，而於一切文事皆謝去。既而服闋赴會典副總裁之召，其族弟天錫從予游，亦屢以爲言。官舟暇日，始克取其狀而序之。

天爵諱貴，先世居篁墩，與予同出梁將軍忠壯公後。至唐御史中丞公澐以保障鄉井、拒黄巢領兵駐東密巖，遂居汊川。從孫杭，唐末分兵鎮婺源陀川，後嗣東密巖將，乃居臨溪。杭十八傳曰宗者，號無庵，爲泰軒之後，遷居汊川。泰軒實中丞十七世孫也。宗生强，强生謙，字士益，號益齊，永樂中舉賢良，仕爲福建鹽課大使，君之祖也。父友賢，字孟清，負問學，儁爽不群，别號蘭谷。娶處士俞新民女，有懿行。

君生資禀異常，經書過目輒能成誦，年十七，充郡庠弟子員，業春秋。先諱桂，字永秀，以犯玉牒諱，故易避之。閲五載，補廪膳。天順戊寅，丁内艱，受業于祁門汪公回顯。既而復入新蔡，從汪君瑞游，而業益進。壬午起復，屢入鄉試，不獲薦，以貢上京師，予始獲識焉，講宗好，叙昭穆，當字予爲叔，予深幸吾族之有人如君者，不易得也。銓考及廷試俱在優等，授福建汀州府儒學訓導。時槐塘族人熙同知郡事，雅知君，知府餘姚徐君瓚亦愛敬甚至。暇日與教授廬陵段寛以詩酒相款洽，謂道之實不在語言文字之間而具于性分之内，不在高虛深遠之際而寓乎日用常行之中，以此淑身，以此教人，庶乎無愧古人矣。清譽雅望，歸然爲一時師儒之表。丁酉以外艱去任，服闋改授山東青州府臨淄縣儒學訓導，訓誨之篤，不異于前，巡撫都憲常州盛公、分守參政李公俱知其賢而遇以殊禮，知縣缺員，兩檄署之。成化乙巳，以末疾告休，及抵家，號居易，每病少間，則徜徉泉石間，舉天下物無足動其中者。是歲孟冬，舊疾復侵，謂其兄鈍庵曰：「吾其不起乎？」閲旬餘，頽然如醉而逝，乃二十日也。成化丁未十二月甲申，葬里之上嶺月形，背亥面巳，距生正統丁巳五月十三日。

配同里汪以廉處士女，淑慎慈惠，克修婦道。子男一人，即奇瓏也，娶里之趙氏女。女三人，長適閔川畢葵，次適浯田朱岩旻，三適同里范某。孫男一人。孫女二人。君平素莊重，有古人風度，讀書必欲措諸踐履，故口無戲慢不經之言，身無卑污苟賤之行。其始爲士以及居官，同儕自以爲不及遠甚，惜止于斯而已。嗚呼！悲哉。銘奚可辭？銘曰：

猗哉若人，古之君子。言無可擇，行無可訾。既薄乎仕，亦嗇其年。爰爲之銘，昭彼重泉。

書大學重定本後

大學章句，朱子所訂，且爲格致傳補亡，有大惠于後學。朱子既没，矩堂董氏槐始謂格致傳未亡，乃褋于經、傳中，未及正爾。玉峰車氏若水、慈溪黄氏震、魯齋王氏栢、山陰景氏星、崇仁王氏巽卿及國朝浦江鄭氏濂、天台方氏希古，皆有論說，大同小異。而于第十章，亦有從程子所訂而少變之者。走嘗欲合諸家著爲定本，而未能也。非所暇日，默記衆說，參互考之，手自録出如右。他日獲放歸田，當再加紬繹，并訂其註疏。而凡諸經、子中，有先儒成說可還其舊者，悉加釐正，以俟後之君子，而不敢必其能遂否也。

唐翰林學士承旨劉公依仁像贊

公諱依仁，祖居彭城。唐末官翰林學士承旨，出守江南，因亂遂家休寧，其後世有顯人，詳載縣志。公裔孫文信間奉其遺像請予贊。

儀容端肅，器識敦淳。翰苑論思，陳所藴以致乎主；大邦出守，推所得以澤乎民。爲愛山川之秀麗，爰居休邑以終身。大昌厥後，良本乎仁。此所以雖傳世之既遠，而畫像之如新也。

宋秘書丞若思汪公像贊

此宋秘書丞若思汪公之像也，其世孫存仁以其叔文發輩來京師，奉以請予贊。儀貌恢顒，丰神秀異，爲越公之聞孫，實將作之難弟。問學該博而弘深，文章渾浩而精至。讜論之陳也，允愜乎上心；官次之膺也，荐歷乎中秘。惜乎用未究其設施之才，業未酬其平素之志。所幸生其後而居其鄉，敢謂知其人而論其世也邪？

歙巖鎮旌義汪溪雲翁像贊翁諱士和，儒學生曜之父。

髮鶴鶴，顏酡酡，言温行質，禮恭意和。晚年三逕松菊，壯歲五湖煙波。賑貧濟乏，義孰能過？是宜烏紗銀帶受恩之重，芝蘭玉樹集慶之多也歟。

孫母程孺人像贊坑口用威之母。

質如圭潔，氣若春温。婦行之淑，母道之敦。既儉以勤，至老不諠。亦慈且仁，爰及外孫。年邁而往，懿德靡淪。陟降庭只，終古若存。

歙信行方德貴處士像贊

威儀秋肅，氣宇春和。身範一鄉之俗，胸涵萬頃之波。不驕不吝，無倚無頗。惟欲濟人而利物，何心衣紫以鳴珂？六旬既邁，兩鬓未皤。是宜享子孫之孝養，而來善慶之繁多也歟。

與翟尚寶避暑城南郊園晚歸聯句書扇寄汪廷器

避暑歸來踏晚涼，郊行不覺意相將。蟬依緑樹秋聲近，馬脱紅塵野趣長。拍手醉憐人似玉，洗心清愛水如霜。浮生良會真能幾？莫惜吟鞭裊夕陽。

壽程母唐孺人九十

歙庠生仁世居槐塘，宋丞相文清公之裔，於予爲族子。中失所怙。其祖母唐孺人年九十，母朱孺人年五十，俱無恙在堂。生與二兄一弟，奉二母甚謹，嘗從予求詩。予嘉生之孝，且喜二孺人之晚福未艾，當見其孫子之顯達爲有日也，爲賦短歌一章，致慶禱之私云。

蕭蕭白髮明朝暾，融融丹頰如春温。膝下雖無彩衣子，目前喜有蘭芽孫。子婦來歸本華族，半世孀居謝膏沐。時時湯藥尚親嘗，夜夜衾裯奉姑宿。君家孝德如有傳，君家慈壽天應憐。六親次第獻春酒，晚節頗比松筠堅。我郡槐塘推巨姓，一孫況説才華盛。青雲有録待他年，恩典還看表重慶。

篁墩程先生文集附録

題刊學士篁墩程先生文集疏〔一〕

伏以文章華國，篁墩之製作，卓冠於一時；詩禮傳家，伊、洛之遺芳，式存於是集。緬惟新安之名郡，寔有鄒、魯之休風。崇尚斯文，雅敦行誼。碩宗堂扁，必徵其華袞之褒；鉅室碑銘，多出于春秋之筆。事一經於題品，義萬有於發揮。正焉以葩，博而能約。詩辭上薄於騷、雅，議論深得於程、朱。贈言有愛助之誠，紀善無過譽之事。格心學邃，每寓規諷於經筵；考古功勤，屢見纂編於簡册。文從字順，言出理隨；蠻貊知名，縉紳獨步。久居翰苑，朋游盡四海之名流；幾返丘園，交接只一方之知舊。是以他邦之作，多於本郡之家。諸體兼全，我朝僅見。方期柄國，遽許歸田。一朝鬱疾以終身，多士憤傷而扼腕。曾忝先生之族子，嘗蒙收教於門墻；踵高第之後塵，詎謂得傳於衣缽？片言隻字，珎襲不遺；短什長篇，手鈔無倦。分門别類，昔年獲印正於講授之餘；補缺伐譌，今日覬校讎於梓行之際。憚工程之浩大，以卷帙之繁多。近邑侯雖已選刊，未免遺珠之嘆；兹邦人謂宜全刻，不辭重貨之捐。庸叩有文之家，載干仗義之士。近須包遠，求其易而舍其難；富可蓋貧，牽其長而補其短。如計一篇之費，可須數倍之貲。況有等文字，不涉應酬。顧此項錢糧，奚從出辦？衆輕易舉，聚少成多。庶下手之無難，便奏功之可待。幸期工完於一旦，用副初心；勿使力止於半塗，又勞再舉。成人成己，仰欽仁智之芳聲；善始善終，尤見死生之高誼。金錢肯擲，銀管請題。姓氏謹附於終篇，盛心用昭於後世。

正德丙寅春三月朔旦，門生族姪曾頓首謹疏。

上太守先生何公書

明公下車初，曾以諸生得摳趨拜見，仰窺忠君之念、愛民之心、持己之操，發於誓衆之詞者，凛如嚴霜，明如皎日，不待施之政已使人毛髮森聳，心悦誠服，逆知其必大有所作爲，高出于尋常作郡者遠甚也。又令諸生各陳事可興革者以爲德政之助，誠大舜不自用之盛心也。然螢爝之光，何益於日月之明；涓埃之微，又豈能有補於滄海之大哉？終不敢以末瑣爲瀆者，非負明命，乃循分量耳。縱有所陳，又豈有出於施行之外邪？其默默無容於言，宜矣。居任踰三載，威行惠流，利興弊革，百務井井。其大者，正郡門以破俗術之説，立規模以壯畿輔之勢，拓獄基以嚴囚犯之禁，壘甎墻以杜風火之虞，絶私謁以清請託之源，作士習以增入試之名，簡詞訟以息刁健之風，飭屬吏以重貪污之戒。凡若此，雖古之郡守號循良者，尚以爲難，今明公本之身，加於民，推於政，故聲色不動而事集，笞楚不加而民化。有本之學，固如此哉！宜乎上躋天官而裦然居一時賢守之先也。藩臬之陞、臺省之擢，指日可待，秖恐吾徽人不能久專其惠爲可憂耳。曾屢欲通姓名以傾注向仰之忱，但府臺嚴邃，勢分懸隔，故進退不敢以徑情也。

曾早喪父母，稍長，忘其孤苦，頗知向學。適先族叔學士篁墩先生謝政里居，收曾於族子中而教之，在門墻者十餘年。因與其子錦衣千户壎輯録先生平日之所作爲文集百有餘卷，藏之家。顧本縣近已選刊二十四卷，而所遺者尚多。曾近已具疏倡募本郡有文之家及仗義之士，捐工食刻梓以補其全。雖已妄意肇工，非得明公爲一郡之主者一作興之，求能就其緒、終其事，蓋亦難矣。且是集評者謂純粹悉達，有裨道理世教，明公肯一垂意玉成之，賜以雄文冠其首，畀是集得以布天下、傳後世，非特曾一人之私幸，實天下後世之大幸也！則天下後世知明公仁政之暇而能留心於斯文如此，豈非仕優而學，無所爲而爲，而尤爲世不易得者哉！曾冒昧具此并所刊疏語一通，躬賫上塵台覽，不勝悚懼待罪之至。倘蒙念死者以及生而特賜矜允焉，則感幸莫大矣！

正德元年十一月初七日，休寧縣儒學廩膳生員程曾頓首再拜。

本府行各縣文移

直隸徽州府爲梓刊文集事：

據休寧縣儒學廩膳生員程曾呈前事：切見本縣故學士篁墩程先生文集一部，中有青宫直講、經筵講章數卷，深得古人啓沃之道，下至一切應酬之作，皆有關於倫理世教。兹已倡衆鳩工鋟梓，奈卷帙繁多，工程浩大，難以就緒，欲協本郡有文之家，捐貲樂助，共成是集。緣曾一人之身，難以遍達，今謹將刊印疏語一首并各縣詩文目録一卷，呈乞賜行各縣，拘集有文之家，諭令樂助，庶先達賴以表章，後學得以承式，實爲便益等因。據此參看，所呈有關文教，擬合通行。爲此牌仰本縣，着落當該官吏照依牌内事理，即便拘集發去，單開有文之家，每一人則官以禮勸諭，每文一章資助銀二兩或一兩五錢，每詩一章資助銀一兩或七八錢，共成是集。本縣就將銀收貯，照各出銀數目申報本府，以憑差人領發，刊印施行。若有愚頑不聽勸諭者，亦要明白聲説，毋得含糊，遲延不便。具依准繳牌，須至牒者。

右仰休寧縣准此。

正德元年十一月十二日委吏吴英承。

校勘記

〔一〕題刊學士篁墩程先生文集疏　此篇原闕，據國圖本（書號：SB13390）補，原文在卷九十三末，當係裝訂錯葉，調整於此。

篁墩集後序

此我篁墩先生集也。先生居館閣三十餘年，製作之富，流布天下，天下之人，莫不愛而誦之。少師長沙公謂其「宏博偉麗，成一家言，質諸今日，殆絶無而僅有」，則先生之文，爲可知矣。先生没，稿留於家者百二十卷，族子曾嘗選其文之粹者，以白邑尹大庾張君九逵，刻而行矣。觀者猶以未得其全爲恨。於是曾復上書郡守博羅何公歆，公曰：「此予責也。」遂取先生全集而刻之〔一〕。汎嘗灑掃先生之門，謹序其後。

嗚呼！先生一代人豪也，文翰雖其餘事，而抱負之宏、造詣之邃，蓋將於是乎徵。如萬言應試一策〔二〕，敷匡時之大略；宋紀受終一考，訂千古之大疑；續修宋元鑑，謹嚴得春秋之大旨；附註心經，考合朱陸之道，則又深探理學之大原。至疏宋儒龜山楊氏從祀孔子，而斯道之大統以究；詔視學議奠而不獻，而敬先師之大禮以明；請以德祖比周后稷，太祖、太宗比周文、武，百世不遷，奉祧懿祖，歲暮祫祭，孝穆太后比周姜嫄，别廟奉享，而宗廟之大典以定；以國初佐命勳舊泯而無傳，非所以昭先烈，乃策兩漢故事以禄食其後，而君臣之大義以隆；以四配大賢之考位文廟廡下爲未安，請别建祠以祀叔梁紇，而以顔無繇、曾點、孔鯉、孟孫氏配，而父子之大倫以正。凡此，皆先生學識之過人，足以濟時而淑世，不但華國而已。奈何忌之者衆，使先生不獲大用，是可慨也！

雖然，遭時讒沮，在昔賢聖有不免者，豈惟先生然哉？噫！先生不可作矣，而其文之行於世，燁然與奎璧争光，巍然與嵩華争高，此又可見君子之所恃以不朽者，固在此而不在彼，而復何憾哉？復何憾哉！

正德二年丁卯冬十有一月長至日，門人承德郎南京工部主事祁門鏡山李汎謹序。

校勘記

〔一〕遂取先生全集而刻之　「先生全」，底本漶漫，據國圖本（書號：SB13390）、四庫本補，嘉靖本作「篁墩文」。

〔二〕如萬言應試一策　「言應試」，底本漶漫，據四庫本補，嘉靖本作「斛珠璣」。

書篁墩文集後

歆蚤嘗學於家，惟科目技藝是攻。及入大學，私竊有志於聖賢之道。父師亦視爲可教，乃授之以六經。於是既竭才焉，數年未有得，蓋戴天而不知天之高，履地而不知地之厚，徒日仰嘆而已。父師因進之曰：「六經斯道具在，四子寔發明之。其微辭奧旨，探之益深，窮之益邃，固非學者一蹴能到也。夫行遠自邇，登高自卑，學之序也。汝盍思焉？若徒馳騖於高遠而忽卑近，則志荒學廢矣，何有於道哉？況今之所謂學者，類不過精通乎文辭耳。通乎文未便至道焉，於學也亦庶幾矣。」歆曰：「文所以載道。然古今作者多矣，奚其師？」則又曰：「唐之韓、柳，宋之歐、蘇，其文甚練，而於道亦該博，當時學者皆宗之，第究心焉。」於是又淹歲月，習見四公之文，雖有純駁之不同，要皆一代之文豪可以行於世者，而於道之該與不該，歆不知也。既而得吾鄉瓊臺丘公所進大學衍義補，其考據精詳，論議宏博，且爲文温潤典雅，不怪不華，比之韓、柳、歐、蘇，雖各自成一家之言，似多弗畔於道，可以謂之文者。以今視昔，以後視今，古今人豈相遠哉？且念自入國朝百餘年來，文運熙洽，作者寧復無如韓、柳、歐、蘇者乎？迨弘治壬子，計偕上春官，幸爲今少師西涯李公所收録。時丘公在館閣，據禮當見，因請求當時之文人。丘公歷數自宋景濂諸公而下，至于其同時，又極多推讓，而篁墩程先生亦在所愛重焉。且曰：「篁墩晚年進學，其爲文才富氣鋭，可嘉也。」于時竊識之。未幾，謬拜南臺，自是匆匆職業，不閒他務。已乃聞篁墩賚志以殞矣，惜哉！

弘治己未，承乏清理西江戎籍。至壬戌竣事還臺，即領守徽之命。篁墩，徽之休寧人也，思之不可得復見矣，因訪求其遺文於其孤錦衣千兵君壎與其從子門人稟員曾，遂以全集求刻。因得檢閱，竊見其以才驅氣，以氣駕文，豪放奔逸，俱有餘地，匪直如丘公所云富鋭而已也。雖於道亦未知其如何，要亦韓、柳、歐、蘇之儔，與丘公大學衍義補俱世不可無者也。歆也慕之久，既恨其得之晚，敢不公其傳於天下，以彰國朝文人之盛耶！慨然許刻，而未就板。其門人有撮其一二刻之，名曰篁墩文粹，時論皆不厭，以爲篁墩之文不可以揀選也。

正德丙寅，歆以考績上京師，謁見少師，公首以此爲問。歆具白其意，因與錦衣君以全集請序。公曰：「篁墩之文，誠不可以不全刻，刻之，非吾序之不可也。」歆奉候月餘，公之序未脱稿，然公事既畢，理不可以久留，而休寧尹張君九逵隨亦考績至，乃令候之。而張即擢入諫垣，未及領至。今尹王君鍇來代之，公始發與錦衣君領到，乃正德丁卯三月也，即命鍇督任其責。鍇，名進士，老成有識，素知雅重是文者，乃鋭意爲之。篁墩之門人鄉進士王君寵、汪君玄錫與曾，尤校對密審。刻完，錦衣君固請吾序其後。

噫！篁墩先生之文，吾師少師公序之詳，其履歷顯晦終始，大抵皆備，如柳柳州之文得韓昌黎序之，其文益足以顯行於世，無疑矣。歆何人，敢當其後哉？然義有不容辭者，謹系數語于末簡，庶見景慕之有由與夫全刻之歲月云。若必求其歸于道，惟六經、四子在，尚復何言？

正德丁卯秋八月之吉，賜進士第中憲大夫直隸徽州府知府前監察御史廣東博羅何歆書。

附録一　佚文佚詩

黟縣興修碑記

成化二年，莆田丘君諒以鄉貢進士被選知徽之黟縣。至之日，祗謁于邑中諸神祠，若城隍廟、若社稷、若邑厲壇、若東嶽行祠，皆傾圮，日就敗，神所弗歆。既視篆，吏胥率抱案牘從事于後堂，曰：「廳事之建，徂歲滋深，屋壁既欹，梁木告朽，坐者不敢安席其下，舊矣。」君喟然嘆曰：「治民事神，有司之先務。而因陋踵故若此，其何以副聖天子責望？」既又祗謁先聖廟，其弊視諸神祠。退至學宮，其弊視縣治。既又録勸分之粟，則皆露諸野而無庾；閲徵輸之物，則庫入於壞而扃鑰無所施；審辟于狴犴，則其地穢惡不可近。既又進吏民謂之曰：「國家之制，申明旌善有亭以勵民俗，社有學以教民子弟，養濟有院以惠貧窮，麗譙有樓以警昏曉。梓行制令，所以昭示臣民者，有屋以庇風雨。而此縣皆未之具，其說云何？」吏民以故事對。君慨然興曰：「是非所以逭有司責也。」乃謀諸寮寀，以興修事白于府，合均徭之剩金若干，及富民願割貲以助者若干，掄材于山而授直于民，工力役於農隙，擇耆宿者四人以司出納，而泉穀之曆，則以史胥之清慎者主之。

部署既定，乃卜日以肇工。縣作廳事以爲視政之所，崇官墉以謹内外之防。治之内則爲徵輸之庫，爲狴犴而榜諸大門曰宣化；治之外爲養濟之院，爲倉庾而東西翼以两樓，作大鏞及鼓角其上而榜之曰鐘、曰譙。結以两亭，仍以故榜曰旌善、曰申明。而於廟學一事尤備，若大成之殿、靈星之門，夾以两廡，帶以神厨，而明倫之堂輔以两齋，殿以公廨，别爲會饌之堂，連以二廂，又厦于堂之旁，以爲師生食息之所，而更諸號舍爲樓，榜諸學之大門曰科第，列制科鄉舉之士其上以朂後進。又爲两社學于縣之南北隅，爲陰陽學于譙樓之右，榜澄清坊于巡按之治所，爲二長廊以覆梓行之制令。而城隍之廟，山川、社稷、邑厲之壇與夫東嶽之行祠，咸一新之。輪奐之美，視舊爲盛。蓋肇工于成化三年正月望日，訖工於是年十一月晦日，未及一期而百廢具興，民不知困，若丘君，可謂能副聖天子擇令之意者矣。

昔宋晉陵張公鑄知信州，遇大水而能城水之所入，垣郡府之缺，考監軍之識，立司理之獄。作驛曰饒陽，作宅曰廻車，築二亭於門之外曰仁、曰智，爲垣九千尺，爲屋五百楹。人但見城廓宫室之完而不知財之所出，見徒之合散而不知役使之及己。王文公爲製興造之記，稱其賢于世吏遠甚。以今丘君所爲較之張公，皆守令之臣，而一則當夫巨寖之餘，一則乘夫久弊之後，豈不異世而同符也哉！

予家休寧，與黟接境，每聞父老言黟人之戴君如父母，則君之賢于世吏，又有在興修之外者。他日有登於令之堂，禱于神之祠，食其庾之粟，學于公庠里校之間，不幸而罹于狴犴無穢惡之苦，貧窮而歸于養濟有依棲之託，與夫亭樓之接于目、鐘鼓之接于耳，皆遺愛所繫也，豈止乎一時之觀美也哉！抑予聞國朝之令于黟者，在洪武初有王君虎以治最召拜工部侍郎，正統中有胡君拱辰以治最擢授監察御史，歷官布政使。則丘君興修之舉，豈惟追迹于先正，而登陟之隆，又將匹休于两公可知矣。因其縣之耆民舒志道、余允恭、汪叔淮輩來請文，遂記之以俟。

成化六年庚寅秋八月上丁日，郡人程敏政記。（録自明弘治十五年刻本徽州府志卷十二）

復興堂記

宗姪昌自徽歙走京師以來告曰：「先文清公相宋理、度兩朝，嗣胤蕃昌，世族孔碩，其所居率以府名。昌之派實出舊府，有堂焉，喬木陰翳，面寶山之秀，瞰槐塘之清，北則黄山諸峰蔚焉森圍，南則御書一樓翼然竦立，最爲一鄉之奇勝。而先曾大父承祖公時貲腆族殷，亦闔郡無與儷者。每佳辰令節，賓從相從於斯堂上之，彈棋鼓缶，以觴以詠，蓋無虚日。既先大父本善公洪武中被詿誤遠配，斯堂隷入籍中，已遇霈恩，得復歸程氏，則舉以讓弟本立，而復聯府第之北，貿鄉人之遺址，搆屋十數楹，軒居臺榭既崇以閎，竹樹陂池不減前日之盛。生四子，皆克家，業以復振。迺顏其堂曰『復興』，將求其記其廢興之迹，未成而齎志以歿。惟昌之父端，先大父仲子也，復纘其業，不幸早世。昌將成兩世之志，惟宗長惠教之。」

嗟夫！於先業既廢而知所闢，於先志既湮而知所章，皆孝之推也，是宜記。矧同宗者，可終嘿哉？夫所謂「復興」者，非直一室廬已也。宅心制行，不敢殿古人、忝先世，則雖茅茨環堵，不足以禦風雨，猶曰復興；己植身不知所自重，上不能有所紹焉，下不能有所肇焉，則雖齊雲落星，足以衒愚目、取市憐，適自以益赧爾，烏在其爲復興也？

吾宗自晉太守有惠愛在斯土，爲時循吏，梁忠壯公匡時捍難而生全其土地民人，爲時藎臣，宋兩夫子倡道學以繼聖覺迷，爲時大賢，文簡、文清兩公起韋布、登鼎鉉，爲時碩輔。其餘勳德列信史、著述傳後人、聲譽昭永世者，又濟濟焉。則其後之不乏賢，固宜也。然支分蔓衍，如昌祖孫以來，嗣守先世之遺業餘烈而不墜，且能充大而光歟之者，亦豈多見哉！然一室廬之間，謂非復興固不可，而有大焉者，則不可不勖也。晉叔向有言：「太上立德，其次立功，其次立言。」有一於此而後謂之復興可也。否則，一再世之後，能保其皆肖子哲孫以守此而不析且鬻之者乎？昌歸語族人，苟力于此，則足以鳴世而亢宗，斯堂亦由之益顯矣。不然，觀美焉耳，於記乎何有？

賜進士及第翰林國史編修休寧宗人敏政記。（録自明成化十八年刻本程氏貽範集乙集卷二十）

象賢堂記

象賢堂，歙程氏子所以奉其先訓之所也。程之彦曰紹恭父，實宋丞相吉文清公八世孫，當屬纊時，語其諸子曰：「惟我吉公起韋布士以至宰臣，所以敷賁其先人而迪我後嗣者，其訓具存，若知象其賢以不墜我家聲，吾目瞑矣。」諸子拜泣受命。服既禫，相與謀所以還其治命者，乃舉其少弟儀入歙之儒學爲諸生。儀奉先訓，力學惟謹，以成化辛卯用春秋領南畿鄉薦以歸。縣大夫既本紹恭父之志，題其綽楔之上曰「象賢」，儀復以之名堂云，示不忘也。上春官謁記於予。

予不覺爲之慨然太息曰：「若紹恭父者可謂賢父，若儀者可謂賢子矣。」夫予嘗觀紹恭父諸父槐瀕先生文實程氏譜，知歙之程，其先有諱子玘者，手植槐於所居之側，題曰槐塘，蓋用王晉公故事望其後也。迨諸孫諱元鳳者，遂起進士相理、度兩朝，燁有賢稱，是爲吉公，鄉人因號槐塘程氏。夫子玘君以他人之賢者望其後，尚有如吉公者克承之，而況紹恭父望以其所出之祖者哉！儀之受薦而起，謂非得諸觀感不可也。名堂之意，固所以不忘其父，亦所以不忘吉公也與？雖然，不肖者賢之反也，出乎此則入於彼矣。然則儀之發軔于今，邁跡於後，可不慎乎？必使斯堂與槐塘之名相望於數百載之上，則豈惟同姓之先、鄉國之光也。予於儀同一始遷之祖，於斯堂有以見故家文獻之足徵，樂予之記。

賜進士及第翰林侍講同修國史休寧宗人敏政記。（録自明成化十八年刻本程氏貽範集乙集卷二十）

淄川縣重脩廟學記

淄川縣重脩廟學，縣人致仕教授仇君東之請曰：「敝縣嘗爲王國、爲節度、爲郡、爲路、爲州，蓋上望也。其人公孫弘，年七十牧豕海上，應賢良舉廷對，制策以魁多士而丞相封侯，蓋雄傑也。我國家以學校取士，顧今百三十有餘歲，登進士第者僅一二人焉，薦於鄉書得與偕者亦不過數十人。豈有今昔之異，而山川之氣有消歇耶？抑亦人事之不齊耶？我楊侯首謁先師廟，退坐鱣堂，進師生告之曰：『科第乏人，每出於士習之未變，盍先振其氣。諸士子生長名地，亦嘗盡心於章句文字間矣。顧其氣有未振也。氣不振，自視恒小，視物恒大，故雖科第有不能取，況其道德事功之懿者哉？今兹廟學皆老屋跪垣，草被階徑，蕭然若埜刹。且規模庳隘，藏脩瞻企之餘，固無以豁目廣心而養其鋭也，無恠乎氣之不振也。斯固有司者之責。』乃謀改之。爲西有老氏祠廢，明爽可學，遂剪荆蓁、揮瓦礫，破其界至，夷其窊隆，绳其位次，中爲堂五楹，東西齋各三楹，两南北爲號各二十楹，外爲大門、中爲儀門又各三楹，深廣各有殺。廟在學左，市民地若干畆益之。宫墻經畫，悉撤舊而更爲宏壯肅邃，厥制孔良。載鑿芹泮、作庖庫，祭器積有廩，饌有堂，官有廨，習射有圃。又以隙地爲文昌、鄉賢翼於左右，樹松榆槐柳若干株，蓊然就越。其經費之得宜也，公私一無所損。既成，邑人環觀者計萬，絃誦滿耳，登火達曙。而侯之程督風厲，悉有規約。百年不振之氣習，立見頓殊矣。願以記其成也。」

乃復於仇君曰：「國家自王都以及天下，莫不有學，莫不有先師孔子廟。蓋孔子之道，治天下之大經大法，而學者所以學孔子之道而達諸天下者也。楊侯下車而先廟學，有意於天下之治者乎？俗成民化，地與時升，豈止公孫弘其人出哉！」書以爲記。侯名武，字宗文，陝西岐山人也，以弘治丙辰進士授今職云。（録自明嘉靖二十五年刻本淄川縣志卷三）

剏建沈丘縣記

我國家酌古準今，制天下爲司府，視民多寡以布列州縣而區領之。其疆域之闊狹、道里之遠近，不計也。餘百年于兹，仁澤浹被，生齒益繁，則所以續區縣邑，增設官胥，匪惟求無滲遺其治化，而勢亦有所不得不然者耳。

河南，大方面也；陳州，古名郡也。按誌：昔伏羲寔都此，周以之封舜後，秦、漢以來，沿革不一。我朝因金、元之舊而仍爲陳州，汝、蔡引之於前，亳、潁腋之於左，大河繚其西，而歸德尾於後。週界壙約五百餘里，漫隰巨泊，在在迷望，陵谷遷變，今則次第爲沃壤矣。奚啻四方流寓者衆，而逋逃餘孽亦又雜乎其間，居民漸染其氣習，尚争鬬、煽詞訟，且延蔓爲盜賊者接踵，視郡部條約繩束，犯若啖蔗，日醞月釀，安保無他虞乎？司郡者河間倪公誥念守土責重，憂深慮遠，乃疏請于巡撫都憲盱眙陳公道，於壙圍中添設縣治，沿故名曰沈丘，且割潁州河北一十八里以屬，庶道里遠近、疆域闊狹爲宜，而防錀有措。都憲公特請，乃咨之藩臬重臣，僉曰良舉，即馳奏之。

時議亦有不懷永圖者，以爲勞擾難濟。賴我聖天子明見萬里，洞燭幽遐，乃奮乾斷，特降玉音：「河南地方准添縣治。」命下日，都憲公檄憲副濟南張公鼐總督，而倪守寔當提督之任。爰相地形，得州南五舍潁河之陰里許，豐衍端夷，環枕河流，故有巡檢司曰乳香臺，民舍商航亦頗輻集。爲城東西三百六十步，南北如之，街巷市廛，分經條緯，而縣治、學宮及布、按府官署與夫合祀廟宇、壇壝，亦各審向背前後左右之宜，以成厥位，費公帑若干緡。功幾半，縣尹李公琳、李公相輩相繼而至，勤事服役左右惟謹。經始於弘治戊午二月，落成於庚申八月，巍然遂爲汴省大邑，李尹乃伻來請予爲記歲月。

予惟天下事欲濟大者不能惜小費，欲圖久者不必苦暫勞，況防患當於未然，而無患本於有備，知此庶可與議於治矣。兹舉也，雖以守臣啓之於先，大臣請之於後，不賴聖明獨斷，亦何以能成是莫大之舉哉？是故上下相孚，都俞交美，佚道使民而勞不知苦，財用適宜而費不見惜，垂久之績，奠靈長之業，此成功之故，又足爲將來告者，夫豈獨紀歲月云乎哉！謹記。

弘治十四年歲次辛酉菊月之吉。（録自明嘉靖九年刻本沈丘縣志卷四）

吴君以傑江山覽古詩序

余處京華十七年，足跡不出百里外，每見古之壯遊者，恨不駕海鶴、乘天風、相與上下以淩倒景而俯視一世也。晉陵陸廉伯、海虞李世賢與余同志，因相約取古人山水記爲卧遊之録，庶幾不出户而得大觀。癸巳之秋，鄉彦吴以傑忽出其卷曰江山覽古示余。閲之則竦然以驚，曰：「子何以得此乎？凡子之所經歷者，皆我之所欲一見而不可得者也。且子之出練溪、下浙江，亦嘗觀八月之濤，見吴兒弄水以弔伍君之忠魂者乎？過姑蘇，亦嘗登吴王之臺，見麋鹿遊於廢宫荒草之下，慨其一世之繁華而併付于樵牧之手乎？亦嘗訪延陵季子之墟，想其掛劍徐君之墓，其情可以激昂千古而今不可復見乎？亦嘗駐采石，艤舟青山磯下，買酒放歌思起太白于九原，相與擊楫詠『澄江』之句，有倚歌而和之者乎？道淮揚入瓊花觀，亦嘗於沙上烟水朦朧之際，聞商女蕩槳以歌玉樹之曲者乎？憩淮陰，亦嘗尋韓王孫遊釣處，想其英豪舉世無識之者，而獨濟乎江頭一老婦，使人不能無意氣之感乎？亦嘗徘徊於彭城、芒碭之間，楚、漢之戰不可復識，有故時遺老指示興亡之跡，使人聞之而黯然不能自已者乎？渡吕梁洪，登蘇子之黄鶴樓，長嘯以爲謫仙死後三百年，無復此樂者乎？進燕、趙之境，亦嘗酹望諸君之墳而想其下齊之列城，或有屠狗之人自晦于市而不爲世用者乎？昔史遷足跡半天下，而評張燕公之詩者謂得江山之助。然則子之往來湖海之上，豈直爲浪遊者哉？其尚有以告我。」以傑聞之，則懼然以駭曰：「夫子未嘗膺跋涉之勞，而所聞歷歷，皆我之所欲一言而不可得者也。吾不敢復説覽古矣，願得此以壯吾之遊玩。」余不能却，則執手而告之曰：「耳聞不若目擊，卧遊之録未足以盡胸中奇也。他日得謁告南歸，覽江山之勝概，尚當從二子爲以傑臨風賦之。」

成化己丑二月中浣，賜進士及第翰林國史編修邑人程敏政序。（録自明嘉靖七年刻本休寧縣市吴氏本宗譜卷六）

送蘇君知任縣序

今之仕者不古若久矣。濡滯于國學，沉淪于幹辦，貧不能自存者有焉。一旦而受一命之寄，則先問其地之美惡、民之肥瘠。美而肥則津津然喜見於眉目，否則悻悻然怒生於顔面。若是者何也？仕之初心，不爲民而爲己，不爲親而爲妻子也。前此而仕者，以田園之富、第宅之麗、衣服車馬之華靡，誇耀於鄉人，曰：「吾能事以愚民也，吾有術以得此也。」其未仕者，父母兄弟以此責之，朋友以此望之，親戚鄉黨以此祝之，且曰：「某令之歸，積金滿籯，某丞之還，膏腴千頃。」嘆羡以作其蠹民之心，觀感以崇其貪汙之志，自非卓然有守而不變者，又安能挺於庸衆人之中而自立哉？然而一經訴訟，則鞭笞賤于厮養，罵詈重于奴僕，至死下獄、戍遠方，猶曰：「彼雖罹罪受罰，而廪有餘粟，後事不足憂也。」波流委靡，天下趨尚，靡然同風，恬不知恥。節義之字，鉗於人之口；清廉之名，厭於人之耳。雖有所謂卓然有守而不變者，亦反以爲好名爲無用而争咻之。嗟夫！士風之喪，一至于此！

吾友蘇君敏，徽之休寧大家也，以學諸生入太學有年矣。今年冬，得令順德之任縣，被命之日，同郡繡衣康君永韶輩酌酒胥慶曰：「吾知蘇君也必大施展所藴於斯邑，他日有清聲偉譽洋溢於北方而高出于流輩者，非他人，必蘇君矣！」然余竊有告焉。任爲附畿之邑，民疲較他邑尤甚，以聚斂重而徭役繁也。粟米之徵，芻草之税，而胥役日至其門，吏卒日迫其家，而民甚不堪其苦矣。保馬還官而民財竭矣，力役妨農而民力殫矣。使臣之往來，無金幣之餽則令丞有呵叱之辱，一以取貲于民，而民不勝其擾矣。君平昔有志于愛民，有志于爲政，有志于矯俗弊。此行必先蘇其勞瘵、拯其疲癃，興利而除害，剪鋤强暴而扶植善良，不以今人所同喜者爲榮而以爲戒。異日政成，使任之民歌頌之，去思之，朝廷下旌異之典，父母受褒贈之恩，自邑而郡而藩，高官大爵，皆所以待天下之賢且能者而擢進之。君勉哉！勿餒其志、易其守而觖鄉人之望也。

予與以正同里閈，有世交親故之誼，故於其行也，不以賀而以規。（録自清乾隆元年刻本新安蘇氏族譜卷十四）

慶宗老存智公榮膺冠帶序

比者西土旱荒，獠酋數肆猖獗於西南之境。朝廷下令，凡軍民商賈有能輸粟轉貲、克濟邊儲者，令有司上之，贈以冠帶榮其身。惟時吾族泰塘房存智公之主器思庸氏以貿易覽勝於昆明，會貴州方伯吴興張公孟介、憲使星源汪公希顔宣上德意以率凡知義者。思庸因憶家庭平居常與尊甫及其仲、季感念際太平之盛，沐有生之樂，皆朝廷之恩、祖宗之蔭，不可不知所自以圖報，尤不可不懷仁義而自昧，於是乃代其父存智公出粟二百斛以應命。事上得報，許授冠帶如令云。思庸捧檄東還，登堂拜進以侈大君之賜，公亦欣然望闕謝恩，禮度雍容，可方命士。而閭里交馳，士夫胥慶，衣冠炫耀照乎桑梓之間，鄉族姻黨之人咸相嘖嘖，以爲是雖國家崇賢尚德之禮有不可廢，然非吾宗父子一念存仁之心、尚義之誠有以感乎上下，則亦不足以致此也。公仲子思賢與予莫逆，嘗請領統宗譜牒及柬書文字往來，士夫雅重，乃眷家藏川汪君廷貴之妹婿也。廷貴，予子壎之師，因請予序之以貽親賓之來賀者。

夫人生穹壤間，求無斁於天常、無愧於人道者，以其有仁義也。仁義既立，餘無難焉。易曰：「立天之道陰與陽，立地之道柔與剛，立人之道仁與義。」洪惟我太祖高皇帝有天下以來，列聖相承，百三十年於兹矣。仁漸義摩，無遠不至，德化之盛，有非前代可及。故讀書篤道之士與夫樂天安土之民，所習於庠序、所行於鄉里、所教於家庭者，無非仁義之道也。若兹一舉，亦足以占賢父子昆弟平日之所藴矣。雖不可遽然以當仁義之大，而其上紓王事之危，下濟黎元之窘，則亦有仁義之施焉。夫豈必待博施濟衆而後謂之仁，效功盡節而後謂之義哉？至於思庸之所以歸美於父，赴事於公，豈非仁者必愛其親，義者必急其君之謂歟？亦人所難也。視彼豐財以肥其身，矜己以薄其親者，其賢、不肖何如邪？念予同出忠壯公後，故閥閱家世之詳不必贅，而獨次此爲説，不審吾黨之士尚有取諸此乎？是爲序。

賜進士及第嘉議大夫太常寺卿兼翰林院侍講學士同脩國史經筵官兼脩玉牒陪郭宗人敏政序。（録自明隆慶刻本程氏貽範集補乙集卷十一）

流塘歸省詩序

詹君存勇之客閩東幾年矣，弘治丁巳之夏，來歸省其親于流塘，二親崛然，喜慰無極。鄉之人亦嘉其來而爲之交慶也，率賦詩以贈，卷成而示予。

予聞其父永賢處士嘗命君曰：「子非士非農，非有所如往以殖有家爲孝，而徒勤事我也，奚益？」君頓首受命，挾其貲踰閩而南，並海以居，歲輸月斂，所獲甚鉅。又獲盡臨觀之美，友其地之賢豪以拓其氣識，閩人愛留之。而處士家居，業充養隆，倍蓰于前。又有主饋之媍以具旨甘，有孫以供侍膳，含飴之樂，不責其歸也。然君思親積歲，憂惋成疾，譬曉不可，翩然來歸，蓋一見而憂釋，居月餘而疾愈。亮哉！慈孝之根于性分者，不假督而能也。昔昌黎公謂士不必在親側爲孝。豈獨士哉？士得雋于朝以顯親，商遂業于外以成其親之志，一也。使戀戀膝下而親之名闇然弗章，或于養缺然而反以公私之給撓其親，安所取孝哉？親在而不可遠遊，亦獨示人以其常爾。

雖然，予將有進于君者。業未成而久于外，思以致孝焉，可也；業已成而不遄其歸，則謂斯何？君之復有所如往也，宜挈諸君子之詩與俱，出入之暇，時取而諷詠之以求益，將不有懼然于中、弗能自已者乎？審爾，則是養也不徒以彌文相誇詡而已。

流塘在休寧邑東南，與吾南山精舍僅一塢之隔，君之從兄存中好學能詩，喜從吾遊，每至流塘，倚徙山間，茶話之餘，未始不念存勇也。故爲題其卷而序之。

賜進士及第嘉議大夫太常寺卿兼翰林院侍講學士同修國史經筵官兼修玉牒同邑程敏政書。（録自明弘治十二年刻本休寧流塘詹氏宗譜卷四）

明故朝列大夫韓府左長史致仕程公行狀

公諱顯，字孔著，别號慎庵。其先自晉新安太守元譚始居歙，元譚十二世至梁將軍忠壯公靈洗，靈洗十四世至唐户部尚書仲繁，仲繁曾孫令涯始居祁門善和。令涯十六世至國朝行樞密院都事德堅，即公曾祖也。祖汝楫，父景華，母汪氏。

公生二旬失所恃，鞠于外氏，及長甫婦，從鄉先生游，日記數千言。入邑庠補弟子員，治詩經，赴南畿鄉試，不第。復從孫曰讓先生治春秋，勤苦自勵，與康汝芳太守同講學于石山書室，更相刮劘，學識大造，遂領正統辛酉鄉薦。明年中乙榜，授任丘縣學教諭。任丘素少學者，公至，以身教，雖祁門暑雨而不輟〔一〕，由是學者翕然倍他邑，連三舉得九人。郡守王公號不輕許可，獨待公如契友。歲己巳，適北虜入寇，官民散走，公獨與二三子不去。民有避難於常至者，多被害，公往諭之，率感悟反守舊廬。不三日天兵至，虜患息。

景泰辛未，公秩滿上京師，吏部考居首選，且以公忠謹聞，遂擢瀋王府左長史。公至，每事以正輔王，一府之人莫敢不奉法者，諸郡王皆以「老先生」稱之，不以臣下例視。以外艱罷，王親作歌詩悼別，又錫鞍馬路費。服闋，改韓王府，公輔導一如在瀋時。天順己卯，年甫逾六旬，以夙疾上章乞歸。王勉留再四，公曰：「臣年齒長矣，才力不逮，而子泰又玷科名，方效用於時，豈敢固寵以違天道？」王知其志不可留，遂以聞。及行，親出郊十里供帳勞餞，賜予一如瀋王，又遣人護衛之行。適泰以户部主事奉使西夏，得便道侍輪鞅。至京師，獲休致之命。抵家，端居自適，倡族人入田供祀事，出金穀重脩先祠，別築致思館以示不忘君親之意。昆弟五人，垂白於庭，旦暮集聚子孫考德問業，好事者題其堂曰「五老」。泰三載考最，得賜誥封公奉政大夫、修政庶尹，配齊氏宜人，迨一年，又奉詔進階朝列大夫。

公爲人温恭謹恪，孝友慈惠，皆出天性。接人待物，無一毫矯僞。居父喪，哀毁盡禮。每遺書囑泰以清慎盡心爲國，語不及他。好學之志，雖老不倦，易簀時猶咏詩以戒子孫，命泰録畢而逝。

公生於洪武己卯夏四月二十日，卒於成化壬辰冬十一月八日，享年七十有四。與同母兄共葬于下東山，遵治命也。齊宜人勤儉淑慎，宗黨稱其賢，先公七逾月而終。子男五人，曰泰，河南布政司右參政；次曰貫，曰通，曰復，業儒，屢舉未第；曰宣，學行垂成而卒。孫男八人，女四人，曾孫男四人，女二人。

嗚呼！公起經生，一典縣校，兩輔宗藩，有行有文，可追配古之君子，法當表其墓道。而參政君以予同出忠狀公後，請次第其梗概如右，庶幾名公大書者得有所考焉。

成化十一年歲次乙未十月朔，翰林侍講同修國史休寧族人敏政狀。（録自明成化十八年刻本程氏貽範集乙集卷十九）

似無念比丘山水卷跋

東坡先生詩云：「天下幾人學杜甫，誰得其皮與其骨。」山谷道人亦云：「世人但學蘭亭面，欲换凡骨無金丹。」予謂學荆、關者亦然。自宋室以來，不下數十家。若董、巨大手筆，彰彰在人耳目，猶尚有斧斲格法之可擬議。若夫脱胎换骨，斷絶烟火，至于聲臭俱泯者，則非倪迂不能臻也。畫又豈易言哉！成化十三年七月二日，新安程敏政題。（録自中山大學出版社二〇〇四年版容庚文集倪瓚畫真僞存佚考）

桂坊稿跋

奉觀桂坊稿累月，雖未能盡作者之意，然亦間有所得，恐遂遺忘，輒用批點其所得者。直猶鼴鼠之飲河，取足充其腹而已，其餘安知非他人之深所取而大所服者哉！

近世之文，出天資者或歉于本原，由學力者或傷于模擬，僕雖識其大端，亦兩病之，莫能通也。讀執事之文，乃知天資之美，學力之邃，交舉互用，出乎等夷。而文兼取博求，不以所有者自足，此其成一家言，可與鳴一代之盛。而識者猶謂其格君華國之大用未竟焉。天相斯文，遂將壽執事而昌其詞于稽古右文之世哉！歲晏天寒，旅宿蕭寺，呵凍展讀，每懼卷終。然尤以束裝就道之餘，不能盡發執事之藏以卒業請益爲可憾也。

弘治紀元龍集戊申冬十一月晦日，新安程敏政題。（録自明弘治十二年刻本楊文懿公文集）

留春軒詩跋

休寧葉君志道有不受遺金之行，名著一鄉甚久。且年躋七十，有子克家，德邵業豐而謹飭謙巽，日甚一日。予過其所謂留春軒者，愛其幽邃清灑，真逸人處士之居，命名之意又得於以仁貽後之義，爲之嘉嘆不能已。昔歐陽侍御宰邑時，蓋嘗禮君爲鄉彦，故御史之弟中舍賦此貽之。予以是又知賢令君之家不遺桐鄉之人而爲之揄揚如此，厚之道也，是可傳已。

弘治辛亥歲八月既望，賜進士及第中順大夫詹事府少詹事兼翰林院侍講學士兼修國史經筵官同邑程敏政書。（録自明弘治十一年刻本休寧陪郭葉氏世譜附録）

題王氏宗譜後

澤富在歙之上南，王氏世居焉。始王氏自太原祁縣徙宣州，又徙澤富，爲唐秘閣校正諱希羽也。羅鄂州撰新安志，乃爲作傳。予今編新安文獻志，其裔孫之賢者來助刻梓于南山堂，以其宗譜示予，求題一言。予觀是譜，自校正至今乘二十三世、六百餘年，而子孫愈久而愈繁者，皆由前聞人立德立功之餘澤也。噫，盛哉！凡爲其後人者，尚當益修其德、益懋其學，異日爲珪爲璋，令聞令譽，爲太平之衣被，爲國家之麟鳳，豈不大有光於王氏之前烈而爲澤福之榮也哉！今尚拭目以竢。

弘治庚戌三月望日，賜進士及第奉訓大夫左春坊左諭德同修國史兼經筵講讀官篁墩

程敏政撰。（録自明抄本新安太原王氏宗譜卷十）

統宗世譜圖説

此統宗圖説一幅，乃率口族孫祖瑗希蘧之所著也。予於成化間嘗會諸族作統宗譜，而希蘧與焉。後十餘載，希蘧作此圖，間奉以示予，有不待細閲詳檢，而諸房之世次親踈粲然如指諸掌，考訂之精、登載之嚴，誠可翼譜而行矣。近族人有自休寧來者，挈一圖相視，初必以希蘧之所作，爲之甚喜。徐觀之，乃知其族之不肖者竊此圖，妄入非派，以爲取利之媒，復爲之愕然。因檢昔所示圖草，并書此寄之，畀其速以入梓，庶砆玉之真僞、涇渭之清濁於此焉有徵，豈非諸族之幸哉！弘治己未上元日，宗人敏政書。（録自明抄本新安休寧山斗程氏本支續譜）

題尤鳳洲臨睢陽五老圖册

先大中公與文潞公彦博、司馬郎中伯康、席司封君從四人者皆生丙午，元豐間年八十，作同甲會，歲一爲之，洛人圖畫以爲勝事。當時必家有藏本，而今亡矣。拜觀此卷，不勝追慕之私，且健羨朱氏之有後也。

成化己亥歲二月既望，新安程敏政題於古蘇驛。（録自清光緒十七年刻本穰梨館過眼録卷二十三尤鳳洲臨睢陽五老圖册）

與太守王公論重修世忠廟事宜書

休寧程敏政頓首奉書：

太守王公執事邇在府中語次，以先世祖忠壯公世忠廟事奉聞，即荷開納。而語有未盡者，請以書對。蓋世忠廟起自梁、陳，歷唐、宋以來，愈久而益盛。誠以其保境、福民之功在人者，愈深而不可忘也。今兹鼎新廟宇，其事宜之大者有二，一曰定廟基以防侵損，一曰正題名以光命祀。

稽之洪武經理，廟基二畝有餘，休、歙兩縣祭田將八十畝，以世忠廟爲尸廟，西有唐御史中丞都使公程澐墳一穴。澐者，忠壯公十四世孫，黄巢之亂，保境福民，祖孫同功，譜牒具存可考也。洪武初置廟祝一人，曰方子高氏。其後年遠，長子育孫起蓋私屋，侵損廟宇，盜賣祭田，冒竊神姓，無所不至。成化間，近廟子孫程廷章等具告，得巡撫尚書三原王公、太守聞喜王公勘定其罪，俾方文旺一人在廟侍奉香火，其餘男婦並令出籍，侵損者責令改正，盜賣者責令買補。二十餘年，未有所聞。而私屋侵逼廟庭，果致焚燬。凡乞靈廟下者，無不驚憤，而又竊計神明假手回禄，乃除舊布新之一機也。昨者執事許親臨廟所，事必昭然。但恐軒從不能久駐，更乞差委的當屬官，或公□老人丈量廟基四至，明白清理，都使公墳仍存火卷一道，其餘閑地方許廟祝居住。既免神人混雜，抑且杜絶後患。所謂定廟基以防侵損者，此也。

稽之洪武故牘，欽降板文定式，由直隸徽州府知府某姓名敢昭告于梁將軍程忠壯公之神，歙縣正官只是供祭陪位，其重如此。舊歲廟燬之時，前守祁公逮捕方文旺到官問罪，責令起蓋，曾無一錢入官。而廟近大户方氏、吴氏上請于郡，募緣重修，以福一方，誠亦可謂敬神尚義之士矣。訪聞所募既多，功成可待，而正梁當有題名，私竊相競，或稱爲募緣之首而以題名自許，或利其捨財之多而以題名相啖。上乖禮體，莫此爲甚。夫世忠廟一郡應祀，非一鄉一村之神也，題梁之日，必須執事尊銜貴名濃墨大書，昭示永久，庶爲得體。縱使此廟本因募緣而成，亦是上借郡命之重，豈可掩爲功而專其名，使魏巍一郡之祀下與里巫社鬼之祠同一律哉？所謂正題名以光命祀者，此也。

伏惟左右下車之初，恒采輿言以裨政務，不數月間，百廢具興，而尤以敬神恤民爲首事，故因先廟輒詳布之。而凡出于面陳者，已達尊聽，不更贅也。近廟子孫具狀以俟，幸執事之終惠焉。

弘治十年冬十一月十七日，敏政再拜。（録自明弘治十年刻本休寧陪郭程氏宗譜）

黄閣清風詩送商素庵歸淳安

昭代衣冠第一人，三元聲價重麒麟。蒼生自昔瞻伊傅，聖主方今賴甫申。環珮懇辭金殿曉，圖書綏載與堂春。到家應是秋涼後，笑依桐江看白雲。（録自明萬曆六年刻本嚴州府志卷二十）

送少保商先生致仕還淳安

一品官階玉帶圍，斯文誰不羡光輝。重來司馬新臺鼎，歸去嚴光舊釣磯。阿閣鳳雛還戀采，滄江鷗鳥自忘機。醉餘小憩長松下，閑看晴雲出岫飛。（録自浙江古籍出版社二〇一二年版商輅集頁六九六）

胡僕射祠

閲國史知討賊安民之功，觀廟貌沐和風甘雨之澤，精忠不死，生氣長虹，百世而下，其將仰公如一日耶！（録自明嘉靖四十五年刻本徽州府志卷十）

贈尚寶廣宗崔君舜在持節册封藩王于鈞州獲便道歸故里搢紳榮之

龍節初持下五雲，中朝人物數崔群。符臺地切周鄉士，宗室恩承漢册文。馬入汴南冰盡解，春來畿北雁初聞。歸途却拜先公廟，幾許榮光得似君。（録自清康熙三十二年刻本廣宗縣志卷十二）

武侯祠

扶漢曾知羨股肱，草廬三顧整憑陵。七擒尚憶當年計，八陣猶傳往日能。慘慘荒碑留

夕照，森森古柏帶寒藤。營中不是星先隕，禮樂終須望中興。（録自清道光九年刻本昭烈忠武陵庙志卷五）

寄題汊口似雲巢

汊川川上舊程村，縣郭分居本一門。内翰有名傳近祖，春坊無似愧聞孫。家藏譜牒諸房共，兵後文章幾帙存。有約雲巢閑過我，百年宗好得重論。（録自明隆慶刻本程氏貽範集補己集卷五上）

贈開化宗人崇文

開邑諸程自歙分，徽猷當宋擅高文。近來譜牒多宗洛，此日京華忽遇君。正學久看從玉署，美才應解步青雲。行囊定有相傳譜，朝退秋堂願一聞。（録自明隆慶刻本程氏貽範集補己集卷五上）

臨河老父行壽用良公

我昔曾過臨河村，晴沙緑樹開重門。臨河老父鬢垂雪，膝下有子兼有孫。今年七十啓家慶，坐想賓筵絲竹盛。齒德俱尊人所欽，況我迂疏本同姓。臨河之水繞宅行，臨河之山青滿楹。遥折黄花祝君壽，天書百歲來褒旌。（録自明隆慶刻本程氏貽範集補己集卷六）

味琴爲宗人□□賦

嘗聞素琴得真味，雅意超然請節翁。吾子有絃方有味，不知二者將誰工。有絃無絃各有趣，妙處本在至澹中。鳳鳥適至馬垂秣，精神上下皆流通。舜文遥遥繼者寡，高山之調駭頑聾。莫辭更坐爲一操，使我三嘆無窮終。（録自明隆慶刻本程氏貽範集補己集卷十上）

謁亞聖祠林遂漫成一律

景泰丙子春正七日，隨嚴君之官西蜀。時甫十一歲，平日嘗聆父師推講亞聖開來繼往之功，今經謁祠林，拜瞻遺像，不勝起敬，遂漫成一律，用展緬懷之私云。新安程敏政拜題。

緬仰遺容倍慕深，岩岩氣象重南金。養成慈母三遷訓，力正生民萬代心。仁義擴充開閉塞，波瀾頓挽起湮沉。謾追往日雄辭辯，盛大流行法古今。（録自齊魯書社二〇〇五年版孟廟歷代碑文題詠選注第三輯）

和復竹茶爐詩

此君忘却趙州禪，半世來歸似隔年。泉上故人應絶倒，眼中奇節尚連娟。不妨遺日分僧供，有幸逢辰離俗緣。活火自今知未滅，聯詩留伴一燈傳。

物故誰參性海禪，摩挲故物數歸年。久争水火疑蒼朽，乍脱風塵喜凈娟。老宿漸忘新世味，美人重結舊經緣。鄂州太守真能事，好比蘇公玉帶傳。

不隨蓮社愛逃禪，對客煎茶記往年。歲晚松風猶瑟瑟，夜寒梅月故娟娟。弓亡已分歸無定，劍合由來宿有緣。入手未應憐去住，漢家汾鼎亦誰傳。（録自鳳凰出版社二〇〇五年版錫山先哲叢刊（一）竹爐圖詠貞集頁五六二）

懷鳳堂

綿竹縣尹汪君經出唐越國公之裔，世居邑之鳳湖街，其地有鳳山，相傳鳳鳴其上，故君以「懷鳳」名其堂，同邑程敏政賦。

鳳山山下鳳湖潯，扁揭高堂見古心。九奏簫韶音律遠，百年梧竹慶源深。越公舊烈遺青史，單父閒情亦素琴。勝地炳靈應有待，雲霄他日看祥禽。（録自明弘治四年刻本休寧志卷三十七）

張桓侯廟

當年威武冠群豪，殺氣摩空萬丈高。三捷功成風偃草，一聲忠奮水回潮。心扶紅日懸

霞帳，雲暗長城奪錦袍。莫恠虎臣名不遂，天移漢祚嘆時遭。（録自明嘉靖二十年刻本雲陽縣志卷下）

山水錦雞圖

平原空笑弋人勞，山木青葱護錦毛。何處曉風堪顧影，石泉澄澈見秋毫。（録自御定歷代題畫詩類卷九十四）

舟次滄州

詔輔青宫御墨濃，元寮何意及凡庸。官船正及青滄道，直北紅雲望九重。（録自清咸豐十年刻本江北運程卷七）

校勘記

〔一〕雖祁門暑雨而不輟 「祁門」，光緒善和鄉志卷六作「祈寒」。

附録二　序跋

篁墩程先生文粹序

［明］林瀚

大宗伯篁墩程公，文無不粹者，是集所選，其粹之粹耶？不能非此心耳。公自童年侍襄毅先生宦游蜀潘，即以奇才鳴于一時，遂膺薦入翰林，博覽中秘群書，學日以大進，文日以有名。天順壬午，甫弱冠，擢魁京闈，而所録程式之文粹矣。比成化丙戌舉進士及第，而大廷獻策之文粹矣。自後歷官翰苑，修國史，進講經筵，典司鄉會闈試事，而傳信格君華國之文無不粹者矣。昔人嘗集漢文選、唐文粹、宋文鑒，皆一代文之粹者，篁墩斯集，一人文粹也。予閱其間若漢昭烈伐吴，舊無告廟文也，而公擬以一篇，詞嚴誼正，生氣凛然猶存，殆漢文之一粹耳；程都知碑文，唐人所書者，而公考訂數百載前人物事跡，悉無或遺，亦唐文一粹也；明良慶會卷者，宋理宗與輔臣程元鳳賡歌詩章，流傳于程氏子孫者，而公品題當時君臣相與之義，罔不曲盡其意，典雅莊重，是又宋文之一粹耳。特惜夫享年弗永，而經天緯地者未得盡用于時，此則良可慨也。然所著舊稿甚富，其孤錦衣千兵壎與公從子塏、族子曾類編之，襲藏於家，無慮百餘卷，欲壽諸梓，未之能。適大庾張君天衢來尹休寧，乃公春闈所取名士，顧盡刻卒難爲工，復慮或散逸也，因屬曾摘其粹者爲二十五卷，而公門人戴給事中寶之重加詮次。既成，張君遂捐俸刻之以傳，誠盛舉耳。爰徵序於予。予與公爲同年進士，嘗友其德，知其心，推重其文舊矣。蓋公之文博贍精醇，邃於理而充于氣，視漢、唐、宋諸大家所著，可以並傳無愧。予不文，奚足序公文之粹哉？第慨今思昔，義不容辭，故爲舉其大要如此。公名敏政，字克勤，以禮部侍郎兼翰林院學士致仕，卒贈禮部尚書。篁墩，其自號云。

正德元年丙寅春正月上元日，賜進士資政大夫南京吏部尚書前國子祭酒太子左諭德經筵講官同修國史三山林瀚序。（録自明正德元年刻本篁墩程先生文粹）

篁墩程先生文粹跋

［明］张九逵

篁墩先生才名滿天下，九逵少時已知慕之。弘治己未上禮闈，又幸出先生門下，而竟不獲躬瞻先生丰采、領教言。蓋是時試事甫畢，先生疾作，尋亦爲古人矣，徒抱恨焉。兹刻先生之文，敢敬取其像與傳置于卷首，使天下後世之人慕先生而欲識其容、考其行者，於此乎求焉。若夫刻文之意，序已悉矣，不敢贅。

休寧縣知縣門生大庾張九逵拜識。（録自明正德元年刻本篁墩程先生文粹）

篁墩程先生文粹跋

[明]戴銑

右先師禮部侍郎兼翰林院學士贈禮部尚書篁墩程先生文二十五卷，乃先生族子庠生曾師魯之所摘鈔而銑更爲詮次者也。始先生嘗自輯其著作爲篁墩稿、篁墩續稿、篁墩三稿、行素稿，既成編矣，先生没。其子錦衣户侯壎本和、侄庠生塏本一復與師魯合諸稿而一之，門附旿增，爲卷百有四十，總名之曰篁墩先生文集，什藏于家。顧學者思欲閲之而不可得，且卷帙繁多，艱於傳録也。

弘治癸亥，大庾張君天衢以先生禮闈所取士來尹休寧。朞年政通，即慨然爲斯文傳久計，然亦以全集之多，力不易辦，欲拔其粹先刻之，於是師魯摘鈔以進。張君韙焉，復以銑嘗辱教先生，且爲鄉後學，録寄全集及師魯所鈔，俾效其愚。銑何人，敢與聞此？顧其心則所深願，亦嘗贊斯舉于一二者，乃不揆闇陋，受讀數過，僭加詮次而定其目録如此。

惟我新安，自晦庵朱夫子闡明道學以上接洙泗濂洛之傳，考其平生，凡訓經删史、一切著述之功，固卓冠古今矣。至於酬應詩文，體裁不一，亦皆妙道精義之發而各極其趣，後有作者，何以加焉？故宋元以來，四方學者皆宗朱學，而新安之士嚮慕尤篤，碩師宿儒，踵接以興，蓋有非朱之學弗講，非朱之文弗習者。其書往往具存可考也。先生天分既已絶人，問學之功曾弗少間。至論其學，則又本之諸經，參之史子百家，而折衷程朱氏之言。蓋孔子之道，至程朱互發明之而後始無餘藴，尊程朱即所以尊孔子。而於朱子之書，肆力尤多。嘗曰：「僕性獨喜誦朱子之書，行坐與俱，寢食幾廢，竊幸稍窺其一二以自得師。」由此觀之，則新安之士生乎朱子之後而窮理之功升堂望奥如先生，豈多得哉？惟其得朱子深，故形諸議論、發爲詞章不惟理無所悖，而文亦似之，又濟之以雄渾之氣、敏贍之才、博綜之學，此其著作所以超然獨詣，追古大家而軼之。國朝百餘年間，文章宗匠不爲不富，求如先生，又豈多得哉？夫以如是之才，使天假之年，進而考禮定樂，退而著書立言，必皆有可觀。惜乎其弗大就也。

先生風神明秀，喜談論，不立町畦。樂誘人爲善，推誠任物，不虞見欺。其遭物議，率以此至。其胸次光明軒豁，以古豪傑自任，後世必有信之者矣。其所編著，有新安文獻志、程氏統宗譜、貽範集、道一編、心經附註、宋紀受終考諸書，皆已梓行；皇明文衡尚未脱稿，嬴賢奏對録、蘇氏檮杌諸書藏于家。是編詮次既就，張君名之曰文粹。先生之文之粹，果止是邪？其平生所交，皆當世偉人，太宰三山林公號最知己，故公銘其墓、序其文，甚詳且核。而張君屬意斯文，力就厥緒，師魯與其族之群彦及貢魁汪君天啟又惓惓焉表章是圖，皆可謂篤于師友、死生不貳者。然因此文以求之，先生之心庶幾少白，則其爲幸，豈獨師友間而已哉？

弘治乙丑秋八月望，門人徵事郎南京户科給事中前翰林庶吉士婺源戴銑謹書。（録自明正德元年刻本篁墩程先生文粹）

四庫全書總目卷一七一集部别集類二四

［清］紀昀等

篁墩集九十三卷兩淮馬裕家藏本

明程敏政撰。敏政有宋遺民録，已著録。是集爲敏政所自訂。據千頃堂書目尚有外集十二卷、别集二卷、行素稿一卷、拾遺一卷、雜著一卷。今皆不在此編中，疑其本别行也。敏政學問淹通，著作具有根柢，非游談無根者比。特以生於朱子之鄉，又自稱爲程子之裔，故於漢儒、宋儒判如冰炭，於蜀黨、洛黨亦争若寇讎。門户之見既深，徇其私心，遂往往傷於偏駁。如奏考正祀典欲黜鄭康成祀於其鄉，作蘇氏檮杌以鍛煉蘇軾，復伊川九世之讎，至今爲通人所詬厲。其文格亦頗頹唐，不出當時風氣。詩歌多至數千篇，尤多率易，求其警策者殊稀。然明之中葉，士大夫侈談性命，其病日流於空疎，敏政獨以雄才博學挺出一時，集中徵引故實，恃其淹博，不加詳檢，舛誤者固多，其考證精當者亦時有可取，要爲一時之碩學，未可盡以蕪雜廢也。其集名曰「篁墩」者，考新安有黄墩，爲晋新安太守黄積所居，子孫世宅於此，故以「黄」爲名。自羅願新安志、朱子文集所載皆同。敏政乃稱「黄」本「篁」字，因黄巢而改，遂稱曰「篁墩」，爲之作記，且以自號。其説杜撰無稽。然名從主人，實爲古義，今亦仍其舊稱焉。

附録三　傳記

薦神童程敏政奏

提督松潘兵備刑部左侍郎臣羅綺謹奏爲薦舉神童事：

臣竊見四川布政司右參政程信男敏政年餘十歲，穎悟過人，古今書史，一覽輒通，經義詞章，隨問而答，兼且志氣高遠，言動老成。似此神童，世所罕見。恭遇皇上復位之初，可爲聖世得賢之兆。如蒙取行赴京，送翰林院考試，作養成器，用輔皇儲，不惟昭一時之異選，實可備將來之大用云云。（録自明隆慶刻本程氏貽範集補甲集卷三）

試神童程敏政題本

吏部尚書兼翰林院學士李賢等題：

該禮部揭帖開送四川布政司右參政程信男程敏政，年餘十歲，能讀經書子史，又能詩對經義，已經奏準起取赴京送院試驗，得七字一對，十字一對，七言八句律詩二首，經義一道，詞意通順可觀。似此穎敏，易於成功，合無留在本院讀書，作養造就，務令科目出身，以備任用。今將試過詩對經義原稿隨本封進。奉聖旨：「是。」（録自明隆慶刻本程氏貽範集補甲集卷三）

推編脩程敏政脩續資治通鑑綱目

太子少保吏部尚書兼文淵閣大學士彭時等題：

十一月二十一日早，臣等欽奉勑諭：朕惟經史有資於世，尚矣。雖立言垂訓不同，而植綱常、淑人心一也。我高祖太宗文皇帝留心經籍，嘗表章易、書、詩、春秋、禮記及孔、曾、思、孟之書，名曰四書五經大全，真萬世不刊之典。未遑及史，若有待焉。且歷代史書，惟朱文公通鑑綱目詳略得中，可以輔經而行。其傳刻有異同舛訛者，朕已命卿等校正入梓矣。顧宋元二代至今未備，卿等宜遵依朱子凡例，編纂宋元二代史，俾上接通鑑綱目，共爲一書，以副朕稽古右文、繼述祖宗之意。務求精當，毋冗毋略。應用編纂官屬，仍推老成有學識者數員，先具姓名以聞。欽此欽遵。推得太常寺卿兼侍讀學士劉珝，學士王獻，侍讀學士彭華，侍講學士楊守陳、尹直，左春坊左庶子黎淳，左諭德謝一夔，脩撰鄭時、劉健、汪諧、羅璟，編脩程敏政、陸簡、林瀚，俱學識老成，堪任編纂。查得舊例，合用催纂官并謄録秀才，今將姓名開列，欲擇日開館，令各供其事。未敢擅便。奉聖旨：「是。欽此。」

成化九年十一月　日。（録自明隆慶刻本程氏貽範集補甲集卷三）

詹事府少詹事程敏政纂脩憲宗純皇帝實録勑書

朕惟自古帝王功德之實，皆紀述以垂示後世，堯舜湯武之蹟，見於書，漢唐宋歷代之事，備諸史。我皇考憲宗純皇帝，聰明神聖，孝敬寬仁，繼體守成二十四載。洪謨駿烈，昭布四方。自非載諸簡册，用彰盛美，則天下後世何所仰至德而被休光？爾禮部宜循祖宗舊典，通行中外采輯事實，送翰林院編纂實録。其以太傅兼太子太師英國公張懋爲監脩，少傅兼太子太師吏部尚書兼謹身殿大學士劉吉、禮部尚書兼文淵閣大學士徐溥、禮部右侍郎兼翰林院學士劉健爲總裁，詹事府少詹事禮部尚書丘濬、吏部右侍郎楊守陳、詹事府少詹事兼翰林院侍講學士汪諧爲副總裁，詹事府少詹事兼翰林院侍講學士程敏政爲纂修官。凡合行事宜，悉照例舉行。欽哉！故諭。

弘治元年閏正月初三日。（録自明隆慶刻本程氏貽範集補甲集卷三）

程敏政充經筵官及日侍文華殿講讀勑書

（前缺）故諭。

弘治元年三月十一日。（録自明隆慶刻本程氏貽範集補甲集卷三）

推詹事府少詹事程敏政教庶吉士奏

大學士徐溥、丘濬、劉健奏爲儲養賢才事：

照得翰林院原有教庶吉士官二員，太常寺卿兼侍讀學士傅瀚、太常寺卿兼侍講學士李東陽，傅瀚陞禮部侍郎去訖，所授前項員缺，理合推補。今推得詹事府少詹事兼翰林院侍講學士程敏政學問老成，堪以教庶吉士。未敢擅便，謹題。奉聖旨：「是。欽此。」

弘治七年正月十二日。（録自明隆慶刻本程氏貽範集補甲集卷三）

推太常寺卿程敏政纂脩玉牒奏

大學士徐溥等奏：

照得玉牒紀載宗支，係朝廷重事。原有纂脩官二員，詹事府少詹事陸簡病故，今合推補一員。今推得太常寺卿兼翰林院侍講學士程敏政相應，合無令其與梁儲一同纂脩。未敢擅便，謹奏。奉聖旨：「是。」（後缺）（録自明隆慶刻本程氏貽範集補甲集卷三）

翰林院編修程敏政授文林郎并封妻李氏孺人勑命

奉天承運，皇帝勑曰：「國家簡文學之士，列職於翰林，而編修則謂之史官，所以備記載之公而傳信於天下後世者也。茲惟遴選，不輕畀人。尔翰林編修程敏政，乃兵部尚書兼大理寺卿信之子，早服庭訓，高擢賢科，授任史官，克舉其職。編□纂述，用著勞勤，積有歲年，宜申恩典。茲特進尔階文林郎，錫之勑命，以爲尔榮。古之論良史者，蓋曰明足以周萬事之理，道足以適天下之用，智足以通難知之意，文足以發難顯之情，然後其任可得而稱，非徒優游以養榮名而已。尚益毖懋，光我訓詞。欽哉！」

制曰：「夫婦人之大倫，故朝廷推恩臣下必及之者，所以重風化、厚恩意也。尔翰林院編修程敏政之妻李氏毓秀名門，來嬪宦族，相夫致顯，尔宜偕貴。茲特封爲孺人，服茲榮命，永光閨閣。」

成化五年十二月二十一日。（録自明成化十八年刻本程氏貽範集甲集卷六）

誥命

奉天承運，皇帝制曰：「職分清要，侍郎佐邦禮之司；地切高華，學士極儒臣之選。兼茲二秩，獨長宮僚。必望實之俱優，斯責任爲不負。咨爾詹事府掌府事禮部右侍郎兼翰林院學士程敏政，乃故南京兵部尚書兼大理寺卿贈太子少保謚襄毅信之子，學博文精，才高志遠。童年被薦，蚤膺先帝之知；甲第蜚聲，克纘前人之業。首登翰苑，屢陟宫坊。迄成金匱之書，峻有華階之擢。載升卿寺，仍綰院章。肆儲宫講學之初，念國本弼諧之重。采諸輿論，畀以詹端。秩亞春卿，預有寅清之責；銜兼翰長，式隆陪輔之資。況乎經筵素善於敷陳，寶牒式勤於紀述。宜示殊常之寵，用徵歷試之能。兹特進爾階通議大夫，錫之誥命。於戲！文章關氣運，丕揚治世之休風；德義輔皇儲，勉副前脩之懿訓。佇觀成效，光我命辭。欽哉！」

初任翰林院編修；
二任本院侍講；
三任左春坊左諭德；
四任詹事府少詹事兼翰林院侍講學士；
五任翰林院掌院事太常寺卿仍兼翰林院侍講學士；
六任詹事府詹事兼翰林院學士；
七任今職。
弘治十二年正月二十二日。（録自明正德元年刻本篁墩程先生文粹）

篁墩程學士傳

［明］仇潼

公諱敏政，字克勤，徽州休寧人。徽之諸程，皆出陳開府儀同三司重安郡公靈洗。至公曾祖杜壽始坐累謫戍河間，居三世，至公之考諱信始以河間學官弟子員舉進士，官吏科給事中，至南京兵部尚書兼大理寺卿，卒贈太子少保，謚襄毅。襄毅既貴，復還休寧。公，襄毅公長子也。生而蚤慧，人方之孔文舉、李長源。十餘歲隨襄毅公參政蜀潘，方鎮大臣以神童薦之朝。英宗喜其應對拜起如老成人，命賜食，詔館閣試之。即日賦聖節及瑞雪詩並經、義各一篇，援筆立就，文采燦然，諸閣老翰長皆嗟異之。暨進呈，上喜甚，詔讀書翰林院，官給廪饌。時大學士南陽李公賢、安成彭公時、學士嘉興吕公原、中允壽光劉公珝皆當世碩儒，皆就之講授。李公尤愛之，因妻以女。踰冠，舉進士，中成化丙戌科第一甲第二人，授翰林院編修，同修英宗實録。己丑春，同考禮部貢舉。時欲刊布大明一統志、洪武正韻、資治通鑑綱目，皆同校勘。正韻先後出，有二本，一爲承旨宋濂序，一爲待制吴沉序，公請以沉序者爲定本。議者欲除去新安汪氏綱目考異，事已施行，公請于大學士彭公，以汪氏考異多本於朱子，不宜除去，盍請上稱制臨決，就於綱目之上隨條正其舛誤。彭公從之。尋同修續資治通鑑綱目，如宋石守信、王審琦不預陳橋之謀，周韓通、李筠、李重進書死節，開寶八年李煜降始罷分注、書正統，張世傑死之下始書宋亡之類，皆公之書也。書成，遷左春坊左諭德。且以宋藝祖、太宗授受大事也，當時史臣不能詳記，遂啓千古之疑，乃取宋李燾宋史長編、元史臣歐陽玄等宋史本紀以爲正，而考訂發揮之，深黜陳涇、胡一桂之繆，别著宋紀受終考三卷。乙未春，廷試進士，充受卷官。俄詔侍講經筵，尋兼皇太子講讀。未幾，丁襄毅公憂。服闋入朝。丙午秋，主考南京鄉試。

今上踐阼，叙進宫臣，遷詹事府少詹事兼翰林院侍講學士。茂陵功將訖，詔議憲宗皇帝升祔當定祧遷之制，孝穆皇后神主當有奉享之禮。太傅英國公張懋等上議，以德祖比周之后稷，太祖、太宗同周之文、武，皆百世不遷，宜奉祧懿祖一位，别建祧廟奉藏，歲暮則奉迎神主祫祭于太祖之廟；孝穆皇后比周之姜嫄及宋之章獻、章懿二后，皆别廟奉享，宜于奉先殿旁近宫室堪改别廟。太保襄城侯李瑾等復上議，以爲宜于奉先殿憲宗神主几筵之右，别設幄殿以安神主，勑内官監于宫中相度吉地，候明年春營建别廟奉遷。上皆從之。議皆發於公，稿草悉其手所定也。弘治戊申，同修憲宗實録，二月，諸王出閣，詔公率其屬于右順門侍雍王講讀。三日，上將視學，時議者有謂耕籍田、祀先農則三日齋戒，奠幣三獻，而祀先師之禮，顧簡略不稱。詔議儀注。公倡議請致齋一日，加帛一段，樂設不作，改分獻爲分奠。從之。初開經筵，詔公侍講，仍日侍文華殿講讀。上初即位，雅重講幄儒臣，呼先生而不名。嘗因講罷，賜講官冠服，公得金織緋袍一襲，金帶冠履各一，慰勞甚至，儒者榮之。徽州府儒學訓導周成進治安備覽，詔公看詳。公摘其中多竊宋趙善璙自警編、元張養浩牧民忠告，或襲用其標目，或全剽其語言。然此之猥不及彼之精，況以「治安」爲名而不及君德心學，謂秦商鞅有見於孔門立信之説，則又踵王安石之故智；其息異端等説，亦非拔本塞源之論，鄙俚而無雅馴之言，迂妄而非經久之策。詔以成狂妄，置不問，責還其書。

時詔議從祀孔子廟廷諸賢，公上疏曰：「臣聞古聖王之治天下，皆以祀典爲重，所以崇德報功而垂世教、淑人心也。故有功德于一時者，一時祀之，更代則已；有功德于一方者，一方祀之，踰境則已。然猶欲以勸一時、範一方而不敢輕議焉。況先師孔子有功德于天下萬世，則其廟廷侑食之人，豈可苟焉而已？必得文與行兼、名與實副、有功于聖門、無疵于公議者，庶足以稱。若非其人，則豈唯先師之神不肯顧歆，將使典模範者莫知所教，爲弟子者莫知所學矣。若戴聖身陷贓吏，子爲賊徒；劉向喜誦神仙方術，謂黄金可成，不驗下吏；賈逵附會圖讖以致貴顯；馬融爲梁冀草奏殺忠臣李固；何休春秋解詁黜周王魯，注風角等書，班之孝經、論語；王弼與何晏倡爲清談，取老、莊之言以爲易注；王肅女爲司馬昭妻，佐昭篡魏；杜預所注止左氏集傳，其守襄陽則掊尅以饋遺洛中諸貴，破吴則盡殺江陵譏己之人，爲吏不廉，爲將不義。凡此諸人，其於名教得罪不小，而議者謂其能守遺經，轉相傳授，不爲無功。臣竊以爲不然。夫守遺經者，若左丘明、公羊高、穀梁赤之於春秋，伏勝、孔安國之於書，毛萇之於詩，高堂生之於儀禮，后蒼之於禮記，杜子春之於周禮，可以當之。若融等，又不過訓詁此九人之所傳者爾。夫所以祀之者，非徒使學者誦其詩、讀其書，亦將論其人而使之尚友也。臣恐學者自甘於效尤，曰先賢亦若是爾。其禍儒害道，將有不可勝言者矣。請黜戴勝等八人，褫爵罷祀，而加后蒼封爵，與左丘明一體從祀。及考孔門弟子，見家語者顔回而下七十六人。家語出於孔氏，當得其實，而司馬遷史記多公伯寮、秦冉、顔何三人，文翁成都廟壁畫多蘧瑗、林放、申棖三人。邢昺論語注疏謂申棖在家語作申續，史記作申黨，重復無稽，一至于此。況寮愬子路以沮孔子，而孔子嘗稱瑗爲夫子，決非及門之士。放雖嘗問禮，諸家皆不載之子弟之列。秦冉、顔何疑於字畫訛誤。臣請於棖、黨位號宜存其一，寮、瑗、冉、何、放宜罷其祀。請進隋王通、宋胡瑗，加以封爵，列之從祀。且顔回、曾參、孔伋、孟軻以傳道配享坐于堂上，而回之父無繇、參之父蒧、伋之父鯉皆坐食廡下，恐諸賢于冥冥之中，未必安于心也。宋大中大夫永年伯程珦嘗不附王安石新法，而二子顥、頤實接道統之傳；獻靖公朱松嘗不附秦檜和議，而其子熹實積道學之大成。今宜以杞國公顏無繇、萊蕪侯曾蒧、泗水侯孔鯉、邾國公孟孫氏及程珦、朱松配享啓聖王叔梁紇，俾學者知道學之傳，有開必先，明倫之義，不爲虚文矣。」

先是臺臣論奏，請進賢退姦，且各有所指，公之名在所進中，由是素忌者有逐公之意矣。俄御史魏璋以曖昧之言中公，詔公致仕。有勸公自辯者，公答書謂歐陽公、朱文公當時各遭讒謗，時歐公在執政，故力可辯，文公在庶僚，故不可辯，恐反遭鍛鍊故耳。況上有老母，下有弱子邪？既歸，讀書休寧南山中，若將終其身焉。郎中陸容、給事中楊廉、進士夏某、錦衣千户葉通先後上書訟公，上悟，召還。公將赴召，有以書止公無起者，公答書以爲：「自古聖賢固不以不仕爲高，亦不以苟就爲得。故雖伊川之嚴重剛毅，至於復官之際，無所辭焉。誠以義之所在，擇之宜精，而非顧一己之私者也。可辭則辭，可無辭則無辭，一出於誠心直道，是乃聖賢爲己之學，豈以流俗之譏爲之前却也？若君實遠臣，不得不辭；晦叔世臣，不得不起，豈非當時亦有輕重於兩公者而伊川以義斷之若此乎？至於文公被召必遜、南軒被召必行者，亦皆遠臣與世臣之義不同也。僕雖不敢上擬申公、南軒，然世受國恩，宜無不同者。僕之無似，自知甚明，向以妄庸大與世忤，果若人言，則雖投竄不足以塞責，荷主上大恩，但俾歸田里。今一旦復其舊官，雪其幽枉，若稍偃蹇，則疑若出於忿懟不平之餘，恐於大義有所不可。入謝之後，或驅策之不前，或職業之難稱，則如伊川所謂受一月之俸然後隨吾所欲者，是誠在我，豈敢壓公議而自取再辱哉？惟明者亮之。」既至，職任如故，命教庶吉士於翰林院。尋遷太常寺卿，仍兼翰林院侍講學士，掌院事，兼修玉牒。

時有上書請以宋儒楊時從祀孔廟者，詔下廷臣僉議。公上疏曰：「臣竊考程氏遺書、朱子伊洛淵源，稱其造養深遠，踐履純固，温然無疾言遽色。及其學成而歸，程子目送之曰：『吾道南矣。』一傳而得豫章羅氏，再傳而得延平李氏，以授朱子，號爲正宗。文定胡氏親承指授而春秋之傳作，南軒上沂淵源而太極之義闡，心學所漸，悉本伊洛。使天下之士曉然知虚寂之非道，訓詁之非學，詞章之非義，則龜山傳道之功，不可誣矣。當崇、宣之世，京、黼柄國，躋王安石于配享，位次孟子，而頒其新經以取士。尊安石爲聖人不復知有孔子，誦新經爲聖言不復知有古訓，僭聖叛經凡數十年。龜山入朝，首請黜其配享，廢其新經。又請罷綱運以收人心，斥和議以張國勢，竄權臣以正邦憲，培主德以崇治本，則其衛道之功亦不可掩。朱子謂龜山之出，惟胡安定之言最公，當時若能聽用，決須救得一半。然親講于龜山若文定，私淑于龜山若朱、張，咸在侑食之例，獨其師有傳道衛聖之功反不預焉，揆之人心，誠爲闕典。今以龜山躋于從祀，列于東廡司馬光之下、胡安國之上，宜矣。其應封伯爵，行移翰林院定擬，仍行國子監及天下學校一體從祀。」從之。

尋丁母夫人林氏憂，杖護歸鄉里，與襄毅公合葬。詔修大明會典，召公爲副總裁，公上疏乞終喪制，許之。服闋入朝，未至，轉詹事府詹事兼翰林院學士，陛見後，遷禮部右侍郎會典副總裁，餘如故，仍掌詹事府事，侍皇太子講讀。己未春，主考禮部貢舉，未揭榜，給事中華昶劾公鬻題賣士，有旨付詔獄覈昶。公累疏請致仕，且引咎自責，乞釋昶以全諫臣。既而獄上，亦以諫官一時風聞流言，無迹可指。而同列有右昶者再疏劾公，公聞之曰：「有識者皆知昶爲妄，吾所以不深辯者，顧存大體爾。今言不置，是豈欲但已邪？」乃請與廷辯，連拄昶語塞。事方釋，仍因公前請，詔致仕，而盡斥言者。未行卒，年五十五，贈禮部尚書。

公秀眉長髯，風神清茂。於書無所不讀，文章爲一代宗匠。天稟既高，而又上泝伊洛淵源，深探而精擇。嘗考合朱陸二家始之所以異而終之所以同爲道一編，其造詣槩可見矣。在經筵久，每進講篇終，必有規諫，諷切深至，而一出於至誠忠愛，故上每欣然聽納。喜接士大夫，不以貴自倨，不以才自賢。升其堂者，屬談不厭，叩之者不能測其涯涘。雖遭多言，至於逮繫，言動如平日，未嘗有幾微不平意，其涵養深粹如此。況其設施，百未一二，尤不饜衆望云。新安之篁墩以多竹故名，且爲開府舊賜第廟食處也。唐廣明中，巢賊嘗經，凡地與己姓同者則不動。民懼其戕害，乃遷就之，改「篁」爲「黄」。公成化間嘗省襄毅公歸，考于圖牒，詢于父老，惡其以忠臣故第而爲逆巢所污，乃復爲「篁墩」，因以自號。故所著有篁墩稿、篁墩續稿、三稿、新稿共百二十卷，行素稿一卷。編類皇明文衡一百卷、蘇氏檮杌若干卷、道一編六卷、瀛賢奏對録若干卷、新安文獻志一百卷、宋逸民録十五卷。修定程氏統宗譜四十卷、陪郭支譜三卷、程氏貽範集四十卷、附注真文忠公心經三卷，大學有重定本。子壎，以襄毅公功官錦衣衛千户。

贊曰：君子修身以俟命，身修矣，而禍患毀辱之來有不可禦者，豈非命歟？若張欽夫之不壽，吕伯恭之痼疾，蔡季通之竄死，朱元晦之追奪，豈其自取之邪？况竊鈇妄意於鄰叟，盜金見誣於同舍，自昔然矣。噫！克勤而罹此，悲夫。

北海仇東之撰。（録自明正德元年刻本篁墩程先生文粹）

故禮部右侍郎兼翰林院學士贈禮部尚書程公畫像記

[明]周經

公以太常卿兼學士丁太夫人憂，服闋再起，進禮部右侍郎，仍兼學士，掌詹事府事。未幾考會試，適有飛語中傷。事既白，乃遽以疾卒，弘治己未六月四日也。上篤念舊學，特贈尚書，賜葬祭如例。其子壎將奉其喪還葬于徽，乃持其畫像請予記之。惟公之父尚書襄毅公與我尚書莊懿公爲同官，交契甚篤，予於公實有世講之義。及予僭入翰林，公即繼入，自成化以及于今，同修英廟實録，同考會試，同侍經筵，同侍東宮講讀。今上即祚，同陞秩四品，充日講官，又同修憲廟實録。蓋三十餘年，出入言動未嘗有異，則知公者宜莫如予。公像之記，豈可辭哉？

嗚呼！言貌之難於儗人也。以言焉，則留侯之智勇而貌不武；以貌焉，則絳侯之木强而言不文。若貌與言兼其偉、學與才並其雄如公者，豈多見哉！公天資穎異，髫年即受知英廟，得讀中秘書。既而掇巍科，處清望，爲學益勤，博極群籍。於是稽訂疑誤，叙述古今，日累歲積，天下之士莫不稱之。然天下之事，有見於其目，有聞於其耳，輒與當事之人論其所處，曰此其幾也，此其形也，若之何而行則成，若之何而行則敗，卒莫不如其言。嗚呼！使其位再進焉，則其有爲，可以想見，惜乎其止於是也。然則予之忝知者，寧不爲之白，使天下之人知公之文而已者，又當知公之才如此，而瞻公之像，益有以信其文也。於是乎記。

是歲秋九月朔旦，資政大夫太子少保户部尚書前翰林院侍講左春坊左中允直文華殿講讀官兼修國史太原周經撰。（録自明正德元年刻本篁墩程先生文粹）

禮部侍郎兼翰林院學士贈禮部尚書程公像贊

英標山立，修髯戟張。津津眉宇，楚楚冠裳。其形於外者可即，其有諸中者難量。胸吞雲夢之富，心羅列宿之章。著書屬文，力追往哲。稽古訂今，尤其所長。官序躋乎三品，文名溢于四方。惟其志於大行，汲汲皇皇。人得乘釁，力扼其吭。再起再蹶，不勝憤懣，以卒於殤。惟天子明，褒贈有光。嗚呼！河東子厚雖以疏儁獲訕，亦以材高見忌，而終于投荒；西崑大年史稱其剛介寡合，則豈肯以丕休私其鄉。士憎多口，其亦何傷？惟璚琚玉珮之辭，抑而愈揚；蓬山冠鰲之筆，久而彌芳。公殆類是，可謂不亡。（録自明嘉靖四年刻本碧川文選卷三）

贈禮部尚書程公墓誌銘

［明］林瀚

（前缺）乞終制，從之。明年免喪北上，未至，改詹事兼學士，既至，復進禮部右侍郎，兼職如故，仍掌詹事府事。己未春，奉命主考會試，言者以任私劾公，逮繫數舉子，獄久不決。

公屢上章，責躬求退，弗遂，乃自請廷辨。執法諸大臣白其事以聞，詔許致仕。時方盛暑，甫出圄扉四日，竟以癰毒不治而亡。先是二日，予往訪之，公猶支痛閣淚坐談移時，且出獄中重定大學及所作履歷諸詩商之。詎意千古之别，已隱然訣于此邪？可悲也夫！訃聞，朝廷賜祭葬，特贈禮部尚書，卹典之厚，蔑以加矣。

公器度坦夷，愛人由中，待予不異兄弟。況天資英敏，問學博洽，經史百家，過目不忘，且潛心性理，造詣與年俱深，詩文典雅雄傑，可詣唐宋諸大家之作，踵門求者時雲集也。其所著有道一編、蘇氏檮杌、瀛賢奏對録、皇明文衡、宋紀受終考、宋逸民録、新安文獻志、程氏貽範集、真西山心經附註諸書及篁墩諸稿若干卷，藏于家。

公生于正統乙丑十有二月十日，卒于弘治己未六月四日，享年五十有五。取李氏，南陽文達公女，封淑人。子男三，長壎，以襄毅公蔭授錦衣衛百户，公殁後，復加副千户，取汪氏，方伯文燦公女；次圻、次堂，俱殤。女二，長適邑人范栩，次亦殤。其孤將奉柩歸葬于東皋之原，是宜有銘。嗚呼！予固不忍銘，又不忍不銘也。銘曰：

於惟篁墩，卓然人瑞。奎璧流光，山川間氣。望中器宇，秋圃芝蘭。筆端文藻，春江波瀾。登科立朝，薦陟要路。翰苑儒英，邦家卿輔。嗟哉一厄，倏掩泉扃。天恩優渥，庶慰厥靈。東皋之陽，錫兆兹土。玄石斯藏，式昭千古。（録自明隆慶刻本程氏貽範集補乙集卷

十。原書有缺頁，題目據目録補）

程學士傳

（前缺）孝莊睿皇后崩，詔擇别吉地安葬，建廟奉祀，敏政與閣院上疏曰：「慈懿皇太后梓宫當合葬裕陵，神主當祔太廟無疑。内閣臣彭時等引漢吕后得罪宗廟、宋劉后無子，皆祔廟爲言，此誠綱常倫理萬世不易之論也。群臣皆言慈懿皇太后祔左，皇太后千秋萬歲後當祔右，此亦庶幾從宜而不失也。皇上乃遲疑而未决，豈以傷母后之心而有所難處邪？且先帝在御之時，慈懿皇太后正位中宫二十餘年，未嘗有纖豪失位，先帝始終恩眷隆厚，禮意極備。當皇上在東宫時，慈懿皇太后爲皇后，天下之人皆仰戴以爲皇后即皇太子之母也。今若合葬祔廟之禮有闕，則天下後世謂皇太后與皇上何如，其有損非小也。逢迎者以爲慈懿皇太后無所出，此不通之論也。禮有之，妻與繼室無所出，合祔其夫，崇正體也。其意以爲嫡雖無子，亦當祔葬其夫。然則慈懿皇太后不可以無所出而不合葬於裕陵也，明矣。皇上何忍遽違先帝，有乖典禮？縱使皇太后意有不懌，皇上尚當念先帝遵典禮爲重，而於母后從義不從命可也。此蓋人倫之本、風化之原，苟或一失，則天下人心解體，非宗廟社稷之福也。倘不蒙俯從，臣等罷官待罪，不敢貪利禄，以貽朝廷之羞而取他日公義之誅也。」奏上，從之。

五年，同考會試，其第一人費闇，廷試第一人張昇，俱敏政所取者。賜勑進階文林郎。九年，詔脩續資治通鑑綱目。十年，陞侍講。十一年，授承直郎，充殿試受卷官，其第一人謝遷卷雜衆中，敏政取而言於大學士商輅，輅引嫌，敏政不可，議乃定。

十二年，詔充經筵講官，進講尚書立政篇，時上於大臣不相接見，敏政故於篇終進言曰：「君臣上下貴乎同心，若君臣離心，則情意不浹，政出多門，以之事天則天心爲之不享，以之治民則民心爲之不服。然任用之際，又須分别君子小人，蓋人君與君子同心則治，與小人同心則亂。小人惟務狎暱以逢其惡，以致上失天心、下失民心而國隨以亡。伏睹高皇帝御製大誥，有君臣同遊之章，願聖明取法於皇祖，親近君子，屏斥小人者。」蓋深以上下同心爲言也。續資治通鑑綱目成，賜宴、賜寶鏹。初六館分脩，人各一見，不相統一，大學士彭時極精史學，見敏政所脩，大驚嘆曰：「必須以此爲準。」乃悉取六館書委敏政，與脩撰羅璟删潤，戒毋異同爲嫌。敏政遂窮力繙考，務求至當。如石守信、王審琦不預陳橋之變，韓通、李筠、李重進書死節，李煜降始書正統，張世傑死始書宋亡，易「秦檜至自金」爲「金人縱秦檜」之類，皆敏政筆也。又考正史宋太祖臨終之實而黜陳涇之繆及徽、欽兩宗書爵卒。

時悉從之。史未成而時卒，同事者謂敏政專愎自用，無復前輩，交譖於大學士商輅、萬安而改竄焉。敏政乃爲宋紀受終考三卷，别傳於世。

十三年，陞左春坊左諭德。是歲祀禱大典，李孜省等用事，敏政進講曰：「人君所當去者淫祀，若專務淫祀，則惑於鬼神而於人道反不暇爲。天心之喜怒不測，淫祀不可以享天，惟務謹身脩德，則上帝感格，災變不生。民生之休戚不常，淫祀不足以福民，惟務省事節用，則下民愛戴，禍患不作。人君所當親者賢臣，所當疏者小人，若親近小人，則蔽其聰明。蓋君德之成否在儒臣，置之左右，則異端之流自疏。天下之安危在大臣，委以腹心，則邪佞之人自疏。惟皇上至謹於云爲之際，加察於用舍之間，使敬天勤民所務者無不急之事，任相隆儒，所親者無不賢之人，則治隆俗美矣。」授奉訓大夫。

十四年，詔充東宫講讀官。孝宗出閣，與學士彭華早授大學，賜宴，午講大學，賜茶。進講曰：「皇祖之訓具在，良意美法，舉而措之，其要則在『大明黜陟』一語而已。然明不徒明，以見賞罰當出於至公，豈若後世之以察爲明者哉？必如舜之明四目而不專任一己之見，達四聰而不偏聽一人之言，然後公論以伸，國是有定者。」敏政見大監汪直用事，專任偏聽，故深言其弊，聞者悚然。十月，乞歸省親，許之，賜路費寶鏹。

十五年四月，復任。時災異迭見，釋老俳優之徒雜進，敏政憂之，故進講曰：「漢、唐以來，聖學不明，至治罕見，上下恬然不知務本脩德。或妄意於淫祀以儌福，或專事於非法以求治，教化不洽而移咎於民，和氣不臻而歸罪於歲。尤願欽恤民隱，敬遠鬼神，罷不急之務，求有道之言，上下之間，交致其敬。」他日又答人曰：「應天以實不以文，不人事之脩而聽于神，未有能銷變者也。夫天心仁愛人君，則君者，人之社也，攻之辭則有罪己之詔。后非民罔與守邦，則民者，人之雩也，禬之儀則有憂恤之章。人之爟，則君之一心也，禜之以敬；人之周伯，則國之群賢也，禜之以禮。貪吏之病民，人之儺也，則黜以弭之；群小之害正，人之蝗也，則辟以蠟之。如是，則洚水不足以儆堯，暵旱不足以憂湯，頑苗不足以病禹，蝗不入境，反風止火之政，非徒見于一方，而斯民亦不必爲物彪之祈，事泰和之業而自無夭劄之虞矣。若子之所謂攻、禬、弭、禜、蠟、禜者，文耳，文豈足以銷變哉？」十月，丁外艱，東宫聞之，憮然曰：「講書惟程先生講得明白，使我易曉，今去又三年矣。」服闋赴任。

二十年，進階奉直大夫。時大監汪直、尚銘相繼用事，峻法嚴刑，道路以目，而都御史王越輩又數出兵東北，以致邊釁。敏政乃進講曰：「勸善在懲惡之先，脩内是攘外之本，王畿所在，尤當以寬厚鎮靜爲要。若是不從寬厚，專用刑罰，不是鎮靜，妄起兵戎，則人心危疑，非求治之道也。伏望皇上奬賢能、慎刑罰，勸善即所以懲惡；謹邊備、恤民隱，脩内即所以攘外。朝廷正，天下治矣。」

二十一年，天下之人競以寶玩進獻，求傳奉陞職，而校事官數起大獄，故敏政進講漢章帝詔二千石勸農桑、慎選舉、順民令、理冤獄曰：「章帝嘗以上林池御賦與貧民，詔齊國省冰紈、方空縠，又嘗親耕于定陶，觀稼於河内，這等愛民，必無横征暴斂、奇技淫巧之作；議貢舉則先忠孝之人，求治效則戒矯飾之吏，大臣若第五倫、袁安之流以清介之行師表群臣，守令若廉范、周紆之徒以循良之政撫安黎庶，這等用賢，必無賣官鬻爵〔一〕、私謁倖進之風；念罪人痛苦則禁治獄之慘酷者，惜賢才連坐則除妖惡之禁錮者，貴戚奢縱非法，命三公糾之以正朝綱，禁獄逮繫無辜，用人言釋之以弭災異，這等慎刑，必無深文酷罰、偏聽不公之失。此所以爲賢君而朱子特筆大書，深予之也。皇上嘗惓惓于養民、求賢、恤刑三事。明詔屢下，聖澤弘敷。宜有治平之功而陋章帝于不足言者。」敏政又見傳奉官自保傅下至伶官遷轉無虚日，故屢以杜倖進爲言，於進講曰：「三代盛時，則有一輩致治之臣，專薦引君子以匡不逮；衰世則有一輩致亂之臣，專薦引小人以固寵禄。伏惟皇上用人之際，或博採公論，或簡在聖心，舉錯一行，士風丕振。杜倖進之門，務求才行兼備之人，以成内外無疆之治。」敏政進講拳拳納忠，聞者股栗。

二十二年，主考應天府鄉試。孝宗嗣位，禮部請以敏政告即位于朝鮮，值開經筵，敏政爲講讀官首，不允。加恩宫僚，陞詹事府少詹事兼翰林院侍講學士。詔議憲宗皇帝山陵將畢，升祔有期，當定祧遷之制，孝穆太后宜有奉享之禮。敏政會同太傅英國公張懋等上議曰：「太祖、太宗比周之文、武，萬世不祧，懿祖而下以次遞遷，寔惟古制。今懿祖神主義當奉祧，别建一殿，以俟奉藏。古有祫祭，于享祭之日奉居舊位，以享祫祭之禮。孝穆皇后如周之姜嫄、宋之章獻章懿，皆有别廟之享，宜於奉先殿旁近宫室改爲别廟，以禮安奉。」從之。初議會同，莫敢先發，獨敏政倡言之，援據古典，聽者犂然服其精博，而一時旁觀忌者亦衆。

弘治改元，詔脩憲宗實録，尋授中順大夫。上視學，吏部尚書王恕奏幸太學、祀先師止獻一爵而不奠幣，比耕籍田、祀先農、奠幣三獻、齋戒省牲之禮，似不爲過。詔議。敏政請曰：「古者先師之禮以菜爲贄，故始入學者必釋菜以禮其先師，而學官四時之祭乃皆釋奠。釋奠、釋菜皆祭之略者也，故以行禮。而行釋奠則無幣，差厚於釋菜之意，即今天子幸學所行是也。報功而行釋奠則有幣，即今二丁所行是也。恕言奠帛三獻之禮，原無舊典，其欲比依先農之祀，又係洪武舊制，難以擅改。合無於聖駕幸學之前致齋一日，至期加帛一段，樂設而不作。」從之。於是，大學士劉吉譖敏政于恕而憾其不已附也。詔開經筵，命敏政充講官及日侍文華殿講讀，賜白金、彩段、寶鏹。上雅重儒臣，講幄皆呼先生而不名。無錫陳公懋更改五經四書傳注上進，命議。敏政謂肆無忌憚，如云此程頤之偏見、朱熹之謬説，以法律之，宜加重辟，今主上新政，姑示寬容，追出原稿，燒燬盡絶，庶免惑亂後學。從之。七月，賜織金衣、金帶、冠履及有果實御饌之賜，而内閣反不得預，吉疑上眷寵之深，益不悦也。學士林瀚所謂「錫勞加隆、華秩盛名、造物所忌」者，蓋指此也。

詔議文廟從祀諸賢，敏政上疏曰：「唐貞觀間以左丘明等二十二人從祀孔子廟庭，是時聖學不明，議者無識，遂以專門訓詁之學爲得聖道之傳而及馬融等，不可不考其行之得失與義之可否而釐正於大明有道之世也。馬融爲梁冀草奏殺忠臣李固；劉向誦神仙方術，著洪範五行傳最爲舛駁，使箕子經世之微言，流爲陰陽術家之小技；賈逵附會圖讖，左道亂正；王弼倡爲清談，所注易傳專祖老、莊；何休解春秋，黜周王魯，又注風角等書，班之孝經、論語，蓋異端邪説之流；戴勝身爲贓吏，子爲贓徒；王肅以女適司馬昭，佐其篡魏；杜預止注左氏經傳集解，守襄陽則數饋遺洛中貴要，伐吴則因讒癭而盡殺江陵之人。凡此諸人，其於名教得罪非小，議者謂其能守遺經，轉相授受，不爲無功。臣惟守遺經者若左丘明、公羊高、穀梁赤之於春秋，伏勝、孔安國之於書，毛萇之於詩，高堂生之於儀禮，后蒼之於禮記，杜子春之於周禮，可以當之，以之從祀可也。融等不過訓詁此九人者之所傳者耳。夫所以祀之者，非徒使學者誦其詩、讀其書，亦將論其人而使之尚友也。臣恐學者習其訓詁之文，於身心未必有補，而考其奸諂淫邪、貪墨怪妄之迹，將甘於效尤，其禍儒害道不可勝言。至於鄭衆、盧植、鄭玄、服虔、范甯五人雖若無過，然所行未能以窺聖門，所著未能發聖學，得預從祀，則漢、唐以來當預者尚多。乞將馬融等八人褫爵罷祀；鄭衆等五人各祀于其鄉；后蒼在漢初説禮數萬言，號后氏曲臺記，蓋今禮記之書非后氏不傳，乞加封爵，一體從祀，則僞儒免欺世之名，賢者受專門之祀矣。孔子弟子見于家語者七十二人。家語出于孔氏，當得其實。司馬遷史記多公伯寮、秦冉、顔何，文翁成都廟畫壁多蘧伯玉、林放、申棖。邢昺論語注疏謂申棖在家語作『申續』，史記作『申黨』，重復無稽；寮愬子路以沮孔子，乃聖門之蟊螣；孔子稱瑗爲夫子，決非及門之士；放雖問禮，家語、史記、邢昺、朱子俱不載之弟子之列；秦冉、顔何疑亦字畫相近之誤。請以棖、黨宜存其一，寮、瑗、放、冉、何宜罷其祀，瑗、放則乞祀于其鄉。隋王通、宋胡瑗二人之師道，百世如新，請加封爵，同列從祀。唐、宋以顔子、曾子、子思配享坐堂上，顔之父無繇、曾之父點、思之父鯉坐廡下。臣考之禮：子雖齊聖，不先父食。今使子坐父上，恐諸賢于冥冥之中，必不安於心而享非禮之祀。乞下有司，别立一祠，中祀啓聖王，以無繇、點、鯉、孟孫氏配享，庶不失以禮尊奉聖賢之意。又觀聖學失傳千五百年，至程、朱出而始續，則程、朱之先，亦不可缺。況程子之父珦不附新法，朱子之父松不附和議，歷官行己俱有稱述，乞從祀啓聖王，俾學者知道學之傳有開必先，明倫之義不爲虚文矣。」奏上，會禮官憚於改作，不能行也。

他日，又擬武成王廟配享曰：「武成王廟以尊禮太公，取號名將者侑食，比于孔子。所取者，皆匹夫之勇、一時之功，猥雜殊甚。夫太公奮鷹揚之勇以誅紂，陳丹書之訓以戒君，所謂經天緯地之文、戡定禍亂之武，一代之仁人，與周、召相爲伯仲者也。顧侑食者如彼猥雜，尚父有靈，其耻與之相處也審矣。凡舞智爲奇、鬪力爲勇，乘時徼利、不耻不忠，生事取功、不畏不義者，悉加刊削。身兼將相，才具文武，内行淳備，經術通明，識君臣之義，達去就之理，有翊運佐王之勳、匡時贊治之略、足兵裕國之能、危身徇主之節、靖亂復辟之功、綏遠攘外之績者，當俎豆之選，庶幾爲學者有以知親上死長之義，爲邦者可以施勝殘去殺之教云。」

九月，進講曰：「三公之官，不必求其備員，須是天下第一流道全德備可爲王者師，然後委任他。若無，寧虚其位，不可濫授非人，不比庶官職事照例除授。」吉疑敏政對君撼己也，意甚不平。御史湯鼐等上言奸如劉吉宜退，賢如程敏政宜進，吉恨愈深，乃嗾御史魏璋以曖昧之言劾敏政。章入，下内閣，吉取他章雜進，遣敏政致仕，上不知也。陛辭，吉語鴻臚寺勿宣名，懼上知也，舉朝驚駭。先是，左庶子張昇論吉十大罪，昇，敏政門生也，意敏政使爲之，遂切齒焉。有勸敏政自辨者，敏政答曰：「歐公、朱子所居之位不同，故所處亦異。歐公身在相位，上有英宗、魏公，故力辨得白；文公小臣，生死在人掌握，豈可以遺體而試煆煉不測之酷？僕固不敢上擬，幸天子大恩，俾歸田里，不加誅竄，實出望外，夫復何言？」既歸，屏居南山精舍，學者雲集。三年，上屢問「胡子講官」何在，敏政美鬚髯，故上以此呼之。左右以語吉，吉懼，陰薦祭酒費誾入侍日講。誾鬚貌少相類，用紓上意也。給事中楊廉、進士夏霦相繼上疏，言文學老成之臣爲權奸忌斥，如程敏政等宜在取用，不報。

五年，吉罷，錦衣千户葉通上書云：「侍講程敏政入侍儲帷，講讀有年，忠勤無怠，進講經筵，匡扶治道，翼贊皇猷，深有功於名教。讜言正論，忠直無倚，以致陰奸相嫉，必欲擠排，流言劾奏，黜退致仕，實爲誣枉。」上悟，詔復職。時有疑當辭者，敏政以書答曰：「士之出處繫君臣之大義，擇義不可以不精，處己不可以不審，豈待臨時而後有決哉？聖賢固不以不仕爲高，亦不以苟就爲得。若程、朱之所爲，固後學之所法也。伊川嚴重剛毅，復官不辭，誠以義之所在而非一己之私也。可辭則辭，可無辭則無辭，一出於誠心直道，是乃聖賢爲己之學，豈以流俗之譏爲前却哉？若君實遠臣，不得不辭，晦叔世臣，不得不起。豈當時亦有輕重於兩公者，而伊川以義斷之若此乎？文公被召必遜，南軒被召即行者，皆遠臣、世臣之義不同也。僕雖不敢上擬申公、南軒，然世受國恩，則宜無不同，向以妄庸大與世忤，果若人言，則雖竄投不足以塞責，荷主上大恩，但俾歸田里。今一旦復其舊官，雪其幽枉，若稍偃蹇，則疑若出於忿懟不平之餘，恐於大義有所不可。入謝之後，或驅策之不前，或職業之難稱，則如伊川所謂受一月之俸然後隨吾所欲者，是誠在我，豈敢廑公議而自取再辱哉？」陛見，詔復任。

七年，命教庶吉士于翰林院，陞太常寺卿兼翰林院侍講學士，掌翰林院事，授嘉議大夫。八年，詔纂脩玉牒。博士楊廷用上章請以宋儒楊時從祀孔子廟，事下翰林僉議。敏政乃博采諸儒論時傳道衛道之功，開來繼往、抑邪與正之績，請準從祀，列於東廡司馬光之下。從之。七月，丁内艱。十年五月，詔脩大明會典，召爲副總裁，公上疏請乞終制。從之。服闋，轉詹事府詹事兼翰林院學士，陛見，遷禮部右侍郎會典副總裁，餘如故，仍掌詹事府事，侍皇太子講讀。

十二年，進階通議大夫，主考會試，未揭曉，給事中華昶以私劾敏政鬻題賣士，有旨詔獄覈昶。敏政責躬求退，請釋昶以全諫臣。獄上，以諫官風聞流言，無跡可指。而同列有黨昶者再疏劾之，敏政曰：「有識者皆知昶爲妄，吾所以累疏請退且引咎自責不深辨者，存大體爾。今言者不置，是豈欲但已邪？」乃請與廷辨，昶語塞。執法諸大臣白其事以聞，詔斥昶黨，因敏政前請，許致仕。六月，敏政卒，年五十有五，贈禮部尚書，遣官諭祭營葬，復加其子錦衣衛百户壎爲錦衣衛千户。

敏政秀眉長髯，風神清茂，器度坦夷。少入翰林，於書無所不讀，學博才大，詩文爲一代之宗。少師李東陽稱其「宏博偉麗，成一家言，質諸今日，殆絶無而僅有者」，非溢美也。天稟既高，尤研究理道，故於朱子之説，自以爲得我師。其教學者曰：「尊德性、道問學二者，入道之方也。蓋尊德性者，居敬之事；道問學者，窮理之功。交養而互發，廢一不可也。有緩急先後之序，故朱子曰：學者當以尊德性爲本，然道問學亦不可不力。世之學者置尊德性不論，而汲汲乎道問學，或事文藝而流于雜，或專訓詁而入于陋。尊德性而不以問學輔之則空虚之談，道問學而不以德性主之則口耳之習，二者皆非也。」又曰：「尊德性者，知吾心之所得皆出于天，則無毫髮之不當謹；道問學者，知天下無一事而非分内，則無一事而非學〔二〕。尊德性者，其本也，道問學者，其輔也，大抵只是一事。如尊德性者制外養中，而道問學則求其制外養中之詳；尊德性者由中應外，而道問學則求其由中應外之節。實非兩種也。日用之間，每有所學，即體之于身、驗之于心，而無性外之學、事外之理。是乃朱子繼往開來之業，而後學有罔極之恩者也。」復爲心經附註、道一編以示學者，其造詣概可見矣。其進講經幄及于儲宫則亦數陳理道，明暢洞達，啓沃君心，輔養聖德，箴警時政者，尤爲當時之冠。若夫議典禮、脩國史，則必援據經典，不摇奪於流俗是是非非，固爲一代之望。然來嫉忌、致禍患則亦基於此云。

早號痦齋，後號篁墩，所著有篁墩集百卷、心經附註三卷、行素稿一卷，所編次有道一編六卷、皇明文衡一百卷、蘇氏檮杌録四卷、瀛賢奏對録十卷、宋逸民録十五卷、新安文獻志百卷、休寧縣志三十卷、大學重訂本一卷、新安程氏統宗世譜三十卷、程氏貽範集四十卷、陪郭程氏本宗譜三卷，所雜著有春闈紀事三卷、歸省録一卷、北上録三卷、南歸録一卷、家山筆記一卷、南畿考試紀行一卷、歸田録一卷、奉詔北上録一卷、讀禮餘録一卷。

弟敏德，字克儉，素負大志，議論侃侃，以父信蔭入太學，然數奇，不利場屋，入吏部試優等，授詹事府主簿，尋以言事謫判蘄州，未行卒。敏德多材藝，畫學高彦敬，篆隸學余闕，俱有可觀。號在菴，所著詩文曰在菴稿。子壎，字本一，國學生，待試材藝，詩文爲時所重。（録自明隆慶刻本程氏貽範集補乙集卷十。原書有缺頁，題目據目録補）

書縣志卷後

［明］林騰蛟

林騰蛟曰：予見他書云傅學士瀚死，見公爲厲，異之。又云京師人扶鸞，公降作詩，人多能誦焉。子不語怪，懼長惑也。夫志鬱而神存，氣滯而積著，公忠而誣者也，烏得而遽銷滅焉？初瀚嗾江鎔傾大學士劉公健、李公東陽不果，已懼謀洩，移禍于公。劉亦嘀公短其詩，以故不免。國史亦以瀚實搆公死，加訾焉。夫廷詢事白矣，猶以受門生幣上要一時文致之詞，使豪傑之心至今未雪，悲矣。又聞是時孝皇初御經筵，公論思帷幄甚稱上意，旦夕且入相，大學士劉吉亦深忌之，國史謂吉所與游者多讒夫，廷臣不協己，因嗾言官劾之，則所以排公者，豈獨瀚哉？嗟夫！女無美惡，入宮見妬，乃自古記之矣。予讀邑乘，恐後世吠聲而失事實，特爲著之。

嘉靖甲寅仲冬朔旦，知休寧縣事永安三泉林騰蛟書。（録自明隆慶刻本程氏貽範集補乙集卷十）

明孝宗實録卷一五一　弘治十二年六月

（壬辰）致仕禮部右侍郎兼翰林院學士程敏政卒。敏政字克勤，直隸休寧縣人。蚤慧，年十歲侍父信官蜀，巡撫侍郎羅綺以神童薦于朝，命讀書翰林院。成化二年以進士第二人及第，授翰林院編修。以同修英廟實録書成陞俸一級。九年秩滿，陞侍講，充經筵講官。復以同修續資治通鑑綱目成陞左春坊左諭德，充東宮講讀官。二十三年秋，孝宗皇帝踐阼，進詹事府少詹事兼翰林院侍講學士，侍文華殿日講。是冬被劾去任。弘治六年召還，仍供舊職。尋陞太常寺卿，掌院事，兼修玉牒。八年，丁母憂。修大明會典，召爲副總裁，上章乞終制，從之。服闋還京，未至，轉詹事兼翰林院學士。陛見，遷禮部右侍郎，侍皇太子講讀。十二年春，奉命主考會試，言官以任私劾之，逮繫數舉子。獄久不決，屢上章責躬求退，弗遂，迺自請廷辯。執法諸大臣白其事以聞，詔許致仕。時方盛暑，甫出獄四日，以癰毒不治而卒。贈禮部尚書，賜祭葬如例。敏政爲人秀眉長髯，風神清茂，善談論，性復疏爽，于書無所不讀，作爲文章爲時輩所推。所著述有皇朝文衡、瀛賢奏對録、新安文獻志、詠史詩、宋遺民録、真西山心經附注、程氏統宗譜、程氏貽範集、宋紀受終考、道一編、儀禮經、大學重定本及篁墩稿若干卷，藏于家。敏政以少年擅文名，以文學躋侍從，自是以往，名位將不求而自至，乃外附權貴，内結奥援，急於進取之心恒汲汲然，士夫多有議之者。但言官劾其主考任私之事，實未嘗有，蓋當時有謀代其位者，嗾給事中華昶言之，遂成大獄，以致憤恨而死。有知者，至今多冤惜之。（録自臺北「中央研究院」歷史語言研究所一九六二年版明孝宗實録）

明史卷二百八十六文苑二

程敏政，字克勤，休寧人，南京兵部尚書信子也。十歲侍父官四川，巡撫羅綺以神童薦。英宗召試，悦之，詔讀書翰林院，給廩饌。學士李賢、彭時咸愛重之，賢以女妻焉。成化二年進士及第，授編修，歷左諭德，直講東宫。翰林中，學問該博稱敏政，文章古雅稱李東陽，性行真純稱陳音，各爲一時冠。孝宗嗣位，以宫僚恩擢少詹事兼侍講學士，直經筵。敏政，名臣子，才高負文學，常俯視儕偶，頗爲人所疾。弘治元年冬，御史王嵩等以雨災劾敏政，因勒致仕。五年起官，尋改太常卿兼侍讀學士，掌院事。進禮部右侍郎，專典内閣誥敕。十二年與李東陽主會試，舉人徐經、唐寅預作文，與試題合，給事中華昶劾敏政鬻題。時榜未發，詔敏政毋閲卷，其所録者令東陽會同考官覆校。二人卷皆不在所取中，東陽以聞，言者猶不已。敏政、昶、經、寅俱下獄，坐經嘗贄見敏政，寅嘗從敏政乞文，黜爲吏，敏政勒致仕，而昶以言事不實調南太僕主簿。敏政出獄憤恚，發癰卒。後贈禮部尚書。或言敏政之獄，傅瀚欲奪其位，令昶奏之。事祕，莫能明也。（録自中華書局一九七四年版明史）

贈禮部尚書篁墩先生程公哀輓

玉雪丰姿錦繡才，兒童入覲亦奇哉。同年自昔尊高第，會典于今失總裁。北闕已孤明主望，東朝猶憶講官來。青山黄土鄉關遠，月落花梢杜宇哀。四明屠滽。

高官博學何辭毀，頃疾長殂可悼嗟。君子不知蠅有污，小人安信玉無暇。聖明浩浩湯除網，睽極茫茫鬼載車。歸把遺文殉深葬，看從地下發光華。長洲沈周。

玉堂風雨夜淒其，正是諸生慟哭時。天許碧山歸計早，衆憐黄閣置身遲。百年心事須公論，一代文章喪我師。惆悵新安還葬地，茫茫泉石有餘悲。長洲吴一鵬。

清明天日鶴南飛，回首悲歌露易晞。殘月無光還載魄，黄河東逝肯西歸。祈留無疏人何議，佚老看山事已非。但得杜陵遺稿在，夕陽三嘆有餘輝。南海倫文叙。

無復追陪共笑吟，却思風度一沾襟。詞林尚在優游地，經幄徒多啓沃心。鼎鼐鹽梅空有望，門墻桃李漫成陰。旅魂還向新安路，應感皇仁恤典深。杭郡李旻。

蚤從研席侍先皇，地望遥瞻白玉堂。走卒皆能知姓字，大家誰復擅文章。碧山歸路真成負，翠竹遺墩漸已荒。猶有平生著書處，後人應比鄭公鄉。弋陽汪偉。

公昔飛佩朝玉皇，蹴躡雲漢傾天潢，羅摭星宿摧寒芒。台垣爲之久低昂，安得好手補舜裳，山龍煒煒照八荒。青蠅白璧吁可傷，倏其逝矣無復望，臨風灑涕空彷徨。□□黄燦。

少年及第鳴天下，垂老才名邁等流。學沃帝心經幄久，文章盛治簡編稠。堂堂史筆十年誦，耿耿丹心一世休。嗟我定交知最厚，西風蕭瑟涕難收。桃林許進。

生鐘間氣比瑯琳，聚散無常自昔今。采石風光千古淚，玉堂著作一生心。荒山薄暮松湫冷，故國深秋水竹陰。沈痛九原今不起，奠漿聊爲寫新吟。桃林許讚。

道喪真堪慟，斯人不再興。著書無暇日，輔德有全能。身似東流去，名同北斗稱。門墻秋色靜，揮淚恨何勝。

一別成千古，無人會此心。懷歸緣興倦，可止爲恩深。已逐冥鴻舉，誰期怪鵬臨。誨言長在耳，終恐負知音。曹南王崇文。

脱化人龍去不還，空留指爪在塵寰。中朝人望存周禮，四海才名仰泰山。東閣圖書歸旅櫬，南堂猿鶴護仙關。却憐解組還鄉日，何處相從爲訂頑？

朱學相傳定宇陳，東山之後再無人。承家衣鉢來伊洛，相國門楣識鳳麟。里有一夔端可敬，世藏片札足爲珎。南山舊稿心經在，花竹餘光練水瀕。里生汪循。（録自明隆慶刻本程氏貽範集補己集卷七）

校勘記

〔一〕必無賣官鬻爵　「鬻」，原作「粥」，據本書卷五經筵講章綱目一「詔二千石勸農桑慎選舉順時令理冤獄」條改。

〔二〕則無一事而非學　「學」，原作「事」，據本書卷五十五答汪僉憲書改。